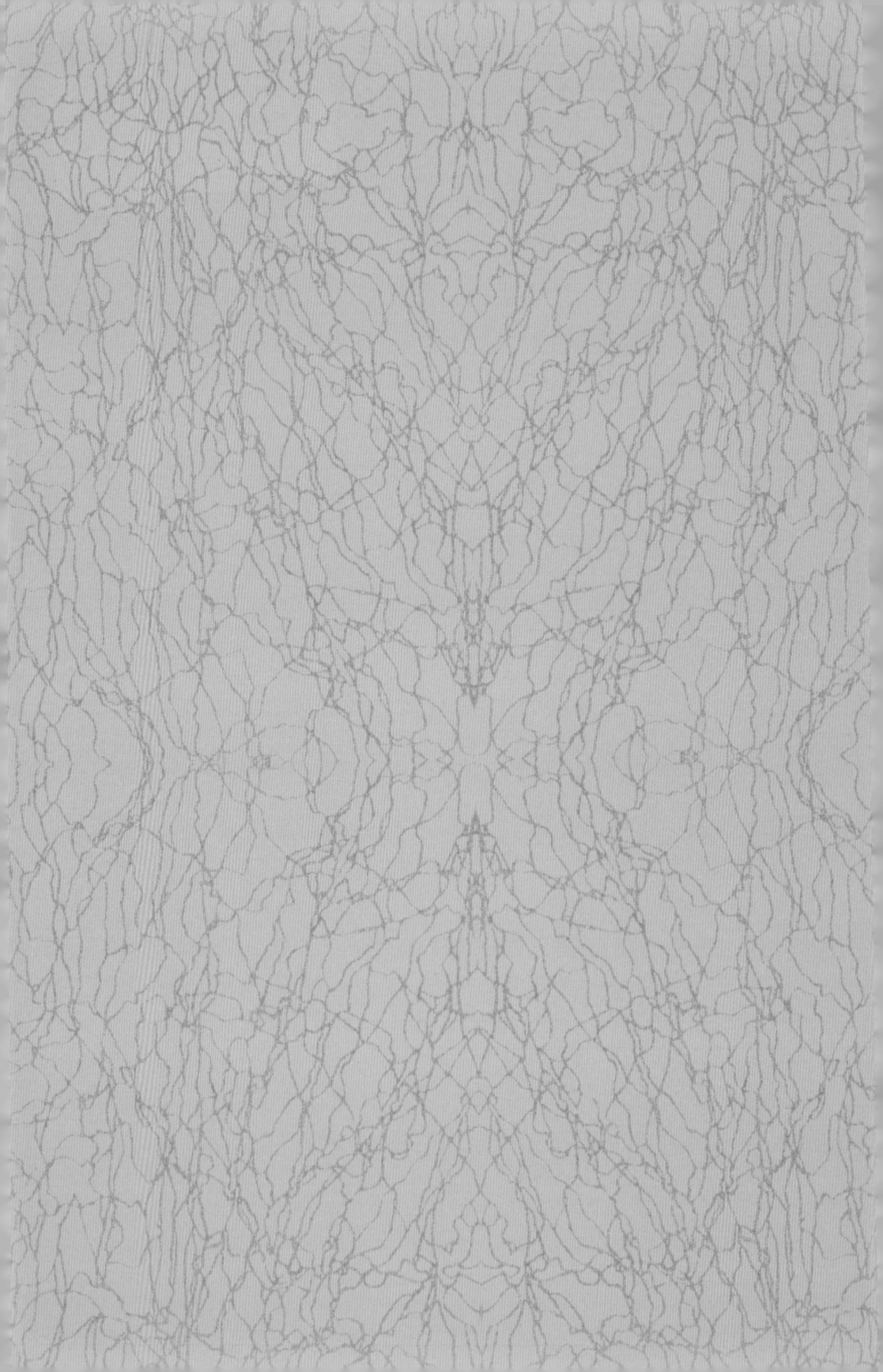

类型学视野下的
汉语连动式研究

A Study on Chinese Serial Verb Constructions
in Typological Perspective

高增霞 著

社会科学文献出版社
SOCIAL SCIENCES ACADEMIC PRESS (CHINA)

本研究得到国家社科基金资助(13BYY118)

目 录

第一章 为什么汉语里有连动式？ ……………………………… / 001
  第一节 现代汉语连动式研究的困惑 ……………………… / 001
  第二节 类型学领域连动式的研究综述 …………………… / 005
  第三节 本书的研究思路和研究方法 ……………………… / 007

第二章 现代汉语连动式的句法特征 …………………………… / 011
  第一节 从名称看以往人们对连动式性质的认识 ………… / 011
  第二节 连动式的句法独立性 ……………………………… / 016
  第三节 连动式的句法语义规则 …………………………… / 024
  第四节 汉语连动式在现代汉语句法系统中的地位 ……… / 036
  第五节 本章小结 …………………………………………… / 055

第三章 汉语连动式表达"单一事件"的特征 ………………… / 057
  第一节 连动式表达"单一事件" ………………………… / 057
  第二节 案例1：由"伸手"构成的连动式 ………………… / 060
  第三节 案例2："坐车去" …………………………………… / 068
  第四节 案例3："闹着玩"和"走着瞧" ………………… / 072
  第五节 汉语连动式"单一事件"及类型 ………………… / 077
  第六节 事件连动化的条件 ………………………………… / 084
  第七节 本章小结 …………………………………………… / 092

第四章　汉语连动式语序的类型学考察 / 094

- 第一节　语言取样 / 094
- 第二节　调查结果 / 096
- 第三节　汉语动结式语序的类型学价值 / 118
- 第四节　从汉语连动式看连动语言的语序类型 / 128
- 第五节　本章小结 / 138

第五章　汉语连动式与句法系统的演化 / 140

- 第一节　汉语的历史分期与材料的选用 / 140
- 第二节　上古时期的连动式 / 142
- 第三节　中古时期的连动式 / 153
- 第四节　近代汉语的连动式 / 161
- 第五节　汉语连动式发展历程的类型学意义 / 166
- 第六节　本章小结 / 198

第六章　汉语连动式的词汇化 / 200

- 第一节　连动语言中连动式的词汇化现象及研究 / 200
- 第二节　现代汉语连动型复合词 / 206
- 第三节　现代汉语连动型俗语 / 213
- 第四节　汉语连动结构词汇化的历时考察 / 219
- 第五节　个案分析："放着……不……"的构式化 / 232
- 第六节　本章小结 / 262

结　语 / 264

参考文献 / 269

图表目录

表 2-1	现代汉语连动式与其他结构的比较	/038
表 2-2	"养漂亮"的统计结果	/052
表 3-1	"伸手"的后续动词（仅统计后续第一动词）	/062
表 3-2	"捞汁海参"视频中的连动式使用情况	/088
表 4-1	连续动作连动式语序	/101
表 4-2	宾语共享连动式语序	/103
表 4-3	致使类连动式语序	/109
表 4-4	伴随连动式语序	/116
表 4-5	连动语言四种连动结构语序类型	/118
表 4-6	现代汉语多动结构的分工	/123
表 4-7	连动语言的三种类型	/138
表 5-1	殷商时期的连动式	/143
表 5-2	西周时期的连动式	/145
表 5-3	春秋时期的连动式	/147
表 5-4	中古时期的连动式	/156
表 5-5	现代汉语多动结构的分工总表	/167
表 5-6	连动语言连用动词间使用的连接手段	/186
表 6-1	汉壮语义相同的连动型俗语	/217
表 6-2	Lord（1975）关于"动作-结果"语言表现形式的研究	/222
表 6-3	《全元曲》中"放着"的组配对象	/251
表 6-4	明小说中的"放着"句	/258

图 2-1	V+V 动词串识别连动式流程	/ 023
图 3-1	"伸手"与后续动词表达的"单一事件"	/ 064
图 3-2	张会娟（2001）的连谓句 VP 排列顺序	/ 078
图 3-3	林杏光、鲁川（1994）的格系统	/ 081
图 4-1	桥本万太郎的历史演变与地理变异对应图	/ 127
图 4-2	van Staden 和 Reesink（2008）的多动结构连续统	/ 129
图 5-1	连动式发展简图	/ 166
图 5-2	现代汉语结构类型整合度关系	/ 168
图 5-3	连续式与隔开式的重新分工	/ 172
图 6-1	"放"的语义结构演化	/ 249
图 6-2	"施事+放着+受事"强调句的语义	/ 256
图 6-3	《全元曲》中强调"放着"句的发展	/ 257
图 6-4	"放着……不……"构式化过程	/ 261

第一章
为什么汉语里有连动式？

连动式（连动结构、连动句、连谓句等，Serial Verbs，Serial Verb Constructions 等）是由两个或以上动词构成一个小句的现象，广泛存在于汉语、皮钦语、克里奥尔语及亚洲、非洲、美洲、大洋洲等的众多语言中。这是一个在跨语言比较中被发现的语言现象，名称本身只是一个形式概念，因此不论在汉语还是其他语言的相关研究中，连动式这个术语的存留一直有争议。尽管争议不断，仍然无法阻止其成为当前的研究热点。就像亚马孙北部 Tariana 人 Graciliano Brito 对 Alexandra Y. Aikhenvald 解释时所说的："我们的语言就是这样，我们不能用一个词去说。"（"This is how our language is. We cannot say it with one word."）（Aikhenvald，2011：2）不论人们喜不喜欢，连动现象就在那里。在连动语言的研究中，一个非常吸引人的话题是：为什么这种语言拥有这种结构？相比其他语言连动式的研究刚刚处于描写的阶段，汉语的连动式研究已有近百年，可以说，已经研究得相当充分，而且与其相关的语言现象也得到了非常充分、深入的挖掘整理。站在这些深厚的研究基础之上，也许现在很有可能能够回答为什么汉语会有连动式这个问题。这也是本书的研究目标。

第一节　现代汉语连动式研究的困惑

一　连动研究之惑

汉语语法体系中，连动式可以说是一朵"奇葩"：一直以来，在谈到汉语这种语言的特点的时候,"连动式"是公认的为数不多的汉语特点之一。但是对该问题的研究,一直存在争议,其中最根本的是存废之争:连动式到底是不是一个独立的结构类型?这个问题至今仍有争议。20世纪六七十年代在汉语语法史上曾经围绕连动现象有过一场公开的争论,以萧璋(1956)、张静(1977)等为代表的一方主张废除"连动式"和"兼语式",一方面是因为连动现象都可以通过重音等手段区分语义的主次轻重;另一方面是因为这个术语所辖范围过于庞杂,失去了作为一个语法范畴的意义。吕叔湘(1979:92)指出,"不少人只看到连动式前轻后重的现象,就主张把前一部分看作状语,可是连动式前重后轻的情况也不少,还有前后难分轻重的"。朱德熙(1985)也强调,连动结构归不到已有的任何一种句法结构类型里去,不可取消。

尽管如此,对于连动式的怀疑仍然存在。此后虽然没有大规模的论争,但是或明或暗提倡取消的声音始终没有消失。例如邹韶华(1996)通过篇章中连动式前后项语义关系的梳理,用定量分析的方法,从语感、上下文角度考察,发现人们倾向于把语义中心放在第二个动词,明确提出连动式应该归入偏正式。张伯江(2000)通过分析连动式前后动词在及物性(transitivity)上的特征,指出连动式中并非所有动词的形态句法表现都会相同,在及物性上存在差别,而高及物性的成分其实是语义中心,这样根据及物性高低不同,连动式其实可以分别归结到其他结构类型中去。

21世纪,关于连动式的认识又出现了新的一波"论争"。不同于语义中心的论据,形式语法学者更注重从语法规则方面进行论证。邓思颖(2006)认为从形式句法角度看,连动结构事实上是不存在的,形式上也没有任何的特点,而连动句的一些功能也都可以从偏正结构或述补结构推导出来。不过李亚非(2007、2014)却认为,形式语法研究者必须承认时序与语序的对应,连动式具有不可以用传统的形式语法结构规则进行解释的规则,形式语法充其量只能解释小部分连动结构的语料。这其实是承认了连动式作为一种句法结构的独立性。然而,针对此论断,杨永忠(2009)论述了形式语法对连动结构的句法结构和词法结构并非束手无策,而是具有很强的解释力。论文采用单一补足语假设进行论证,认为连动结构可以被视为一个以V1为核心的动补结构,V2为V1或VP1的补足语,表示结果、状态或目的。V1在语序上先于V2,在句法结构位置上高于

V2，处于主导地位，因而处于主谓词位置，V1 或 VP1 非对称成分统治 V2 或 VP2。该文最后指出，这一论断应该会得到很多类型学证据的支持。但是，刘丹青（2015）从类型学角度对汉语连动式地位的考虑，恰恰更加凸显了连动式的独立性。该文从类型学的角度将连动式认为是汉语的一个显著范畴，并高度评价了连动式的存在价值，认为尽管"连动式会向并列和主从两个方向扩展，形成更接近并列或更接近主从的语义关系，句法上仍然属于连动式而非改属并列或主从结构"（刘丹青，2015：3）。

二 连动研究之困

对于汉语连动式，研究者使用了各种理论、方法。根据方环海、甘露（2006），颜丽、周洁（2008）等对连动式百年研究成果的梳理，汉语连动式的研究角度，不仅有结构主义的描写，也有从认知功能语法角度和形式语法角度的分析和解释，还有类型学角度的比较和阐释；不仅有语法化、词汇化等历时角度的研究，也有从共时层面对其句法语义语用特征的探讨。但是，目前连动式的研究现状，仍然是"外部界限不清，内部分类混乱"（颜丽、周洁，2008）的局面，具体表现为定义不明、界限不清、范围不定，分类不同。

定义不明。对动词连用现象，有多种命名方式，但不论何种命名，至今对于连动式并没有一个内涵性的界定（高增霞，2003）。人们对连动式的定义，有的纯粹从语义上进行界定，如"两个动作一前一后进行"（张志公，1953：212），或者从形式上描述，如"两个或更多的动词同属于一个主语"（吕叔湘，1953：73），或者用排除法进行界定，如"两个以上的动词连用，它们之间没有主谓、联合、动宾、偏正、补充等关系"（胡裕树，1981：336）。语义上的界定无法体现其语法性质，形式上的界定无法排除形式相同而语法关系不同的同形句式，而否定性的定义只能说明它"不是什么"却无法界定其"是什么"。

界限不清。由于定义不清，连动式与其他结构类型的界限也无法厘清。纵向与紧缩句、复句的关系不清晰。例如连动式的定义一般是动词之间没有起连接作用的词语，那么两个动词之间如果出现了"就"是否可以看作承接关系的紧缩句？再如赵淑华（1988）指出有的状语是可以放在连动结构的第二个动词上的，如"它靠吃母鲸的奶，每天长六十斤到一百斤"，动词结构之间出现了语音停顿（逗号），但在作者眼里仍然是连动式，而不是复句。横向与联合结构、主谓结构、动宾结构、动补结构、偏正结构界限不清。例如刘辉（2009）对"做饭吃"之类的"同宾结构"的句法地位又进行了讨论，认为以往将其归为连动或兼语之类的说法都是不能得到汉语事实和语言共性理论的支持的，将第二个动词处理为目的状语从句更合适。

范围不定。由于定义不明、界限不清，连动式所辖范围自然也不确定；即使在当前，一些文章中所提到的"连动式"，其下所辖，也多有相异。例如前文所提李亚非（2007）、杨永忠（2009）所列的连动式例子中都包括了汉语的动结式，而大多数连动研究文章不认为动结式是连动式。再如，刘街生（2011）专门论述了"兼语式是一种句法连动式"，认为传统区分出去与连动式并列的兼语式应该属于连动式范围。更不要提外文研究汉语连动式的文献了，例如在当前影响颇广的 Aikhenvald 和 Dixon（2006）中所收录的唯一一篇研究汉语连动式的文章"广东话的连动式"也把"经常逛街看戏"作为连动式的例句，而这种结构在汉语研究中一般被认为是联合结构，不是连动结构，因为前后两项可以交换位置而不改变意义（"经常看戏逛街"）。其他再如中动句、重动句、动结式等是单列与连动式并列还是属于连动式的一类，也是意见不一。

分类不同。界限不清、范围不定所导致的必然后果就是分类难题。尽管对于其他领域的研究，根据研究需要实施不同的分类，是很普通的事情，但是在连动结构的研究中，分类不同尤其明显。根据方环海、甘露（2006），至今"学术界对连动式的分类一直都没有一个统一的标准，不同的人有不同的分类标准，所分的类型也不尽相同"。而在具体的类别多寡上，据该文统计，少的有3类，多的有17类，各不相同。

以上在连动结构研究中出现的种种问题，不仅仅表现在汉语连动式的研究中，在对其他连动语言的研究中，也同样存在（Aikhenvald，2006）。van Staden 和 Reesink（2008：21）就指出："尽管目前为止人们对连动现象给予了极大的关注，但是令人震惊的是，人们对到底如何界定几乎没有达成共识。"而 Foley（2010：107）则更悲观地指出：在界定连动现象上有什么共识吗？几乎没有，尽管这个术语看起来很有用处。

连动式研究中对这些基本问题的困惑和不确定，可以说严重影响了连动式研究的进一步深入发展。近年来新的理论与新的方法在汉语语法研究中得到普遍的应用并取得了长足的进步，出现了很多标志性的成果，但唯独在连动式的研究中没有得到很好的表现。纵观汉语的连动式研究成果，以及对其他连动语言连动式的研究，最有价值或者说用力最多的还是事实层面的描写，而争议所在也仍然发生在事实层面。因此，假如我们希望在这个领域能够进一步推动，必须回到原点，解决这个最基本的问题：该句式是否是一种独立的句法结构类型？其性质到底是什么？如何界定？

第二节　类型学领域连动式的研究综述

语言类型学是通过跨语言比较的方法归纳语言共性的语言流派。"连动式"作为术语本身可以说就是类型学研究的结果。"连动式"这个术语译自 serial verb construction（SVC），是赵元任先生发现的、与英语相比汉语在句法上的特点。而 SVC 的发现本也是跨语言比较的结果：1975 年 Christaller 对非洲语言 Twi 语进行描写时，发现该语言中存在不同于英语相应表达的动词连用现象（Aikhenvald，2006）。后来其他学者也关注到这一现象，"在 Ewe 语中我们经常可以发现一排动词连动词的现象。主要特征是所有的动词排列在一起而没有被连接起来。在英语中这些动词序列有些被表达为复合句，而更常见的是有些会被用一个词表达出来。这种现象的解释是，使用 Ewe 语的人们会把活动从头到尾的每一个细节都描写出来，而每一个细节都需要用一个动词来表现：他们把每一个发生的环节都分解出来然后用动词来表现，而在英语中我们会抓住主要的事件然后用一个动词来表现，其他次要的事件或者被忽略或者通过介词、副词、连词或动词的前缀来体现"（Westermann，1930：126）。后来 Stewart 创造了"serial verbs"这个术语来指称这种现象（Stewart，1963），此后更多的连动现象在更广泛的语言中被描写、挖掘出来。资料显示，世界上大概有 1/3 的语言中存在这种结构类型（Dixon，2006）。

对于连动现象，人们从描写语法、生成语法、认知语言学、语法化、语言类型学等多种角度使用多种手段进行了分析和研究。但不论哪种角度，人们追求的最终目标，都是希望解释这种现象是否存在某种共性：或者是与已有的现象或语言规则相和谐，或者是蕴含在多种语言表象下的语言共性。

对单一语言的描写研究，典型的是生成语法的研究，例如 Baker（1989）、Collins（1997）等，其目的是追求一种原则－参数的研究途径，试图去解释跨语言的参数。特别是 Baker（1989），列举了一些能够影响连动结构的限制条件，但是很多学者不断注意到在其他语言中的反例，因而最终不得不放弃了这些假设。因此一些后来的生成语法的研究（如 Hiraiwa & Bodomo，1991；Amha，2010 等）只局限在对某一具体连动语言的连动结构的分析，而不再从整体上对连动语言进行研究。

另外一些学者，例如 Bril（2004）、Aikhenvald（2006）、van Staden 和 Reesink（2008）、Bisang（2009）将主要精力集中在描写出连动结构的主要类型特征及其功能上。尤其是 Aikhenvald（2006）提出了一系列的普遍特征，影响很大。该文认为，连动结构可以由以下几个参数来确定：成分的对称性与非对称性、成分的邻接性与非邻接性、成分的类词性（wood-hood）、语法范畴的标记。根据以上几个参数，典型的连动结构具备以下几个主要特征：①单述谓性（single predicate）；②单小句性（monoclausality）；③韵律特征（prosodic property）的连贯性；④共享多种语法范畴（TAM）及极性特征（polarity value）；⑤构成单一事件（one event）的语义相关性；⑥共享论元。根据动词的性质，连动式可划分为对称的和不对称的两类。对称型连动结构对动词的选择不受语义或句法的限制，且整个结构无明显的句法中心，两个动词地位相当，其语序通常是遵循象似性原则，即符合所描述事件的时间发生顺序；而不对称型连动结构，其中一个动词的选择要受到语义或句法的制约，其语序一般是固定的，并不遵循顺序象似性原则，而是由特定语言的具体语法规则所决定。对称型连动结构表达的意义类型主要是连续或同时发生的动作、因果关系、方式意义等。不对称类型连动结构可以表达方向、位置、状态变化、比较等。不对称型连动结构具有较强的语法化倾向，表现为其中的次要动词很容易语法化为某种功能词或标记成分，从而失去其动词地位。比较普遍的语法化是形成方向标记、体标记、连词或者比较标记等。而对称型连动结构，如果被高频率使用则倾向于习语化、词汇化。

显然这类研究的主要目的更多的是为田野调查服务：尽可能从总体上列出所有的连动现象，以方便田野调查者去理解并用来描写某一特定语言的连动现象。在 Aikhenvald 团队的努力下，大批澳大利亚周围岛屿、亚马孙等地区语言中的连动现象被描写整理出来。

国外连动语言研究取得了很大的成绩（彭国珍等，2013），但其研究者大多并非母语研究者，所以在研究深度上，常常局限于现象描写层面。即便如此，从总体上看，汉语连动式研究中存在的困惑在这些语言的研究中仍然存在：始终没有一个通行的从内涵上进行的界定、范围大小种类多少不一致，即使对于一种语言到底算不算连动语言也有争议，例如 Lord (1993) 不认为 Igbo 语有 SVC 结构，而 Stewart (2001) 则否认汉语属于连动语言。可见，现在在很多问题上都"还没有达成共识，而且有些结论甚至完全相反"（彭国珍等，2013）。

研究者很快就注意到了术语问题——这个术语所覆盖的现象并不具有同一性（或连续性，coherent），也不具有整体性（unified）：

van Staden 和 Reesink（2008）：我们并不认为连动式是一个理论上具有连续性的术语，这个概念并不是一个在所有的连动语言中具有清晰的界定、有固定特征的术语。

Shibatani（2009）：连动式并不是一个跨语言的统一的现象，甚至在同一种语言中也不是一个单一的概念。

Bisang（2009）：在"连动式"的标签下到底有多大的范围，至今仍然是一个值得探讨的话题……其实这并不是一个具有跨语言连续性的术语。

Foley（2010：79）、Senft（2008：12）：连动式绝不是一个统一的语言现象。

Aikhenvald（2011）甚至在 SVCs 之上又使用了另一个术语 Multi-verb Constructions（MVCs）试图来覆盖所有的动词连用现象。

尽管如此，正如 Foley（2010）指出的，不管连动式到底是什么，对其进行连续的细致的研究，对于揭示词汇、语义和语用在语言表层结构上有何限制都会带来丰硕的成果。

第三节　本书的研究思路和研究方法

国外连动式类型学研究成果对汉语连动式研究有很大的启发。

首先，类型学的相关研究成果可以帮助我们正确认识汉语连动式的特点。"没有语言类型的眼光，我们对汉语的认识也不可能十分深刻。"（沈家煊，2010）类型学研究的目标是探求人类语言共性背后的机制，寻求对语言结构多样性的解释。现有的研究已经为寻找汉语连动式所表现出的共性、个性特征，进一步深入认识汉语连动式提供了深厚的研究基础。

其次，在研究方法和研究内容上为汉语连动式研究提供新的方向。类型学的研究为汉语连动式的研究打开了一扇窗。汉语连动式的研究在相当长的一段时间里执着于汉语现象的分析描写，虽然引进了认知语法的解释和语法化学说挖掘各种语法化现象，但是仍然不可避免地进入了一个瓶颈期，类型学研究为汉语连动式研究打开了一片新天地：汉语连动式并不是孤立的，汉语连动式的研究也不应该是孤立的，可以与其他语言的同类现象进行比较，可以进行不同语言的比较，可以进行方言之间的比较，等等。而在研究内容上，以往汉语连动式的研究多集中于分类以及描写各小类的结构与语义，而国外连动式的研究涉及的领域，例如论元共享、单一事件等，为汉语研究者提供了新的研究方向。

最后，增强汉语连动式研究者的学术自信。在汉语连动式的研究中，一直伴随着"取消"的呼声，连动式作为一种现象是否有研究价值也一直有争议。连动式类型学的研究使我们看到，在世界语言中，连动式是一种相当广泛的存在，汉语的连动式甚至是"显赫范畴"（刘丹青，2015）。而汉语连动式半个多世纪的研究历程，其研究成果的丰富性在诸连动语言的研究中显然可以说是无与伦比的。就目前我们所接触到的国外连动式研究成果，研究者大多是非母语者，他们在研究时常常只侧重形式，忽略意义，缺乏系统观，自然会产生分歧甚至误解，很多文献中有关汉语连动式的论述就是例子。就汉语连动式的研究而言，作为母语研究者，我们一般把连动式放在语言系统中，将其同联合、动补、动宾等结构区分开来。而其他语言研究中的连动式主要是一个形式范畴：在形式上两个或以上动词连用，之间没有表示并列或从属关系的标记（Aikhenvald，2006：55）。按照这个定义，联合、动补、动宾等关系的结构也被列入其中。研究对象的不同质性自然会对正确理解连动式的内涵、外延造成障碍。因此，汉语连动式的现有研究成果完全可以对普通语言学中连动语言的研究产生积极影响。

Senft（2008）指出，对连动式的类型学研究，一直着力于解决这样一些问题：什么是SVCs？如何进行句法描写？有没有一个全面的定义？有哪些类型？有什么功能？有哪些动词类型？动词的语序如何？能发现哪些词汇化过程？在一个连动式中什么被表达为一个事件、是怎么被表达的？这些结构中动词的组合到底有没有语言和/或文化上的明确的规则？从连动式中我们能不能推导出一些明确的语言和/或文化上的事件的概念化？该文还强调：迫切需要对某一语言连动式在音系学、语义学上的细致描写。"只有在对某一个语言更仔细研究的基础上，我们才能克服类型学或者地域类型学上的障碍"（Senft，2008：23）。该文所提出的这些问题，正是连动语言研究者在经历了研究的困惑后进行深刻思考的结果，对于后面的研究非常有启发，也指出了进一步研究的方向。

跟其他连动语言的研究相比，汉语连动式研究的优势在于：从来没有一种语言的连动式像汉语的连动式这样得到了如此众多的研究者近百年来的坚持不懈的研究。无论共时、历时还是理论、应用，都有大量研究成果（参见颜丽、周洁2008年，彭国珍等2013年所做的综述）。汉语连动式的研究成果，显然能满足Senft（2008）所提到的强烈需求。那么，汉语连动式的研究成果，是否能够对连动式的类型学研究有所启示？这是一个非常有吸引力的话题。

Stewart（2001：xi）曾经对连动式的研究提出了一个问题："这个术语的最大问题是到底有哪些因素决定了是这种而不是那种语言含有连动式。"在文末，作者不无遗憾地指出，自己也未能解决是什么决定了是Edo而不是英语或法语有连动式。

汉语连动式的研究成果显然非Edo的研究成果可企及。但是汉语连动式研究的不足也很明显，例如高瑞林（2008：4-5）总结的：只重视结构语义的分类，但缺乏把连动式放在整个语言体系中进行观察和研究，缺乏自觉的理论思考。除此之外，历时研究和共时研究没有打通，也是一个非常令人遗憾的现象：在古代汉语研究领域，有些学者得出了非常重要的结论，例如梅广（2015：339）指出："从自上古至中古，汉语的语序固定而稳定，……真正发生变化的是谓语中的连动关系。"张敏、李予湘（2009）也认为先秦汉语不是，或至少不是典型的连动型语言。那么现代汉语里的连动式是如何演变而来的？很多学者对专书或某一时期的连动式做了细致的描写工作，但是将几个历史时期放在一起观察的研究比较少，而且多集中在动结式、动趋式等结构类型的发展演变上，对连动式整体的发展演变有所忽略。

由于汉语连动式的研究无论历时还是共时都有非常丰富的研究成果，因此，我们试图在这些研究成果的基础上，解决这个问题：为什么汉语拥有连动式？

我们主要思考这样三个方面的问题：第一，汉语的连动式表现出哪些普遍特征？第二，汉语连动式及其他"多动结构"的研究有哪些类型学上的意义？第三，汉语连动式能在汉语中"生存"下来的"土壤"有哪些？或者说，汉语的哪些语言规则决定了汉语中必须使用连动的结构手段？

我们将这些问题具体分成这样几个小问题：

第一，现代汉语中，连动式是否具有独立的句法属性？

第二，现代汉语中，哪些事件能够被连动化？或者说，连动式表达的"单一事件"到底是什么事件？

第三，现代汉语连动式的语序是否具有类型学的意义？时间象似性原则是否真的决定着连动式的语序？

第四，从上古汉语到现代汉语，是什么因素使连动式成为现在的样子？这个发展过程在连动语言类型学研究上有什么价值？

我们认为，连动式并非汉语固有的范畴，而是在语言发展过程中"生长、壮大"起来的，是汉语自身发展的结果，具有发生学上的意义。这个范畴能够很好地与汉语发展过程中发生的各种变化相适应，也引发了汉语其他范畴的产生和发展，其在汉语语言系统中的存在确实具有类型学意义。

第二章
现代汉语连动式的句法特征

在连动式的研究中，对性质的认识、界定，是无法回避的话题。无论是国内还是国外关于连动式研究上的种种矛盾、困惑，归根结底，是因为连动式只是一个形式上的概念，似乎凌驾于已有语法结构类型之上，但人们又无法从语法性质上给出一个清晰的界定，最多给出一个语义上的描写，或者只能说它不是什么，但不能说出它是什么。连动式是不是一种独立的句法结构，或者说，它是否具有独立的句法属性？对于汉语的连动式而言，在整个句法系统中是否能为其找到一个位置？

第一节　从名称看以往人们对连动式性质的认识

对汉语的动词连用现象，有这样一些称呼：连动式/结构/句、连谓式/结构/句、复杂谓语、综合式等。对连动语言中动词连用现象，外文文献使用过的术语有 serial verbs、serial verb constructions、multi-verb constructions 等。一个语言现象的名称从来都不是简单的命名行为的结果，它表现出来的其实是人们对这种现象的性质的认识。对连动现象的命名，同样如此。

汉语研究中的"连动式"是李荣先生翻译《北京口语语法》使用的术语，其"底本"是赵元任先生的《国语入门》使用的术语 serial verb constructions。因此，要分析汉语连动式的界定，需要首先搞清楚国外对连动式的界定。

一 国外文献对连动式性质的认识

关于 Serial verb constructions（SVCs），大致有 3 种定义方式。

第一种是纯粹的形式概念，早期对非洲语言连动现象的界定就是纯粹的形式描写，"两个或两个以上的动词，没有连词连接，具有一个主语"（转引自 Aikhenvald，2006：1），后来的很多学者延续了这一界定方法，如 van Staden & Reesink（2008：17）的定义："一个小句由两个或两个以上的动词构成，任何一个动词都在形式上不从属于另一个动词。"

纯粹以形式上的"动词连用"为标准进行界定，显然有问题，例如英语里的"情态动词+do""let+do""get+do"等结构显然也是动词序列。这样不可避免地会造成"连动式"范围过大，这种问题在国外很多文献谈及汉语连动式时都存在。

第二种定义方法强调对动词的身份或地位的认定。Stewart（2001：Ⅱ）的定义是："两个或两个以上限定动词，互相不从属于另一个动词。"这个定义的创新之处在于明确提出连动结构是"限定动词"连用，这样，英语中的"can do"之类的序列显然就不能归进来，但是问题也很明显：连动语言常常是缺乏形态变化的，如何去确定句子中的一个动词是否为限定动词呢？在《北京口语语法》之前，《马氏文通》早就提出了"动字相承"，但该研究并没有延续下来，原因在于该书将"动字相承"中的动词分为"坐动"和"散动"，"坐动"即限定动词，"散动"则是非限定动词。但是，由于汉语没有明显的限定与非限定形式标记，对"散动"和"坐动"的区分就显得比较随意，因此该做法为人诟病。除了对句中动词性质不好确定之外，这一定义也无法将该现象与其他结构（如联合结构）区分开来。Haspelmath（2016：291）运用"自由动词"来界定："一个连动结构就是由多个自由动词（independent verb）构成的一个单一小句，中间没有连接符号，在动词之间也没有谓词-论元的关系。"将这些连用的动词界定为"自由动词"，就不需要纠结是不是限定动词、是否存在限定性标记。但是同样的问题也存在：符合哪些规则就可以判定为"自由动词"？显然"自由动词"的评价标准也有争议。

第三种定义方法是使用"形式与意义相结合"的方法。例如 Aikhenvald（2006：1）整理的定义："连动式就是这样一个动词序列，他们共同构成一个谓语，中间没有任何表示并列（coordination）、从属（subordination）或句法上对另一个动词依存性（syntactic dependency）的标志。连动结构在语义上描写的是一个概念上的单一事件，具有单一小句的语调特征，只有一个时体和极性。"这个定义，采用了形式上的排除法，排除了有标记的并列从属等结构，其实和前两种定义法是一致的，不同的是将语义加入进来，但是"单一事件"无法加以衡量。因此该定义其实是对第二种定义的改良。Aikhenvald（2006，2011）系列文献，都在强调连动式是一个单一小句，或具有单一谓语的小句，连用的动词至少共享一个主语或宾语。也就是说，serial verb constructions 中 verb 的性质是限定性的或自由的，即"谓词"。

三种定义方法或者是表层形式上的，或者是描写性定义，都没有从正面说明"动词连用"到底是一种什么现象，van Staden 和 Reesink（2008）因此提醒：连动式并不是一个理论上具同一性的概念。我们认为，以上三种定义方式本质上还是一个形式上的界定，因此，其成员比较复杂，凡是表面上是几个动词在一起的，如由言语动作行为动词与其言谈内容动词组成的结构形式、能愿动词或助动词与动词构成的结构形式等，都被看成连动式了。

最近几年，概念"Multi-verb Construction"（MVC）开始受到重视。其实这个概念在"SVC"流行的时候就已经使用了，用于指称动词连用现象，但现在的文献中，基本上都理解为"MVC"是个上位词，"SVC"是其中的一种。例如 Ogie（2003）解释：一个多动结构（MVC）是指一个单句由几个动词组成，每个动词都是自由动词，至少有一个共享论元，没有句法依存的标记，包括连动式、隐性并列结构（covert co-ordination）和动词＋非限定补语结构（V + infinitical complement constructions）。后两类分别指类似例（1）和例（2）的结构：

(1) òzó　　gbòó　　ívìn　　bòló　　òká　　'欧左种可可剥玉米'
　　 欧左　　种　　可可　　剥皮　　玉米
(2) ìràn　　kùgbé-rè　　tòbíràn　　rrí　　ízè　　'他们一起自己吃饭'
　　 他们　　聚在一起　　自己　　吃　　米饭

例（1）中，两个动词结构之间是有停顿的，该文称之为"隐性的并列结构"。例（2）-rè 标志着主要动词是"kùgbé"。

Aikhenvald（2012：314）对多动结构的界定也是如此，认为多动结构和连动结构的共同点是一个动词序列构成一个谓语，动词之间没有并列、从属、黏着关系的标记。多动结构包含着连动结构、含有一个黏着动词（或依附动词）的结构（a dependent verb form）和含有助动词或支撑动词（形式动词）的结构（constructions with auxiliaries and support verbs）。带有依附动词形式的多动结构包括副动词结构，如：

（3）Kamaiurá 语

ja-jemo'ypy   jere-karu-m.
关联词缀 – 开始   关联词缀 – 吃 – 副动词
我们开始吃。

含助动词的多动结构（与依存性连动的不同在于，助动词不能独立用作谓语）如：

（4）Retuarã 语

karaka   yi-baʔa-ērā   baa-yu.
鸡肉   1 单 – 吃 – 目的   做 – 现在时
我要吃鸡肉。

从这些解释中可以看出，多动结构的使用，其实是为了回避将助动词结构等结构形式包括进连动式的做法。这说明这些研究者已经发现了连动式定义中的弊端，发现了动词的句法特征对连动式的影响，但是这种做法对于连动式本身并没有实质性的影响。

二　国内文献对连动式性质的认识

汉语研究中，动词连用现象主要有连动、连谓、复杂谓语等多种名称。这些名称的命名，与人们对这种结构性质的认识息息相关。在《北京口语语法》之后，人们对"连动式"的理解其实有两种：一种是把"连动"理解为"连续动作"（张志公，1953：212）；另一种是将"连动"理解为"连续的动词"（或动词结构），例如吕叔湘（1953：73）定义为"两个或更多的动词属于一个主语"，"连用的动词不容易分主要和次要"。丁声树等（1961）认为连动式就是动词结构连用的格式，而且不管这个动词动性是否消失。

"连谓式"的说法来源于人们对该结构中动词的地位和性质的思考。

也有两种理解：一种是连用了几个谓语（如王福庭，1960），一种是连用了几个谓词（如朱德熙，1982：160-162）。将"连动"改成"连谓"，也是照顾到谓语成分中包括非动词性词语的情况（如"我一只手打不过你"，"我肚子疼不出去了"），而"谓语"和"谓词"的区别是动词是否与主语构成一个主谓结构，如"武震开门出去"的意思是"武震开门""武震出去"，"谓词"说强调的是连用的动词是形成一个谓语后与主语组合起来，这样连谓式就可以包括"怪你自己粗心"之类的结构。后一种理解更多地为学者们所接受。

在定义时，利用排除法说明这个术语指的不是什么同样也频繁使用。例如宋玉柱（1991：86）："两个或两个以上的谓词（包括动词和形容词）或谓词词组连用，它们之间没有并列、偏正、述宾、述补、主谓等关系，中间没有语音停顿，没有关联词语，没有复句中分句间的各种逻辑关系（目的关系除外）：这样的词组叫做连谓词组。"

汉语也有一个连动式的上位概念："复杂谓语"（吕冀平，1958）。根据这个名称，复杂谓语是与单谓语单句并列的、是谓语的复杂形式，包括"我一只手打不过你"之类的格式。可见，如果多动结构是覆盖了连动式及其语法化下游环节的结构，那么复杂谓语则是将连动式及其语法化上游环节综合起来的一个术语，例如紧缩句、隐性复句结构等也都包括在内，既包括谓词连用，也包括谓语连用。

汉语之所以有"连动"与"连谓"的区分，而外文文献中即使区分了动词的性质和结构的性质，也仍然使用 SVCs，可能是因为英语中的 verb 可以理解为"谓词"，但不可以理解成 predicate/predication（谓语）；而汉语的"动词"一般理解为词类范畴，而不会理解为句法成分。

三 小结

对照汉外两种文献对动词连用现象的命名和界定，可以看出，两类文献对连动式性质的认识，是有区别的：外文文献比较侧重形式上的无标志，主要依据动词的"限定性"特征。问题是，连动语言中是否存在动词的限定性？假如这种范畴在这种语言中根本就不存在，那么连动式的范围几乎能把单个动词构成的句子之外的所有的句子都包括进来，这种做法是没有意义的。

汉语文献采用排除法，将不能放进其他基本结构类型的形式（包括紧缩复句）都放进连动式这个范畴中来。这种认识是基于汉语特色：缺乏形式手段，因此语义更重要。不过其缺陷也正在于此：语义标准过于自由，而且忽略了结构的作用。而且，如何判断将所有的非连动式成员都排除出去了呢？

Aikhenvald（2006）等文献希望使用一些具有普遍意义的参数来确定，如成分的对称性与非对称性、成分的邻接性与非邻接性、成分的类词性（woodhood）、语法范畴的标记等。分析这些参数，可以看出，在语法性质上的考察主要有两条：共享多种语法范畴及极性特征，共享论元。由于这些参数大多还是语义上的，因此其普遍性并不理想。

基于以上认识，我们认为，要证明连动式确实有存在的必要，必须找出该结构所独有的句法特征，如果能够说明连动式的存在是有语法规则的支撑的，就有理由证明该类型的存在。而句法属性，必须通过分析其内部成分及与外在其他类型的比较得出。

第二节　连动式的句法独立性

一　提出假设：V + V 连动式的自动识别

如何证明一种结构是语义结构还是句法结构，或者句法语义结构？我们知道，"机器自动识别，需要综合利用句法和语义的知识"（吴云芳，2004a），所以，如果通过提供语言知识和规则等，使机器能够识别出某种类型，那么这种类型一定是句法语义类型。所以，如果我们为连动式设计一系列句法语义规则，而机器能够按照这个规则提取出合格的连动式，那么一定能证明连动式是一个句法结构。

在汉语中，V + V 是一个歧义格式，根据陆俭明、郭锐（1998），以及吴云芳（2004a），这个序列可以有 8 种理解方式：

唱歌跳舞（并列）　　打算回家（述宾）
研究结束（主谓）　　挖掘出来（述补）
访问回来（连动）　　养殖研究（定中）
讽刺说（状中）　　　迈向充满（非语法形式）

如果将这个序列扩大为三个动词，还会有紧缩句式：爱吃吃。

吴云芳（2004a）曾经用一系列规则使计算机自动识别出并列结构，证明了并列结构是一种句法结构，受到一系列句法语义特征束的约束。其使用的方法是：用句法信息排除那些在绝大多数情况下不可能成为并列结构的V+V组合，然后在剩下的范围里再综合利用句法语义的信息找出其中可能的并列结构（吴云芳，2004a）。这种方法其实主要是排除法，显然非常适合连动式，因为汉语连动式的界定主要是采用排除法进行的，如果我们能够设计一系列的规则，将一个V+V动词串排除掉其他七种可能类型（其实是六种），那么就可以成功地将连动式提取出来。

我们借鉴该文献，尝试在其框架下设计一个连动式的识别步骤。

二 识别设计

由于我们的目标是将连动式提取出来，我们采取詹卫东"降低规则优先级"的方法，即只有在一个V+V组合模式不能被分析为其他结构的情况下，才被分析为连动结构（詹卫东，2000）。因此，在借鉴已有研究成果的基础上，如果一个V+V动词串不是一个并列结构、定中结构、状中结构、述宾结构、述补结构、主谓结构、非语法形式，那么这个动词串就是一个连动结构。

这样做是因为直接描述两个动词在什么条件下形成连动式并不容易，但是在某些条件下两个动词确定能构成其他结构，这是肯定的，这样逐渐缩小范围，最后一定能够逼近目标。每一步都是建立在上一步的基础上，因此这些步骤结合起来，就能够形成一个比较清晰的认识。

在上述结构类型中，定中、状中、述宾、述补、主谓是比较容易提取的，因为这些结构类型，主要与动词的句法性质有关系，在一些动词语法信息词典（例如俞士汶编《现代汉语语法信息词典》）中，都已经被标注出来了。最麻烦也是与连动式最相近的是并列结构。而这一结构的句法语义规则，已经在吴云芳（2004a、2004b）那里得到了很好的处理。因此，只要能有效地将连动与并列区分开来，这个识别就会是有效的。

吴云芳（2004a）通过动词次范畴特征、动词的属性特征，将并列结构规定为一系列的句法语义特征束，具体表现为15个句法语义条件，简单概括为：

a. V1V2 音节相等

b. V2 ［趋向动词：否，谓词性主语：否，前动：否］

c. V1 ［助动词：否，系动词：否，形式动词：否，体谓准：-谓，体谓准：-准，单做状语：否］

d. V1 ［语义类：~运动］

e. V2 ［语义类：~运动］

通过这些句法语义特征，吴云芳（2004a）成功地将《人民日报》56万字语料中出现的 12043 例 V+V 组合中的并列结构提取了出来。因此，我们对连动结构的句法语义规则的制定，主要在该研究的基础上进行。

三 识别步骤

第一步，提取所有 V1 为趋向动词的动词串。

在汉语中，趋向动词是一个非常有特点的动词小类，它的功能除了在 V2 位置上做补语，不能再做别的动词的功能成分。这样的动词在《现代汉语语法信息词典》中有 24 个：上、下、进、出、入、开、过、回、起、来、去、上来、上去、下来、下去、进来、进去、出来、出去、过来、过去、回来、回去、起来。

对于一个没有重复字形（例如"研究研究"）的 V+V 组合，吴云芳（2004a）首先排除的是 V2 为趋向动词的形式，因为趋向动词做 V2 的时候，基本上不可能与前一个动词构成具有平行语义关系的合格的结构形式，但是对于连动式来说，只要 V1 出现趋向动词，即可以断定这是一个连动式，因为趋向动词基本上不可能与后一个动词构成并列、修饰、补充说明、陈述等语义关系。需要说明的是，单音节趋向动词与另一个单音节动词构成的 V+V，倾向于被认为是复合词（吴云芳，2004a）。

第二步，排除所有 V1 是助动词、系动词、形式动词、可带谓词性宾语的动词、能够单独作状语的动词，即连动式的 V1 应该具有这样的特征：V1 ［助动词：否，系动词：否，形式动词：否，体谓准：-谓，体谓准：-准，单做状语：否］。

这个特征与并列结构相同，因为当 V1 属于上述动词的时候，后面的动词很有可能属于其控制范围，而一个 V1 具有做状语的特征，则这个 V+V 动词串所构成的结构很有可能是偏正结构，这是由这些动词的句法属性造成的。

助动词又叫能愿动词，助动词一般用在动词或形容词前面，构成述宾结构。《现代汉语语法信息词典》中标注为助动词的有 45 个，例如"肯""应该""得""情愿""乐意""懒得""胆敢"等，助动词做 V1 构成的合格结构一般情况下都是述宾结构，如能游泳、可以询问、应该愿意、胆敢侵犯，等等。① 其实，如果助动词出现在 V2 位置上，一般不能构成合格的句法结构。

系动词又称关系动词，指的是像"是""为""称""当""充当""称为""即""俗称""当作""算作""属于""作为""好像"等这样表示前后句子成分之间关系的动词，在《现代汉语语法信息词典》中标注为系动词的有 41 个。系动词能够带谓词性宾语，因此与非系动词 V2 的组合，形成的结构只能是述宾结构，与非系动词 V1 组合，一般不能构成合格的句法结构。但如果系动词与系动词组合，V2 一般是"是"，如"属于是""算作是""好像是"，这种情况下，看作并列结构比较好，因为二者语义类相同，去掉其中一个不影响整个结构的句法功能，符合并列结构的功能特征，不过在音节上不符合音节对称的特征。其实这里的"是"读得又轻又短，类似于附缀，看成词也未尝不可。

谓宾动词是能够带谓词性宾语的动词，包括真谓宾动词、准谓宾动词、真准谓宾动词、体谓宾动词。根据华毅（1996）的概括，能够带谓词性宾语的动词语义类别有：表示建议、准许的动词，如"主张""禁止"；能愿动词，如"能够"；带"于"的动词，如"善于""敢于"；带"不"的动词，如"不宜""不甘"；表存现、变化的动词，如"有""发生""开始""继续""扩大"；表遭受义动词，如"受到""挨"；表判断分类动词，如"是""如同"；表行为动作动词，如"研究""设计""举行""防止""组织"；心理活动动词，如"企图""希望"；形式动词，如"加以""给予""作"等；带"得"动词，如"乐得""免得""值得""晓得""舍得"等。这些动词出现在 V1 位置上，一般构成结构的 V+V 都是

---

① 有些助动词会有情态用法，如"他后来也知道了真相，我估计他应该愿意"中"应该"表认知情态，有人认为"应该愿意"是状中式。我们赞成句中"应该"属于情态助动词的用法，处理为动宾结构比较合适。

述宾结构。

有些动词具有单独做状语的功能，例如"违规""联合"等。张国宪（1989）、孙德金（2000）、高增霞（2004）、张军（2014）等对此类现象都做过研究，有些动词已经成为专职的"唯状语"动词。在《现代汉语语法信息词典》中标记为［+单做状语］的动词有 221 个，如"穿插、抽样、赌气、区别、突击₂、携手、含泪、违规"等，这些动词出现在 V1 位置上，与 V2 构成的结构一般是状中结构。

第三步，排除 V2 位置上出现要求带谓词性主语、可受动词修饰的动词。

要求带谓词性主语的动词，指的是像"使""是""不是""持续""开始""取得""结束""证明"等动词。这类动词在《现代汉语语法信息词典》被描述为"+谓词性主语"，这样的动词出现在 V2 位置上，要么形成主谓结构，例如"会见结束""比赛开始""调查证明"，要么不形成合格的结构类型，如"扶贫取得（新进展）""革命不是（请客吃饭）"。这些动词其实相当一部分都是谓宾动词。

吴云芳（2004a）专门设立了［+前动］类动词，这类动词可以受动词直接修饰构成定中结构，例如"应急处理"的"处理"，如"暖心服务"的"服务"等。再如"保障、实践、需要、处理、斗争"等动词。具有［+前动］语义特征的动词，具有向名词方向发展的趋向，数目很少。

第四步，排除 V2 位置上非自主的完成义、状态义动词。

非自主的完成义动词，指的是表达完结、结束状态的动词，如"完""成""结束"等动词，这样的动词放在 V2 位置上一般与前面的动词构成动补结构。

非自主的状态义动词，指的是表达动作结果状态的动词，如"死""饿""笼罩"等动词，这些动词要么不构成合格的结构，如"穿越笼罩（着薄雾的山谷）"，要么构成动补结构，如"吓死""走饿"。

第五步，排除 V2 位置上出现除"回来、回去、出来、出去"之外的趋向动词。趋向动词出现在另一个动词后面，一般会形成动补结构，表示动作的结果状态或行动方向，例如"练习下去""回答上来"。但是"回来、回去、出来、出去"这四个词，并不一定能做补语，例如"开会回来","回来"并不是"开会"的结果状态或者方向。

第六步，提取 V1 或 V2 属于运动动词的 V + V。

运动动词，又叫作位移动词，指的是表达运动方式、位置变化的词语，例如"跑""跳""动身""散步"等。吴云芳（2004a）指出，运动动词构成并列结构的概率几乎可以为零，即使是两个运动动词放在一起，也不可能构成并列结构，如"散步回来""飞走"等。该文没有解释为什么会有这种现象。根据汉语运动事件编码模式的研究成果，如高兵等（2011）、史文磊（2012）等，汉语在表达运动事件的时候常常采用同等形式的动词来表示方式和路径，因此当一个动词串里出现运动动词的时候，另一个动词表达的或者是这个运动动词的前提、方式、起点，或者是方向、路径、结果，共同构成一个整体的运动事件。二者不是互不相干的平行关系，而是共同构成一个整体事件，因此如果构成一个合格的短语结构，一定是连动结构。

第七步，排除 V2 位置上是言说动词的结构。

当把趋向动词、运动动词、谓宾动词充当 V1 的动词串排除之后，能够出现在 V2 位置上的言说动词已经非常少了，主要是"说""道"。根据张国宪（1989）、张军（2014）等研究，不加"着""地"等连接直接放在"说""道"前面的动词一般是言说动词或心理意向动词。这些动词如果是双音节，放在"说""道"前，中间一般可以插入"地"，属于状中关系，如：

讽刺说	讽刺地说
坦白说	坦白地说
抱怨说	抱怨地说
安慰说	安慰地说
夸大说	夸大地说

根据张军（2014）的统计，这样的动词一共有 45 个，多为意向性行为动词，具有明显的心理意向性，放在"说/道"前面强调说话时的某种心理或态度。

第八步，排除 V1 是单音节动词且具有 [+ 方式] 或 [+ 静态] 特征的动词串。

动词的意义特征中含有 [+ 方式] 特征的单音节动词，指的是烹调制作动词如"煎""炸""蒸""炖",身体姿态动词如"趴""卧""跪""蹲",面部动词如"哭""笑",五官动作动词如"盯""含",商业活动动词如"赊""赔""换""借",社会活动动词如"争""抢""偷"等,这些具有明显方式特征的单音节动词与语义类相同的 V2 搭配使用的时候,常常是状中结构,如"腌制""蒸食",这些结构一般被认为是复合词;如果与不同语义类 V2 搭配使用,构成的一般是状中结构,如"赶写""笑谈""坐等"。

第九步,排除 17 个体谓宾动词 V1 和 3 个体准谓宾动词 V1。如下:

分析归类 优化调整 检查指导 学习掌握 监督管理 组织领导 宣传普及
检举揭发 指导检查 批评教育 考察论证 综合统一 设计创作 观察提炼
关心支持 掌握管理 研究开发
发展壮大 维护管理 参观学习

吴云芳(2004a)发现,当 V1 是体谓宾动词或者体准谓宾动词的时候,能够构成并列结构的仅限于 20 个例外动词,这些动词做 V1 如果不构成非结构,就一定能构成并列结构。

第十步,排除 V1 为体宾动词的情况。

吴云芳(2004a)指出,体宾动词做 V1,只能有两种结果:并列结构或者非语法形式。决定这两者不同的,在于两个动词是否为相同的语义类,如果语义类相同,则为并列结构,否则不能形成合格的结构。例如"推广普及""健全完善"。

第十一步,排除两个动词都是不及物动词的情况。

在经过上述层层筛选之后,剩余的结构,如果两个动词都是不及物动词,那么这个动词串要么是并列结构,要么是非语法形式(吴云芳 2004a),如"打药授粉""上访告状""授粉施肥""散心旅游""刮风下雨""铺摊设点""通气点火""旅游购物"等。

第十一步,排除有字形相同的情况。

如果两个动词中有一个字形相同的,则这个结构一定是并列结构,如"抓紧抓好""捐款捐物""增产增效""抗灾救灾""苦干实干""吸毒贩毒"等。因为这些结构具有相同的音节对称的结构,很符合并列结构韵律和谐的特征(吴云芳,2004a)。

四　小结

综上，我们有充分证据说明，连动式具有句法结构的独立性。决定一个 V+V 动词串是连动结构的主要的影响因素有：字形、动词小类、动词带宾能力。其中字形是形式特征，可最早排除出去。调整之后，这个筛查过程可简单概括为图 2-1。

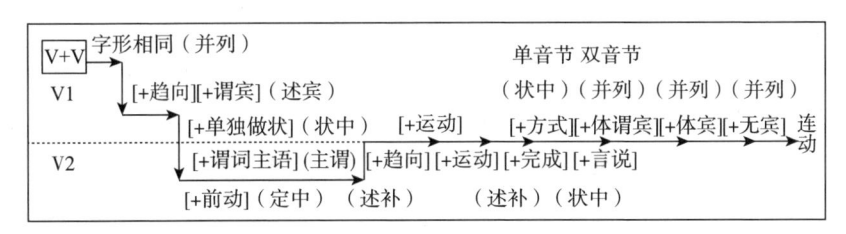

```
V+V   字形相同（并列）                    单音节 双音节
V1    [+趋向][+谓宾]（述宾）              （状中）（并列）（并列）（并列）
      [+单独做状]（状中）   [+运动]  [+方式][+体谓宾][+体宾][+无宾]   连
V2    [+谓词主语]（主谓）  [+趋向][+运动][+完成][+言说]              动
      [+前动]（定中）（述补）   （述补）（状中）
```

图 2-1　V+V 动词串识别连动式流程

通过图 2-1 可以看出以下两点：首先，连动式也和并列结构等一样，是由一系列句法语义特征决定的，因此，连动式是一种独立的句法结构。

决定一个 V+V 动词串是连动式而不是其他结构类型的，是字形、动词小类、动词带宾能力。其中动词的句法特征最为关键，表现为：V1 不能是谓宾动词；要保持相当强的动性，不能单独做状语、过于凸显方式义，不能是体宾或者不及物双音节动词。V2 也需要保持相当的动性，不能带谓词性主语和接受分类性动词的修饰，不能是趋向动词、不能是表达完成或状态的动词。两个动词的句法语义特征可描述为：

V1［趋向动词：是，助动词：否，系动词：否，形式动词：否，体谓准：-谓，体谓准：-准，单做状语：否，运动动词：是，方式单音节动词：否，体宾双音节动词：否，无宾双音节动词：否］

V2［带谓词性主语动词：否，带前动修饰语动词：否，趋向动词：否，运动动词：是，完成动词：否，言说动词：否］

从整体上看，前项动词对连动式是否成立的限制更多。

其次，连动式是与并列结构更相似或者关系更近的一种句法结构。

在筛选过程的最后阶段，我们看到主要是并列与连动的区分。吴云芳（2004b）指出，VP+VP 并列结构的特点是其平行性：只要两个动词短语在结构和音节上有一个属性特征上相同的，就能形成并列。而对于光杆动词构成的 V+V 并列结构来说，动词的带宾能力及其语义类更具有约束力，动词之间在句法功能上互相不辖制、互相不修饰、互相不陈述，也就是各自有自己的独立性，其实，这也是一种平行性。相应地，连动式的两个动词也要具有这种平行性，在此基础上，一些特殊语义类构成了连动。因此我们也可以说，连动的底层是并列结构。曹朝阳（2019）在运用类型-逻辑语法理论分析汉语连动式的时候，认为必须引入逻辑连词"并"才能将句式的语义分析顺利进行下去，这也从一个方面印证了连动式的底层结构其实是并列结构。

第三节 连动式的句法语义规则

根据第二章第二节，连动式是一个独立的句法结构类型，也是由一系列句法语义特征支持的。那么这种特征是什么？特征在对比中才能看得更清晰。根据上文的分析可以知道，连动式与并列结构最为相像，我们就先通过两者的对比，寻找连动式的特征，再进一步分析有哪些因素参与了连动式的构建。

一 与并列结构的比较

以往文献中谈及连动与并列结构的区分时，一般给出的标准是内部组成成分的位置是否可以互换，以宁文忠（2002）为例，其总结的连动与并列结构的区别标准有两条：第一，看位置能否调换：能调换而基本意思不变的是并列短语做谓语的句子，否则是连动句。第二，看关联词语：有或能加上"和""又""并且""而"等表示并列关系的关联词语的，是并列短语作谓语的句子，否则是连动句。所举例子如"他天天读书写字""旅客都又饿又渴""要继承和发扬优秀的传统文化"。这些结构中的两个动词短语构成的结构，或者中间有表示并列关系的关联词语，或者前后两项可以互相颠倒。而典型的连动结构，动词有固定的先后顺序，并且不可改变，语义上是承接关系，要求连用动词有共同的时体态；并列结构则没有这些限制（宁文忠，2002）。

这种判断标准很容易被推翻：并列结构内部成分也是有顺序关系的，相当一部分并不能随意颠倒顺序。如黄伯荣、廖序东编写的《现代汉语》

指出，联合短语的内部语义关系可细分为并列、递进、选择等关系，其中含有递进关系的并列结构如"审议并通过""检查并落实""学习和借鉴"，都是不能随意颠倒位置的。邓云华（2004）也指出，并列结构由语法地位平等的两个或几个部分组成，各部分之间是联合关系，大多数并列短语的语序是固定不变、按照一定的逻辑顺序排列的，因此并列短语的语序存在很大程度的象似性，即"语言成分的排列顺序象似于事件范畴序列之间的相似关系"（邓云华，2004：76）。主要表现为时间顺序原则和因果关系原则。例如：

（5）公司可以有条件地<u>招用、聘任、奖惩、辞退</u>职工。

（6）我在湖南<u>出生长大</u>。

（7）一致<u>通过其论文答辩并建议授予硕士学位</u>。

（8）<u>挖掘整理</u>出失传多年的民间地方曲调。

这些例子中的几个连用动词都不能随便改变顺序，但它们都是并列结构，不是连动结构。

我们认为，并列结构与连动结构相区别，本质在于其结构性质不同，并列结构体现的是成分之间的平行性，而连动结构体现的是成分之间的关联性，这种关联性表现为动词所表达的动作行为之间的相互交叉相互融合共同构成一个完整的语义事件，具体包括时间上的先后顺序、论元上的共享、逻辑上的因果目的补充修饰等。

只有由几个动词或动词性短语构成的并列结构才存在与连动式区分的问题，因此下文中不包括动词串之外的结构。为了说明方便，主要探讨两项式 VP1 + VP2。

（一）语义的平行性与关联性

这一部分我们想回答：为什么表达具有时间先后关系动作或活动的动词或动词短语，不能构成连动式，而是并列结构呢？

我们认为，一方面，并列结构动词所表达的动作活动本身没有事理上的必然的关联。下面例句中的动词串都包含具有时间先后关系的动词，构成了并列结构：

（9）革命力量不断发展壮大

（10）它们似乎一直就这样自然地生长和死亡

（11）建立健全长效机制

（12）学习贯彻党的十八大会议精神

这些例子中的 V+V 动词串，动词所表达的动作活动只有先后关系，没有目的关系，例如"发展"并不是为了"壮大"、"生长"并不是为了"死亡"、"建立"不是为了"健全"。即使有些动词所表达的活动在现实中可能有目的关系，例如"学习"的目的就是为了"贯彻"，但将这两个动词并立起来的时候，两个动作活动之间的关系被忽略了，而两个内容的同等重要性被强调了。

而连动式的几个动词之间具有目的、条件等必然的关联，如"出去逛街""做饭吃""开门出去""上床睡觉""拿杯子接了点水"。因此连用的几个 VP 构成一个整体事件，或者说，它们分别展示了一个整体事件的一个环节，这几个环节之间必须是环环相扣的关系，而不是平行不相干的关系。例如"开门出去"中"开门"是"出去"的前提，在这个运动事件中，没有前一个环节"开门"，就不能发生第二个环节"出去"，而且在实际过程中，这两个环节之间是"你中有我我中有你的关系"。

另一方面，说话人使用并列结构强调的是动作活动的平行关系。例如：

（13）两台主控电脑静静地收集、处理、记录着 100 个控制点传来的各种信息。

（14）公司可以有条件地招用、聘任、奖惩、辞退职工。

（15）李震进屋脱了鞋，放下书包到厨房倒了杯水。

（16）把生活垃圾收集起来进行处理。

例（13）、例（14）的动词串都是并列关系。虽然"收集""处理""记录""招用""辞退"等都是先后关系的几个连续的环节，但是对于说话人来说，其关注点不在于几个环节之间的先后关系，而在于在所陈述的事情中包含这些环节。我们看到，例（16）同样叙述了"收集"和"处理"两个环节，但是说话人用例（16）重点突出了两个环节之间的目的关系："收集"的目的是"处理"。

同样例（15）叙述的是当事人"李震"的一系列活动，假如不关心这些活动之间的关系，只是列举这一系列的活动，说成例（15a），几个动词结构很自然地会使用相同的格式，但如果说成例（15b）就会让人感觉不自然：

（15a）李震进屋、脱鞋、放书包、到厨房、倒水，几个动作一气呵成。

（15b）？李震进屋脱了鞋，放下书包到厨房倒了杯水，几个动作一气呵成。

可见，并列结构与连动结构之间的区别在于：说话人的目的是突出动作的平行性还是动作之间的关联性。

吴云芳发现运动动词（包括趋向动词）与并列结构有排斥性，V1＋V2 组合中，"其中一个具有〔＋运动〕的语义特征时，它们形成的或是连动结构，如'回家过年'，或是非语法形式，如'进入改革'，而不可能是并列结构。即使是 V1 和 V2 同属于语义类'运动'，V1＋V2 形成的也不是并列结构"（吴云芳，2004a：48）。相反，连动结构对运动动词的接纳程度非常高：如果一个动词串的 V1 是趋向动词或运动动词，那么这个结构一定是连动结构。吴云芳（2004a）没有能够对这个现象做出解释。我们认为，这是因为，趋向动词表达自主的位置移动，这种移动过程一定是有目的的，趋向动词、运动动词又具有强动作性，从不做修饰限定性成分（状语、定语），因此其后的动词一定会被理解为目的动作。所以趋向动词做动词串中的 V1，一定会构成连动结构。

（二）句法上的平行性与关联性

连动结构和并列结构中各动词成员都具有独立性，两种结构都要求内部成员具有句法上的独立性，互不包含，互不依赖。根据吴云芳（2004a），一个 V＋V 词串，如果是并列结构，需要满足：V1〔助动词：否，系动词：否，形式动词：否，体谓准：－谓，体谓准：一准，单做状语：否〕，V2〔趋向动词：否，谓词性主语：否，前动：否〕。也就是说，构成并列结构的动词，V1 不能是谓宾动词（包括助动词和形式动词），不能是系动词，也不能单独做状语。V2 不能是趋向动词，不能前接谓词性主语。在动词类别上的这些要求，除了趋向动词外，连动结构与并列结构的要求是一致的。

袁毓林（1999）指出，谓词性并列结构的各组成成分保持着功能上的相当的独立性，否定词对这种并列结构无法实施整体否定。例如：

吃饭喝水　＊不/没有吃饭喝水　不吃饭也不喝水/没吃饭没喝水

接受和理会他人信息　＊不接受和理会他人信息　不接受不理会他人信息

连动式跟并列结构有相同的地方，例如都允许分别进行否定，但是也允许对整体进行否定，如：

开门出去　　　不/别/没有开门出去　　不/没开门也不/没出去

买烟抽　　　　不/别/没买烟抽　　　　不/没买烟也不/没抽

这说明，连动式内部各成分在功能上保持独立性，但这种独立性是受限制的，这种特征高增霞（2003、2007）称为"相对有界性"。

除了这些相同点，二者在句法上还有很多不同点，比如并列结构共享宾语在后，连动结构共享宾语在前。在并列结构而言，多个及物动词共享同一个显性的宾语时，这个宾语出现在最后一个动词后；而对于连动式来说，这个宾语出现在第一个动词后。如：

(17) 才能积极地<u>领导组织动员</u>干部群众完成依法治国的各项任务。

(18) <u>买</u>了一箱苹果<u>带</u>回家给大家<u>吃</u>。

例（17）是并列结构，"领导""组织""动员"的宾语都是"干部群众"，出现在最后一个动词后，前面几个动词的宾语蒙后省略；而例（18）是连动结构，"买""带""吃"的宾语都是"苹果"，出现在第一个动词后，后面的动词宾语承前省略。这就是说，连动式第一个动词引入宾语后，后面几个动词的语义框架全部省略，必须连上第一个的语义框架才能使框架完整。因此在连动结构中前后项在结构上相互之间是交叉、融合的关系，一个动词为另一个动词提供必要的论元。

（三）小结

并列结构在句法和语义上的特征是平行性。吴竞存、梁伯枢（1992）指出，最理想、最典型的并列结构是词性相同、结构相同、语义类相同、音节数相同。吴云芳（2004b）指出，音节数相同、结构类型相同的 VP 构成的动词串，不论其语义类是否相同，都会很容易地构成并列结构。也就是说，并列结构强调的是 VP 在句法上的平行性。但是对于连动结构而言，VP 的音节、结构类型都不是构成连动结构的关键因素。

相较之下，连动式在句法和语义上的特征是关联性，两个动词无论在句法上还是语义上都是相互关联、交融交叉，而不是平行不相关的。在语义上，前后 VP 所表达的内容需要共同构成一个单一事件，在句法上，前后核心动词在语义结构上必须有交叉重合之处，而且后项 VP 需要为前项动词所引入的语义角色在语义框架中提供位置。

因此并列结构喜欢重复字形,共享宾语采取承前省;而连动结构喜欢运动动词,排斥重复字形,共享宾语采取蒙后省。

但是两个结构在前后项动词的句法上保持各自独立性或平行性上是相同的,二者都要求有相对的有界性,在逻辑语义层面,二者都是"并"的逻辑语义关系。

二 动词进入连动结构的限制条件

并不是所有的动词都可以随便进入连动结构。翟彤(2009)曾对表达动作先后发生的典型连动式中动词的使用条件进行了研究,指出,连动式前后段对动词的要求是不同的:只有趋向动词才能以光杆动词的形式进入连动式前段,否则,必须以非光杆动词的形式出现。非光杆动词形式包括:动词重叠式、带时态助词、带结果/趋向/数量补语、动宾结构、非谓宾动词等;而连动式后段可以出现光杆自主动词、谓宾动词等形式。这些结论非常重要,但是有些情况在该文中找不到答案,请看这样一组例子:

a. 我(到处)找他问他。/我找这个找那个。
b. *我找问/*我找她走
c. 我找她问/我找她走走
d. *我(在)找着她问。
e. 我找笔写字。——我找笔,我写字
f. 我找人聊天。——我找人,我跟人聊天
g. 我找人修电视。——我找人,人修电视
h. 我找老王办事。——我找老王,老王办事/我找老王,老王和我办事
i. 我找别人教。——我找别人,我教别人(你不用我教,我找别人教)/我找别人,别人教他(你不教他,我找别人教他)/我找别人,别人教我(你不教我,我找别人教)

同样是动词"找"和一个动作动词组成的结构,从例 a 到例 f 为什么有的能说有的不能说?有的构成的是连动式有的构成的不是连动式?从例 e 到例 g,为什么理解不一样?例 h 到例 i 为什么会有歧义?为什么歧义的程度不同?这些情况在翟彤(2009)那里无法找到答案。

这些例子体现出来的是,动词结构的句法特征和词汇概念结构都会参

与到连动结构的构建过程中。下面我们依次对这些例子进行剖析，挖掘其中隐藏的连动结构的语义句法规则。

（一）连动结构的句法限制

第一，例句 a"我找他问他""我找这个找那个"是并列结构而不是连动式，根据吴云芳（2004a），一个 V+V 动词串，如果出现相同字形，则一定是并列结构，如"抓紧抓好、苦干实干、抗灾救灾、增产增效"，绝不会是连动式，所以如果有相同字形，就可以排除连动式。

如果我们把 V2 中的相同字形（宾语）去掉，形成例 c，"我找她问"就是一个合格的连动式。

由此，可以得出两条规则：

规则 1：不能有相同字形。

规则 2：共享宾语必须承前省略。

根据规则 1，可以把重动式（或称"动词拷贝句式"）从连动式中排除出去。

关于重动句的类属，以往的研究文献大多将其归入连动式，我们认为，这样的做法不利于对两种结构尤其是连动式的本质的认识和提取。重动句应该列为一种专门的、独立于连动式之外的句式，因为其具有不同于连动式的独特的语言规则。主要表现为其"重言"语法以及由此带来的、不同于连动式的特殊语言功能。

沈家煊（2019）指出，汉语大语法框架是基于回文、重言、联语、互文、韵语等组织手段的语法。重动式就是使用了重言的组织方式，首先就重动式的重复动词来说，重动句大致分两种情况：一种情况是一个重复字形可以删除，如：

他打球打得可好了——球打得可好了/打球可好了

他吃肉吃腻了——他肉吃腻了/吃肉腻了

一种情况是必须重复字形，如：

他打球打坏了玻璃——*他打球坏了玻璃/*他球打坏了玻璃

他吃肉吃胖了——*他吃肉胖了/*他肉吃胖了

前一种情况前动引出的是受事，在句子中做小话题，后者是一种意外结果，前动引出的是原因，在句子中也是小话题。在这两种情况中，V 的动性都很弱，对其他成分的控制力很弱，因此可以删除也不影响句子的成立。可见，字形重复的一个作用就是降低动词的动性，使 VP 向话题化或名词性方向发展。重动句在表达上的这个特点，并不是孤立的，盛蕾、张艳华（2018）在梳理了重动句、同语式及"说 X 就 X""A 的 A，B 的 B""V 都不 V"等其他小类带有重复字形的拷贝结构的研究后，指出这些结构的共同特点是使话题得到了高度凸显，具有很强的话题性特点。显然使不使用重复字形，并不仅仅是形式问题，而是涉及语法形态的问题，在汉语中，完全具有区别结构类别的作用。连动结构中不允许字形重复，其作用显然是保持动词的动性。这与重动句采用重复的方法尽量缩减动词的动性相比较，完全是方向相反的两种语言使用心理，因此有必要将重动句从连动句中独立出来。

第二，例句 b"我找她走"不能构成连动式，是一个很有意思的现象："找"和"走"都是活跃在连动结构中的动词，却偏偏不能搭配在一起。我们进行这样的一些替换：

＊找她走　　　　　　＊走找她

＊找她跑/跳/学习　　＊跑/跳找她

找她去/来　　　　　走来/去/着/过来/上去找她

找她谈/问/拿/学　　回教室找她/学习找她

"跑""跳""走"这些动词都不能跟在"找"的后面构成连动式，但是"谈""问""拿""学"就可以放在"找"的后面构成连动式。比较"跑"类动词和"拿"类动词，显然，二者配价功能不同，"跳""跑""走"都是一价动词，而"谈"等都是二价或三价动词。因此我们可以这样解释为什么"找他走"类不成立："走"是一价动词，在语义框架中只有一个论元的位置，在这个句子中，这个论元的位置已经由句子的主语占据了，第一个动词引进的新论元"他"在"走"的语义框架中找不到位置，所以结构不成立；而"问""拿"类动词是二价的，都还有一个论元的空位提供给"他"，所以结构成立。最后一组"回教室找她/学习找她"也可以这样解释："回教室"为后一动词提供了处所论元，但是"学习"不能为"找"提供可以使用的论元，而且，"学习"可带谓词性宾语，从这个角度讲，"找她"可以整体成为"学习"的语义辖域中，成为述宾结构。

由此，我们可以得到这样的规则：

规则3：前项动词在语义框架上必须与后项动词的语义框架有交叉重叠。

这条规则也可以表述为：前动词引进的论元必须能在后动词的语义框架中找到合适的位置。

不过，为什么"我找他走走""我去找他"又能成立呢？动词重叠之后，就成了自主可控的一段动程，相当于"一起散步"的意思，这时候"他"可以作为与格出现在"走走"的语义框架中，因此格式成立。而趋向动词表达的趋向是运动事件的一部分，因此趋向动词的特殊性决定了趋向动词在V1位置上都能形成连动式，不需要符合论元规则。这个可以表现为一个"超规则"，即属于上位规则：

超规则：趋向动词可以光杆形式进入V1，且必定形成连动式。

第三，上文例句b"*我找问"不成立，但是换成例句c"我找她问"就成立了。这个现象表现出来的是对前项V1的限制：动词进入VP1位置，除了趋向动词，一般不允许以光杆动词形式出现，需要重叠、带时体助词、补语、宾语等（翟彤，2009）。不过不同的动词，在非光杆形式的多样性上表现不一，如：

*我找问　我找来问/我找她问

*我煮吃　我煮了吃/我煮着吃/我煮来吃/我煮煮吃/我煮一下吃/我煮东西吃

"煮"是以制作方式为区别特征的烹调类动词，根据第二章第二节，这种单音节动词不允许出现在V+V动词串的V1位置上，但是这里我们看到，带上非光杆形式，可以非常方便地出现在连动式的V1位置。这可以解释为：这类单音节动词，动性很强，但光杆动词是无界的（沈家煊，1995），带上非光杆形式标志之后，就获得了有界性，从而具有了能与其他动词并列的独立性，所以能自由进入V1。

根据光杆动词这个条件，不能重叠、带时体助词、带补语的动词不能进入VP1，如助动词、形式动词、系动词、一些不能独立使用的动词如"~于"类动词（如"善于"）、"不~"类动词（如"不甘""不宜"）、"~得"类动词（如"舍得""值得"）以及一些心理活动动词如"企图""希望"等。

从整体上看，不能进入 VP1 位置上的这些动词基本上与 V + V 中 V1 的限制大致是相似的。这些动词基本上都属于动性较弱、状态性较强，常常不能带时态助词，在句子中属于无界。这种词不能出现在 V1 位置，说明 V1 要求有较强的有界性。可得出以下规则：

规则 4：V1 要求有较强的有界性。

用这个规则也可以解释例句 d "＊我（在）找着她问"为什么不成立："找"本来就是一个续断明显的动词，带"着"以后持续性更强，有界性减弱，因此不符合规则 4，结构不成立。

（二）连动结构的语义限制

第一，例句 e~g 的格式是一样的，但是形成的语义结构类型迥异。"我找笔写字"前动为后动提供了工具论元，"我找人聊天"前动为后动提供了伴随者参与者论元，"我找人修电视"前动为后动提供了施事，即兼语句。

关于兼语句，属于连动句还是单独一类，一直有争议。我们认为，如果从连动式前动为后动提供论元这个角度看，无论是提供施事，还是受事、方位、工具、参与者等，都是提供论元，使两个动词的语义框架有交叉重叠，那么兼语式是连动式的一类；如果从施事论元的特殊性上去考虑，兼语式是与其他不同的，可以与其他小类区分开，为了方便将其他小类看作连动式，即狭义的连动式，这样处理也是可以的。为了与汉语连动式的研究保持一致，本文采用传统的区分方法，在讨论连动式的时候一般不涉及兼语句，但是在必要时还会涉及。

例句 e~g 连动式前动为后动提供论元为什么会有区别，这显然与名词的生命度有关系。在这三句中 V1 引进的名词性成分"笔"和"人"，"人"的生命度显然要高于"笔"，因此"人"会参与到动词的支配者论元位置上，但是"笔"只能参与到被支配的论元位置上，从而形成不同的解读。

不过"找人聊天""找人修电视"又为什么形成不同的语义类型呢？显然跟 V2 有关："聊天"是二价的，动作发生在两个参与者之间；"修电视"是一价的，动作发生在施事与受事（"电视"）之间，所以会有不同的解读。从这里我们也可以看到，V2 的语义框架其实也是参与到结构的构建和解读中来，而不是简单地、被动地等待 V1 的指派。

第二，根据以上的分析，例句 h~i 的歧义来源就很容易说清了，例如 h "我找老王办事"中"办事"的语义框架可以有两个——施事、参与者。"老王"可以在这两个位置上，因此会有两种解读："我找老王，老王办事/我找老王，老王和我办事"。

而例句 i "我找别人教"，"教"的语义框架可以有施事、对象和内容三个位置。V1 有两个论元"我"和"别人"。V1 引进的名词"别人"生命度很高，因此其位置可以是施事，这样就会形成兼语式（我找别人，别人教），不过这时"教"的对象是空的，这时候有两种解读：一是对象是"我"（我找别人，别人教我），二是对象是这句话之外的另一个对象，比如"他"（我找别人，别人教他），这样就形成了歧义。但是除了"别人"做施事之外，"别人"也可以出现在对象位置上，这样"教"的施事就出现了第二种情况——主语"我"或者是句子之外的另一个人，这样就形成了另外两个语义解读：V2 是施事"我"（可解读为：我找别人，我教别人），施事是"我"之外的名词（可解读为：我找别人，他教别人）

可见，例句 h~i 多义的来源在于 V1 引进的名词生命度高而 V2 语义框架提供的位置多。

例句 h~i 说明不仅动词，名词的概念结构也参与到连动结构的构建中来。

（三）小结

通过以上分析，连动结构所表现出来的句法语义条件有：

超规则：趋向动词可以光杆形式进入 V1，且必定形成连动式。

规则 1：不能有相同字形。

规则 2：共享宾语必须承前省略。

规则 3：前项动词在语义框架上必须与后项动词的语义框架有交叉重叠。

规则 4：V1 要求有较强的有界性。

Lefebvre 等（1991：38）指出，连动式是词汇受限的，连动式的词汇概念结构会参与到连动结构的构建过程中。通过前面的分析也可以看出，连动式前后 VP 在句法语义上都是有关联的，这种关联表现在前项的论元等词汇特征会参与到后项的句法语义建设中，后项动词的句法语义属性也会影响前项的解读。动词的句法功能、语义框架，及名词的生命度、配价特征等都参与到了连动式的构建过程中。

三　连动式的性质

通过与并列结构的比较、对动词进入连动式所受的句法语义限制的分析，可以发现，现代汉语连动式是这样一种句式：在句法上，各组成部分有相对独立性；在语义上，各组成部分具有关联性。在汉语中，这种结构与并列结构、偏正结构、述宾结构、述补结构、主谓结构并列，都是汉语的基本结构类型。

（一）句法上的相互独立性

前后项 VP 在句法上的相对独立性，指的是各 VP 在句法地位上是平等的关系，具有句法上的平行性，互不依附、陈述、控制、修饰。具体表现为：

规则 1：不能有相同字形。

规则 4：V1 要求有较强的有界性。

超规则：趋向动词可以光杆形式进入 V1，且必定形成连动式。

在汉语中相同字形（或重复字形）具有弱化动词动作性的效果，因此当结构中有重复字形的时候，VP 的动作性降低，状态性或者名物性特征提升。V1 具有较强的有界性，指的是除了趋向动词，其他动词进入 V1 时常常要以非光杆动词的形式出现，这些非光杆动词的形式，在形式上起到一个隔开的作用，在功能上体现为增强了动词的动作性。而趋向动词是一种意向性非常强的动作动词，作为运动事件的一个有机组成部分，趋向动词码化了事件中的方向，根据格式塔效应，趋向动词常常激活一个运动事件，蕴含着路径、方式、终点等各种信息的浮现，因此趋向动词做 V1 一定会与后面的动词构成连动结构。

连动结构组成部分句法上的独立性还表现为对 V1 的词类特征的限制，V＋V 动词串中所提取出来的大部分 V1 限制依然在 VP＋VP 的 V1 上出现，例如 V1 不能是助动词、属性动词、形式动词、谓宾动词、可单独作谓语等。对这些词类的清除，可以保证 VP1 中动词的独立性。

连动结构的句法独立性与并列结构的平行性在功能用法上都很相似。

（二）语义上的相互关联性

连动式中连用 VP 之间语义上的关联性指的是连用动词及其名词性成分都会参与到对方的语义结构建设中，形成你中有我我中有你的关系。或者说，前后项 VP 在语义上的关联性，表现为各个组成部分语义上互相勾连，交叉融合，形成一个大的整体事件。这个特征也是连动结构区别于并列结构的非常重要的条件。具体表现为：

规则 2：共享宾语必须承前省略。

规则 3：前项动词在语义框架上必须与后项动词的语义框架有交叉重叠。

Aikhenvald（2006）所总结的连动式普遍特征中，第五条和第六条是关于语义的。第五条是连动式表达一个单一事件，因此连用动词在语义上是具有相关性的，不过这种语义相关是概念经验上的彼此关联，与句法特征没有关系。第六条是论元共享，即连用动词至少共享一个主语，一个连动结构里一般不能出现两个施事、两个工具、两个直接宾语等重复的语义角色，因此"连动结构的整体论元数最多只等于论元数最多的那个动词的论元数"（何彦诚，2011a）。这种看法有一定的道理，但是根据前面我们观察到的，并列结构也有论元共享，如"学习贯彻（文件精神）"，有的连动式两个 VP 并不一定主语共享，比如"衣服有洗衣机洗"，"有"的主语隐含，但显然不会是"衣服"，"洗"的主语是"洗衣机"，显然主语不共享；"你把他拉去干活"，"拉"的主语是"你"，但"干活"的主语是"他"，也不相同。所以，只有论元共享不能区分连动式和并列结构，因此我们认为连用动词之间的语义关联在于前项为后项提供论元，后项共享前项的论元，承前省略。

总之，连动式也是由一系列动词的句法语义特征所决定的，在汉语的句法系统中，它是一种独立的、基本的句法结构类型。

第四节 汉语连动式在现代汉语句法系统中的地位

上面我们论证了在汉语里连动式是一种独立的句法结构类型。如果为之下一个定义，可以表述为：连动式是由两个或两个以上句法上相对独立、语义上相互关联的动词或动词短语构成的结构,是与并列结构、偏正结构、述宾结构、述补结构、主谓结构相并列的一种基本结构类型。

一　汉语连动式是处于并列和主从之间的结构

与各种语法结构类型相比较,汉语连动式具有如下语法特征。

(1) 词类。构成连动式的动词不能是系词以及部分状态动词。V1 不能是助动词、能愿动词、形式动词、能带谓词性宾语的动词、能单独做状语的动词。V2 不能是趋向动词、有谓词性主语的动词、能受动词直接修饰构成定中结构的动词。这样的动词大多具有动性强的语法特征。例如:

能去 (能愿动词+趋向动词,动宾结构)

进行分析 (形式动词+行为动词,动宾结构)

妨碍执法 (谓宾动词+行为动词,动宾结构)

继续经营 (可状动词+行为动词,状中结构)

闻着很香 (动+形,中动句)

(2) 没有重复字形。无论是动词重复,还是动词所带的名词性成分,只要出现重复,就成为紧缩句或复句。例如:

爱谁谁 (紧缩句)

想吃就吃 (紧缩句)

吹点儿有点儿 (紧缩句)

我运动我快乐 (复句)

打球打腻了 (重动式)

(3) 共享宾语必须省略且须蒙后省。否则为并列结构。如:

拿出材料整理 (连动式)

整理归纳 (材料) (并列结构)

(4) 所描写的动作或活动一般遵循时序原则,否则 V1 可能是话题结构或者条件句。如:

去北京开会 (连动式)

开会去北京 (条件/话题结构)

可总结为表 2-1。

表 2-1　现代汉语连动式与其他结构的比较

语法项目		连动式	并列	紧缩/重动/话题句	述宾
动词	行为动词	+	+	-	-
	趋向动词	+V1	-	+	-
	能愿/判断/助动/谓宾/唯状动词	-	-	-	+
	动词间动性基本平行	+	+	-	-
	语义相同或相近	-	+	+	(+)
省略规则		承前省	蒙后省		
中间可使用连词		-	+	+-	-
字形可以重复		-	+	+	+
遵循时序原则		+	-		

通过与其他结构相比较，连动式与其他结构之间的区别并不仅仅是语义上的"表示动作前后发生"，而且具有省略等原则的限制，因此必须作为一种独立的句法结构看待。

另外，可以看到，连动式其实非常接近并列结构，是处于并列与主从（状中、中补、述宾）之间的一种结构类型。我们在前文也证明了，连动的底层是并列结构。曹朝阳（2019）曾运用类型-逻辑语法理论描写了汉语连动式句法语义结构，演算的结果是，汉语连动式在语义推演过程中，需要增加一个合取符号"∧"才能使连动式顺利进行语义演算。这也说明连动式与并列结构之间非常接近。

有的人主张，如果将连动式放在并列和偏正之间会更合适。我们认为这种表达不能照顾到全体。连用的两个动词/动词结构之间的语义关系除了是侧重度强弱问题，还有控制度强弱问题。前者随着语义中心的确立，连动式可能朝偏正或动补结构发展："从历史上看，汉语动补式和偏正式这两种主从式都来源于并列连动式。并列连动式有两个演变方向，一个是朝前重后轻的动补式方向演变……一个是朝前轻后重的偏正式方向演变"（沈家煊，2018），而后者随着动词控制度的增强，连动式可能朝主谓或述宾方向发展，其中一个成为另一个的论元。这点从歧义结构可略知一二：马庆株（1985）认为"帮做点事"是带内容宾语的动词，但是"我也帮着做点事"，一般会认为是连动结构；"他在学校做功课挺认真的"可以认为是连动式，也可以认为是话题主语句。因此，连动式在内部成分之间的整合度上，跟并列（联合）、主谓、述宾、偏正都有关系（可参见第五章）因此，认为是在并列和主从之间，会更加符合连动式的语言事实。

刘丹青早已从库藏类型学的高度论证了连动式在语言系统中的独特地位："从连动型语言自身视角出发连动式有很明确的句法规定性，有别于其他几种主要结构。具体地说，它因不用连词而区别于并列，因不用主从类虚词而区别于主从，因没有管辖关系而区别于主谓、动宾、助动词短语，因没有停顿而区别于复句。因此，连动式必须视为一种独立的构式库藏"（刘丹青，2015：11）。并且将连动式在句法系统中的位置界定为向心关系中的并列和主从之间的位置："人类语言实词和实词的组合有四种基本的句法结构：主谓、动宾、主从和联合。……如果把后两类称为向心结构，那么连动将向心结构由并列和主从的二分扩展为并列、连动、主从三分。""很多连动式都可以纳入主次结构关系（co-subordination），从而形成向心关系的三分法等级序列：并列－主次－主从。"（刘丹青，2015：10－11）我们非常赞成将连动式置于并列和主从之间的定位，但是，根据前文的论述也可以看出，连动式在并列与主谓、述宾之间也能构成一个连续统（参见本书第五章），这种情况尤其适合汉语这主谓结构特征不明显的语言（沈家煊，2018）。因此，将连动放在向心关系的结构序列上，还是有些不能照顾到全体。

另外，连动式与复句，尤其是紧缩复句边界很不清晰，例如，根据定义，"转身走了""一转身走了"是连动式，但"转身就走了""一转身就走了"就是紧缩复句，而且很多文献在归纳连动式的语义类型的时候，也会将"原因"关系（如"出车祸伤了腿"）、"结果"关系（如"听见吓了一跳"）之类的逻辑关系归入连动式的语义系统。术语"并列""主从"一般被看作小句关系类型，所以将连动式置于"并列""主从"之间而不加以离心关系或向心关系的限制会更符合汉语连动式的现状。

二 汉语连动式与语法体系的适应性

在汉语中，一个句子里，几个动词连用在一起，有其必然性和必要性。资料显示，连动语言中很多是缺乏形态的语言；SV 而不是 VS 的语序；大量使用零形回指；没有（或者只有起码的不完全的）格标记；等等。这些特征在汉语中都有所体现。英语是一种非连动语言，同英语相比，汉语更需要连动这种语言手段。

(一) 汉语是一种形态缺乏的语言

同印欧语相比，汉语缺乏屈折变化。例如，同英语相比，汉语表现出以下特点。

第一，汉语中的动词在形式上没有限定与非限定之别，换句话说，汉语的动词可以不受形态变化限制而灵活使用。但在英语句子中，动词的使用受到形态变化规则的限制。一个句子中只有一个限定动词，其他动词只能是非限定形式，如例（19）中两个动词 come 和 discuss 出现在一个句子中，其中必须有一个动词带有人称、时、态标志，而且只能对动词"came"进行否定和提问，但是不能对"discuss"进行否定和提问。

(19) She came here to discuss the matter with you.

　　→She *didn't* come here to discuss the matter with you.

　　→ * She came here *don't* to discuss the matter with you.

　　→*Did* she come here to discuss the matter with you?

　　→ * *Do* she came here to discuss the matter with you?

但是汉语中两个动词"来""讨论"出现在一个句子中，形式上没有任何不同，而且针对两个动词都可以进行否定和提问：

(20) 她来跟你讨论这件事情。

　　→她没来跟你讨论这件事情。

　　→她来跟你没讨论这件事情。

　　→她来不来跟你讨论这件事情？

　　→她来跟你讨论不讨论这件事情？

第二，汉语中只有有限的功能词（不完全的功能词），英语中功能词却非常丰富。例如汉语中只有"给""被""把""和/同/跟/与"等几个不完全格标记，而英语中"有着极为丰富的介词"（蔡基刚，2008：146），格标记多种多样，这样，在英语中可以用格标记引入的语义格，在汉语中常常需要用动词引入，例如：

(21a) My younger brother goes to work by subway.

　　　我弟弟坐地铁上班。

(21b) I'll come and pick you up at the station this evening if you like.

　　　如果你愿意，晚上我到车站来接你。

汉语的连词也不丰富，尤其是缺乏像"and"这样既能连接小句，又能连接词汇的功能词。

第三，词法手段不丰富。英语词法手段也非常丰富。例如英语中有丰富的名词化手段，比如光后缀就有"-tion""-sion""-ity""-ment""-ence""-ism""-ness""-ing"等。由动词派生或转化来的名词可以表达动词的意义，却不受形态变化规则的约束。"汉语缺乏像英语那样的词缀虚化手段，因此抽象名词不发达。"（蔡基刚，2008：146）例如：

(22) 为了参加这个大会，他回到北京进一步收集资料，查证核实。

　　　In order to attend the conference, he returned to Beijing for more *information* and *verification*.

汉语词汇派生手段不发达，但是组合手段却很发达，在英语中可以用词缀虚化手段来表达的抽象概念，汉语中是通过表达具体意义的语素按照不同的顺序组合而成的。例如：

毛＋皮──→毛皮 "毛皮"≠"毛"＋"皮"

来＋往──→来往 "来往"≠"来"＋"往"

这样，几个表达具体意义的具体动词按照一定的顺序排列起来，就可以补充、满足汉语缺乏屈折变化手段而造成的句法、词法需求。

（二）汉语是语义－语用领先的语言

在连动结构中，语义、语用原则起着类似句法甚至超出句法规则的作用。

在语义方面，第一，时序原则。动词所表示的动作之间存在的先后关系是连动式几个动词连用之间的强制性规则。李亚非（2007）通过对连动式的语序以及其他句法特征的考察，发现影响连动式的句法特征为动词之间遵循着不可违反的象似性语序、共享宾语主语等论元等。该文特别强调，连动式是把象似性放到造句层面来表达，在分析时必须把这个功能性的语言现象纳入普遍语法的管辖范围才能够更接近该语言现象的本质。

第二，动词的语义在连动式中所起的限制作用。动词的语义对连用结构类型起着几乎决定性的作用，这些在前文对连动结构与其他结构类型的区分中已经提到了。

第三，论元省略原则。前文已经提到，如果两个动词的宾语所指相同，连动句中第二个动词的宾语承前省略，而并列结构中第一个动词蒙后省略，在紧缩复句中，则是不省略的策略。如：

种瓜吃（连动式）

播种养护（瓜苗）（并列结构）

种瓜得瓜，种豆得豆。（紧缩复句）

在语用方面，首先，汉语连动式需要更多的听话人解码行为的参与，也就是说，汉语是互动性更强的语言。例如：

张三请李四看月亮——张三请李四，张三和李四一起看月亮

张三带李四看月亮——张三带李四，张三和李四一起看月亮

张三陪李四看月亮——张三陪李四，张三和李四一起看月亮

张三请李四作报告——张三请李四，李四作报告

张三带李四看病——张三带李四，李四看病

张三陪李四做作业——张三陪李四，李四做作业

在这些例句中，N1"张三"N2"李四"是否共同做出了V2的动作，在传统分析方法中决定了该句子是不是连动句。而这种意义的判断，是听话人根据自己的常识做出来的，因此听话人的参与在汉语的语义表达中起到几乎决定性的作用。

其次，信息结构的限制也影响着连动式的表层结构。汉语的句子对名词的指称信息比较敏感，一般说，汉语动词V的前后都有空位，V前N都是有定的旧信息，但是V后N常常表示无定，是新信息，或者换句话说，动词要求其前是旧信息，其后是新信息。例如：

客人来了！The gust comes.

来客人了！A gust comes.

这是两个经典的例子：名词"客人"在动词前面，其所指是听说双方都知道的已有信息，相当于英语中带有了定冠词；而放在动词后面，其所指则为双方所不知道，是一个无定名词，是新信息，在英语中应该翻译成带有不定冠词的名词结构。汉语没有冠词系统，汉语的光杆名词在句子中既可以表示有定信息，也可以表示无定信息。一般认为，汉语的"数词+量词+名词"是不定指的，而带了指代词"这/那"的是定指的。有定名词一般携带旧信息，无定名词一般携带新信息。在汉语中的动词连用，很多情况下，动词的目的是引出一个不定名词论元，使其所指变为已知信

息，能够放在另一个动词的前面。如：

*一个礼物给你 ——→买/有一个礼物给你

*一支笔写字 ——→用一支笔写字

如果 V1 的宾语是已知信息，在现代汉语中一般直接放在动词前面或者用"把"等介词提前，而不会直接放在动词后面。如：

*洗干净这件衣服 ——→把这件衣服洗干净

*有张三知道这件事——→有个张三知道这件事/张三知道这件事

而连动式中相当一些小类是 V1 为另一个动词 V2 提供受事、工具、与事等论元信息，是与已知信息在前新信息在后的语用原则相符合的。

（三）汉语是分析性强的语言

蒋绍愚（2007）指出，上古汉语词汇的范畴化程度较高，综合性强，而现代汉语词汇分析性更强。以运动事件动词为例，汉语的运动动词，只表示运动过程，而运动主体、运动背景、运动路径等信息都需要由单独的词项表达。例如古汉语的"跋"是"在山上行走"，"涉"是"在水中行走"，但是在现代汉语中，"行走"所涉及的路线或背景都不再概念化到词义信息中。例如古汉语的句子"揖季卿就炉"（唐·李政《陈季卿》）意思是"给陈季卿作揖，请他到炉子边来"。"揖"是"对……作揖"的意思，因此可以带对象宾语，但是现代汉语中的"作揖"只是表示行礼的动作，不再包含方向信息，所以需要用介词结构引出行礼的方向或对象——"给陈季卿/向陈季卿"。"对……作揖"往往后面紧接一种动作，例如"揖别"就是"拱手作别"的意思，"揖……曰"就是"作了个揖说"，在上例"揖季卿就炉"中，作揖和邀请的行为共同发生。所以"揖"其实是"揖请"的意思，是一个连动式，而这种表达在现代汉语中不再使用。

英语词汇综合性较强，相对应的汉语的意思，就必须通过一个结构来表达：

shuffle：walk slowly and noisily（拖着脚走）

march：walk as soldiers do, with regular and measured steps（齐步走）

gasp：utter in a breathless way（喘着气说出）

以声音为例，英语中声音义素被概念化进词汇中，所以英语没有专门的拟声词，但是汉语的声音义素没有被词汇化进词汇意义中，而是专门设立了拟声词来描写声音。例如英语"The door always creaks."汉语需要说成"门老'叽叽嘎嘎'响"。

当一种语言词汇和句法都以分析式为主的时候，这种语言就很有可能出现动词连用现象。例如 Kalam 语中描写声音有两部分：一部分是具体的，比如 wok-（汪）；另一部分是宽泛的，比如，ag-（发出声音，说）。也就是说，在 Kalam 语中，声音也是作为一种独立的事物从物象中离析出来被认知的。下面两个例子 Kalam 语就需要用连动式来表达（Pawley，2008：190、178）：

(23) Sawan　　[guglum　　ag-ig]　　　　　　k-j-a-p.
　　　人名　　　呼噜　　　说－同主语.同时性　睡－现在时－进行体－3单
　　　Sawan 正在打着呼噜睡觉。

(24) Pa-skoy　　[si　　　etp-nen　　ag-a-k]?
　　　女孩－小　发出咿咿声　什么－为　说－单数－过去时
　　　小姑娘为什么咿咿哭？

三　连动结构在汉语中的作用

第一，连动结构可以弥补词汇量的不足。

与英语相比较，现代汉语的词法手段是有限的。首先表现为词汇量的不足。"英语词汇量远远高于汉语是无疑义的。"蔡基刚（2008：230）、汪荣培等（2005）认为英语词汇总量远远超过 200 万，最保守的估计也有 50 万。但是汉语的词汇量，《中华大字典》收词量 48000，《汉语大字典》收词量 54678，《现代汉语词典》收词量 56000，显然在数量上远远不及。同样，在动词的数量上，汉语也不及英语。如果英语和汉语要表示的事物和概念基本相当，为什么英语要多出这么多词汇？尽管这个问题很复杂，但是不可否认，很重要的一条是：很多英语中用词汇来表达的事物或概念，汉语中是使用了词或词组组合的方式（其中很大一部分是连动结构）来表达的，而这些组合在词典中是不能体现出来的。例如：

使役意义的表达：

discourage'使……丧失勇气'derail'使……出轨'benumb'使……麻木'totalize'使成为整体化的'　enrich'使……富裕'empty'使清空'

结果意义的表达：
assemble '聚集在一起'　　　outgrow '长得太大而不适合'
survive '活下来'　　　　　drown '淹死'
方式、手段、伴随状态等偏正意义的表达：
gasp '气喘吁吁地说'　　whisper '低声地说'　　guffaw '大笑着说'
accost '走上前与之攀谈'　howl '吼叫着说'　　blurt '脱口而出'
bet '打赌说' slouch '将帽檐拉下来遮住' nudge '用肘轻推让人注意'
涉及论元等动宾关系的表达：
afford '负担得起……的费用'　　patent '获得……的专利权'
enlist '谋取……的支持'　　　　disarm '解除……的武装'
tint '给……着色'　　　　　　　impress '给……留下深刻印象'
shop '去商店买东西'　　　　　　deposit '把钱存进银行'

其次，在构词手段上，英语派生造词手段使用广泛，存在大量的构词词缀，而汉语在词缀的类型、数量上与英语相比十分有限。

因此针对词汇量少的情况，汉语用词或词根组合的方法来解决动词词根库有限、抽象名词不足等缺陷，这种手段也可在其他连动语言中发现。

Pawley（2008）指出，西印度尼西亚语言中的 Kalam 语也是一种连动语言，其连动式的主要功能就是扩大一个受限的动词词根库。Kalam 语的动词是一个封闭的词类，只有大概 130 个成员，大概 400 个语素，所以这种语言中大量存在动词连用的形式表达活动或动作。例如 Kalam 中没有类似英语 bring、take、fetch、push、pull 这样表达位置移动的动词，也没有类似英语 swing、sway、vibrate、tremble、duck、nod 等表达下方固定、上方运动的词汇，这些概念都是由动词组合而成的。同样，一些抽象概念也由表达具体动作的动词组合而成。比如：

d am-（get go①）'拿'
d ap-（get come）'带'
d ap tan d ap yap-（hold come ascend hold come descend）'前前后后地走'
pik am-（fear go）'逃跑'

---

① 这部分是原文中用英文表达的原句的字面意义解释，有些词语用汉语无法对译，所以在这里保持原貌，以方便理解复合词中动作的组合方式。

kn am-（sleep go）'打盹'

ag ñ-（say transfer）'告诉'

ag ask-（say avoid）'拒绝'

ag nŋ-（say perceive）'问'

ag slok-（say slip off）'食言，反悔'

ag g-（say do）'坚持'

ag ay-（say stabilise）'约定任命；挽留'

d nŋ-（touch perceive）'感觉到'

ñb nŋ-（consume perceive）'尝'

因此，动词连用这种句法手段可以扩大一个受限的动词词根库，弥补词法上的不足。魏兆惠（2006）在指出从商周至两汉几个连用动词之间使用连词"从少到多再到少"的规律时提到，周代以后，名词、动词、形容词的活用现象比甲骨文时代普遍得多、严重得多，最突出的是使动用法和意动用法的大量使用，这个时期对应着连用动词之间更多使用连词连接。使动用法在东汉时期开始衰落，在6世纪渐趋消亡，这个时期对应的是连用动词之间减少使用连词连接，连动结构成熟。这一历史发展过程也从一个方面说明了连动手段与词汇手段之间的互补关系。

第二，连动结构可以弥补功能成分不足的问题。

连动语言一般是缺乏形态变化的语言，功能词不像非连动语言那样完善、丰富，因此连动结构可以用来表达一些功能成分所表达的句法关系。李临定（2011：187）指出，连动式在同样的句法结构中隐含着各不相同的语义关系，分别可以放入以下框架：

用……方式　　为了……　　　在……状态下　　在……的时候

用……为讯号　在……地方　　以后　　　　　　在……上

靠……　　　　因为……所以……　如果……（就）……

换句话说，汉语连动式是用一个动词发挥了英语中类似"by""for""with"等功能词、动词不定式、状语从句、分词等功能成分的作用。具体表现为：

（25）你坐火车回去。（＝你用坐火车的方式回去）

（26）鸟儿快飞去报信吧！（＝鸟儿为了报信飞去了）

（27）他穿着一件大衣走进来。（＝他在穿着一件大衣的状态下走进来）

(28) 咱们说话低着点声儿。(=咱们说话的时候低着点声儿)

(29) 民工们吹哨子收工了。(=民工们用吹哨子为讯号收工了)

(30) 老是站在门边说些什么？(=老是站在门边的地方说什么)

(31) 他转身走进去。(=他转身以后走进去)

(32) 你买这个吃亏了。(=你在买这个方面吃亏了)

(33) 我挣钱养活你。(=我靠挣钱养活你)

(34) 他学习忘了休息。(=他因为学习忘了休息)

(35) 说谎话要吃大亏。(=如果说谎话的话要吃大亏)

与前一部分对于世界上其他连动语言研究的结果相比较，汉语连动式所体现出来的这些语义关系，基本上把方式、工具、背景、情态、时间、条件、伴随、话题等语义关系都包括在内了。而且汉语历时研究也证明，汉语很多体标记、伴随介词、目的连词等功能词或标记成分，都是从连动式中的动词语法化而来。

可见，在汉语中，作为一种语法手段，连动式的作用是用一个动词为另一个动词提供工具、处所、时间、方式、施事、受事、与事等语义成分，或者为另一个动词提供时、态、情态等内容。

四　连动结构符合汉民族认知文化心理及思维习惯

"任何民族的语言都直接反映出本民族的文化心态特征；包括意识习惯和思维方式、审美情趣等。"（常敬宇，1992）事件结构在不同语言不同文化中有不同的呈现方式。采取什么样的表达方式取决于民族文化心理及思维习惯。

（一）连动语言与非连动语言：与英语比较

汉语是连动语言，英语是非连动语言。两种语言在句子结构形态上的区别，是两个民族不同的认知方式和思维习惯的体现。

第一，英语语法重形合，而汉语语法重意合。

这一区别早已有很多语言学家论述过。汉民族的重精神意念的意识特点形成了"以意统形"的表达习惯，体现在汉语中则是侧重于言意融合统一的意合表达方法。汉民族重悟性思维而不重对思维对象进行抽象的分析推理，因此汉语缺乏外部形态；汉民族"尚简去繁"，因此在传递信息时充分发挥语言环境和文化背景的辅助启示作用，只要交际双方意通或达到默契即可（常敬宇，1992）。以形显义则是英语句法的重要特征，英语大大小小成分之间主要通过语法手段接进行连接，如词缀、屈折变化、关联词、引导词等。

连动结构显然非常契合汉语的逻辑思维方式。在连动结构中，几个动词或动词结构一个接一个排列，不需要有标志其语义或句法关系的词语出现，可以表达目的、因果、方式、伴随、时间、处所等多种语义关系，至于其中到底是表达什么关系，只有根据动词或动词结构所表达的语义内容结合听话人的知识背景去理解。

英语中也有表达几个动作紧密发生，存在先后关系的句子，但是这些句子表达连续动作的时候，各动词结构之间必须有连词连接或者使用逗号，如例（36）。

(36) He jumped off the bed, dressed himself in a hurry, rushed outlike wind.（沈双胜，2003：86）

但是汉语的连动谓语动词之间不用关联词语或逗号隔开来表示语音停顿，只有逻辑意义上的顺序排列，表示目的、因果、方式、时间等语义关系。而同样一个动词序列，汉语只是单纯地将这些动词串起来，至于是什么关系、有无主次之分，需要解码者自己去理解。例如"狗抓鸡吃"在英语中可能会对应有：

The dog catches a chicken and eats it.

The dog catches a chicken to eat it.

The dog eats a chicken after catching it.

The dog eats a chicken by catching.

英语的句子需要区分"抓鸡""吃鸡"这两个动作是并列关系还是目的关系等其他关系，而且两个动词必须要确定其谓语动词的身份，并因此来决定采取何种连接手段，这些汉语都不需要。

第二，英语中倾向于用综合式表达，而汉语喜欢用分析式表达。

对于同样的一个概念或意义，如果用短语来表达，称分析型表达法（analytic expression）；如果是用一个词进行表达，称综合型表达法（synthetic expression）。综合型表达法和分析型表达法可以在一个语言中同时存在，例如英语中既有 to foul，又有 to make sth. dirty；既有 remind，又有

make sb. think of。同样，汉语中既有"奶（孩子）"，又有"给……喂奶"；既有"提醒"，又有"使……想起"。但是从整体上看，汉语比较倾向于采用分析型表达法。因此，母语为汉语的英语学习者常常输出用分析型表达法的表达（如例37a），而不会有意识地使用综合表达，如例37b（蔡基刚，2008：135）。

（37）a. It is not easy to look after a spoiled child like a mother.

b. It is not easy to babysit a spoiled child.

现代汉语使用分析式表达法的一个重要表现就是类、象分离的编码机制（徐通锵，1997）。在词法上，"象+类"是双音节词的重要编码形式，"象"表示该"类"的类属、性状、形貌、功能、方式、工具、质料、空间、时间、比喻等语义特征，如"斑马""儿马""劣马""驽马""铁马""头马""驼马""野马""骏马""战马""河马""木马""纸马"等，都是在表类属的"马"前添加表示区别性特征的"象"构成的。在句法上，"特征+类属"也是现代汉语重要的组块方式，例如"大声说""伤心地说""握着手说""赶忙解释说""回头冲他一笑说"等，都是在中心词"说"前添加各种语义成分构成的。

第三，汉语倾向具象思维，英语倾向抽象思维。

傅雷在《翻译经验点滴》中曾说："中国人的思维方式和西方人的距离多么远。他们喜欢抽象，长于分析；我们喜欢具体，长于综合。"蔡基刚（2008：314）指出，"如汉语翻译英语电影片名……即使碰到人名地名要求音译，也必定添出一定的意义，越具体越好"。比如英语片名"Waterloo Bridge"译为"魂断蓝桥"，"Memeto"译为"记忆碎片"等。

在词汇上，英语有大量抽象化手段，同时在词化模式上也常常将方式、工具、背景等信息概念化进去，而汉语则缺乏这些词法手段；在用句子报道事件的时候，英语表达者可能只需要关注主要事件，而汉语却常常需要把这个事件中的具体环节表达出来。例如：

（38）In despair, he pestoled himself.

绝望之中他拔枪自杀。（庞人骐编《英语转换修辞句法》第191页）

（39）茗烟又嘱咐道："不可拿进园去，叫人知道了，我就'吃不了兜着走'了。"

'Don't take them into the Garden,' Ming-yen warned him. 'If they were found I'd be in serious trouble.'(李瑞华主编《英汉语言文化对比研究(1990~1994)》第510页)

在例(38)中,英语 pestrol 的词义概念中含有"枪"和"杀"两个义素,在汉语中没有对应的词,只能对译成一个动作链:拔枪+自杀。同样,例(39)在将汉语翻译为英语时,我们看到,一方面,汉语的动词串"嘱咐道"是两个言说动词,前者是下位词,后者是上位词,在英语翻译的时候,不允许有两个同样的言说动词同时出现,不能说 warn say,因为上位词的意义已经在下位词的词义中包含着了。而"吃不了兜着走"在英语翻译中只用了一个"be in serious trouble"来表达它实际想表达的意思,而不是将这个具体的事件翻译出来。

第四,从思维到语言的映射,英语需要中间环节,汉语不需要。

汉语连动结构表达的是几个在语义上有关联的活动或事件,在顺序的处理上,非常典型地体现了汉语的认知与信息处理原则,具体表现为:主要是依循事件的自然进程而铺展,先偏后正,先因后果;先背景,后焦点;先叙事,后表态。而英语不同,在信息的处理上,并不是完全依照自然进程展开的,常常是先正后偏、先果后因、先焦点后背景、先表态后叙事(刘宓庆,1991)。例如:

(40)他挑着一担米走进市场。

  He walked into marketplace, carrying two baskets of vegetables. (沈双胜,2003:86)

(41)他父亲挣钱养家。

  His father supports the family by earning money. (沈双胜,2003:86)

(42)There are many wonderful stores to tell about the places I visited.

  我们访问了一些地方,我有许多奇妙的故事要讲(李瑞华主编《英汉语言文化对比研究(1990~1994)》第72~73页)

(43)Painful it is to look back upon now…(E. B. Browning:Letter to Sister)

  现在回想起来仍觉痛苦。(《名人书信一百封》第249页)

(44)I stood alone under a tree with all entanglement of bare branches overhead, waiting for the last bus to arrive.

  我孤独地站在一棵疏枝交错的树下等候最后一辆汽车。(李瑞华

主编《英汉语言文化对比研究（1990~1994）》第 74 页）

这几个例子，汉语连动式的表达，都是遵循时序原则：先发生的事情在前，后发生的事情在后，即使好像是同时发生的事情，例如"挑米"和"走进市场"、"站在树下"和"等车"，在事理上仍然是前面一个动作发生在前。但是英语的相应表达，则不执着于发生的顺序，而是根据作者对信息重要性或表达侧重点，按照语法层面的信息结构进行排序：先正后偏（如例 40）、先目的后条件（例 41）、先焦点后背景（例 42）、先表态后叙事（例 43）。例（44）中，两个动作的顺序虽然在英汉两种表达中似乎是一样的，但其背后遵循的信息处理原则是不一样的。"站"和"等"的顺序，在英语中要区分主次，孤独站立的动作是表达的重心，因此作为句子的主要小句出现，而等待的动作被处理为背景，遵循了"先正后偏""先焦点后背景"的信息处理原则；但是汉语中在处理这两个动作的语序时，遵循的是时间先后顺序原则：必须先站，然后才能等待。如果严格按照英语的句子信息结构处理，汉语需要对译为"等着站"，这种顺序在汉语中是不被接受的。

从以上例子可以看出，汉语连动式的排列顺序，基本上是按照人们自然的认知顺序和事物发展的自然规律来处理。而英语的表达需要经过一些"中间环节"，正如刘宓庆（1991）指出的，汉语在表达思想时采取的是思维直接外化的形式，而不是采取间接的方式，中间必须有一个形式/形态程式装置，接受思维的投射，才能转化为语言的表层结构。

（二）连动语言与连动语言："养漂亮"还是"长漂亮"？

在 Èdó 语这种连动语言中，有这样的说法：

(45) Òzó kòkó àdésúwaà mòsé. （Stewart, 2001：69）

人名　养　　人名　　　漂亮

Ozo 把 Adesuwa 养得很漂亮。

但是，我们在北京大学 CCL 现代汉语语料库（http://ccl.pku.edu.cn:8080/ccl_corpus/）中搜索"养漂亮""养得漂亮""养得很漂亮"，发现搜索结果都为 0。可见在汉语里"养"和"漂亮"之间并不能很自然地搭配。我们以"养"为关键词在 CCL 现代汉语语料库搜索，发现与"养"构成的动结式的多是"成"（3232）、"活"（2021）、"大"（554）、"好"

(334)、"懒"（14）、"娇"（2）、"笨"（2）、"散"（2）、"死"（2）等。如：

养成公民意识

我们没有理由不把它养大养好

大锅饭把人养懒了，把人心养死了，把经济活力也养没了

把它养起来了

把孩子养到 12 岁

要老老实实把地种好，把猪养肥，把道路拓宽，把石油备足

这些可搭配的形容词，跟"养"的对象密切相关，例如"猪"是"养肥"，"人心"是"养死"，"经济活力"是"养没"，而更多的对象是人，"孩子""人""女儿"等，或者动物"它"等。如果对象是人，则搭配的形容词多数跟人的品德有关系的，比如"好""懒""娇"等，或者与生长阶段有关系，如"大""到""成（小伙子/大姑娘）"等，而如果对象是动物，则是"大""好"等。这些都是成长的必然结果。

我们又检索了与"漂亮"搭配的动词，与人有关的一般是动词"长"，比如"长漂亮了"。但更多的情况是"V得很漂亮/漂漂亮亮"。"V得C"结构与"VC"结构还是有区别的，显然"VC"与"V得C"相比，V和C的关系更紧密。动词"长"是非自主动词，个人无法控制身体生长的过程，所以外貌不是人的生长过程所左右的，人无法改变遗传。"长"和"漂亮"之间不是致使关系，而是一个自然发生的结果，所以可以说"长漂亮了"。而"养"是一个自主动词，涉及的两个对象其中一个对另一个有影响和干涉作用。因此动结式"A养漂亮了B"是一个致使结构：A使得B变漂亮。我们以"养漂亮"在百度上搜索，结果发现了20多个用例。其出现的句式见表2-2。

表 2-2 "养漂亮"的统计结果

	宠物		花草		人及身体器官		合计
	标题	正文	标题	正文	标题	正文	
"把"字句	5	1	5	2	4	1	18
话题/假设	1	1	1	1			4
合计	8		9		5		22

从"养"的对象上看，植物花草稍多一点，主要是"多肉"；宠物也比较多，主要是"猫"；与人有关的是"女儿"（2）、"脸蛋"（1）、"手"（1）、"细胞"（1）。从句式上看，主要出现在"把"字句中（共18例，如例46、例48、例49、例51），其他出现在话题句（如例46、例47）或者假设条件句（如例47）。从使用场合看，主要是出现在文章标题中（如例46～例48），只有个别的句子是出现在文章中的（如例49～例50），这些句子主要是非现实语态。这说明，说话人强调的是理想中的一种结果状态，因此这些语篇基本上都处于指导操作过程的场合。

（46）把女儿养漂亮其实并不难，只要这些小错误你懂得纠正（http://m.sohu.com/a/244766555_224041）

（47）泰国斗鱼：养活容易，养漂亮难！（http://jingxuan.guokr.com/pick/18460）

（48）如何把月影系的多肉植物养漂亮（http://zhidao.baidu.com/question/750591507761037532.html?ivk_sa=1022817r&device=mobil&ssid=0&from=1012852y&uid=0&pu=usm@1，sz@1320_1004，ta@iphone_2_7.1_11_10.9&bd_page_type=1&baiduid=AA25D1E28E5120BDD8C07D1F1B8CFE61&TJ=www_zhidao_normal_1_0_10_tittle）

（49）小编也想把自己家的田园猫养得漂漂亮亮的（https://jingyan.baidu.com/article/bea41de441ab4c51be6c7.html）

（50）自称贴吧大佬的人，自己的肉花都没养漂亮，还好意思去说别人、去为别人解答？（https://tieba.baidu.com/f?kz=6118236911&mo_device=1&ssid=o&from=1012852y&uid=0&pu=usm@q，sz@1320_1004，ta@iphone_2_7.1_11_10.9&bd_page_type=1&baiduid=AA25D1E28E5120BDD8C07D1F1B8CFE61&tj=www_normal_1_0_10_tittle&referer=m.baidu.com?pn=0&）

（51）每天2袋，健脾祛湿，先通再补，把脸蛋养漂亮。（http://m.sohu.com/a/304905724_661852）

从网络上"养漂亮"的使用可以看出，随着宠物、花草等在人们生活中重要性的凸显，"养漂亮"的组合开始从无到有。而从所涉及的对象看，主要表现了养护者对宠物等对象的影响，而涉及人的，主要是"女儿""脸蛋""手"，这些对象外表上的"漂亮"正是人类所追求的。因此在这些意义上"养漂亮"才可以成立。

反观例（45），采取的是隔开式VOC，"养"和"漂亮"之间还并不是很紧密，这种语序也反映了上述人们对养育过程与外貌之间关系的普遍认识。

从汉语的"养大""长漂亮"和Edo语的"kòkó（养）aděsúwà（宾语）mòsé（漂亮）"的序列可以看出：

第一，动词连用是一种文化结构。对汉语来说，区分有外力影响的生长过程"养"和自我生长过程"长"，前者是自主动词，后者是非自主动词。"养"具有致使义，其致使的结果是可以自主改变的事物特征，例如"大""胖"；"长"不具有致使义，其补语常常对其结果状态进行描述，比如"长得漂漂亮亮"。一个值得注意的现象是，"长"构成的动结式，常常表示一种偏离状态，如"长丑了""长苗条了"。"长"可以和人的外貌、形状等形容词组成动结式，但是"养"比较容易和非人的外貌形状等形容词组成动结式。显然，在Edo语里并不是这样的。

第二，连用动词的语序受人们认知上的语序及语法系统的制约。动作和结果是自然的过程及结果之间的关系。无论是汉语还是Edo语都是一样的，不管采用隔开式（养-她-漂亮）还是连续式（养-漂亮-她），结果都在动作的后面，而不能相反。"动作-结果"的顺序如此，其他类型也是如此。例如逻辑认知层面的动作与寓意，使用什么动作来表达什么寓意，是约定俗成的，所以动作是第一位的，寓意是第二位的，表现在语言层面，就是"动作-寓意"的编码顺序，如果用连动式表达，这种顺序不可改变。以"鼓掌"为例，我们在CCL现代汉语语料库中搜索，共有2208个例句，在前500例中，共有151例连动结构，其中表达现实层面先后序列动作的有56例，如"起立鼓掌""高举双手鼓掌""纷纷涌上街头热烈鼓掌""鼓掌来到群众中间"，而其他95例都是表达逻辑层面先后关系的，如"鼓掌致意""鼓掌庆贺""鼓掌通过""鼓掌表示欢迎"等。我们以"鼓掌欢迎"为关键词进行搜索，共出现129条用例，而用"欢迎鼓掌"和"欢迎，鼓掌"进行搜索，都没有出现任何用例。这些足以说明，在汉语里，如果将用意放前、表达某种用意的动作放后，一般不会产出合格的连动结构。

除了语义，汉语中使用连续式，不再使用隔开式，是因为汉语的语法系统中，如果结果是由动性不强的状态动词表现，在句法上无法保持其有界性，因此会形成连续式。而 Edo 语的语法系统还没有进行这种分化。

第五节　本章小结

通过设计如何机器识别 V + V 动词串的连动属性以及分析一个 VP + VP 结构如何能够构建成功，我们认为，在现代汉语中，句法规则条件完全支持连动式是一种独立的句法结构类型。

这些句法规则为：词类、不可重复、论元共享、必须蒙后省、时序原则。

因此，可以把连动式定义为：连动式是由两个或两个以上句法上相对独立、语义上相互关联的动词或动词短语构成的结构，是与并列结构、偏正结构、述宾结构、述补结构、主谓结构相并列的一种基本结构类型。

其语法特征为：句法上相对独立性或者可称为有限的有界性、语义上的相关性。

句法上的相对独立性表现为：各 VP 在句法地位上是平等的关系，具有句法上的平行性，互不依附、陈述、控制、修饰。具体表现为：

规则 1：不能有相同字形。

规则 4：V1 要求有较强的有界性。

超规则：趋向动词可以光杆形式进入 V1，且必定形成连动式。

语义上的相关性表现为连用动词的语义框架必须有交叉或重叠，VP1 为 VP2 提供内部论元或外部情景角色。具体表现为：

规则 2：共享宾语必须承前省略。

规则 3：前项动词在语义框架上必须与后项动词的语义框架有交叉重叠。

汉语连动式的存在，适应了汉语是形态不发达的语言、是语义-语用领先的语言、是分析性强的语言等语言特点。汉语连动式的存在，对汉语的词法规则是一个有益的补充，使汉语词法手段与句法手段相得益彰，有效运转。

与英语所代表的非连动语言相比，汉语连动式是汉民族重意合、重具象思维等思维习惯的体现。在表达序列动作或事件上，汉语采用连动手段，可以不依赖连词、语音停顿等手段，按照客观事件中发生的自然顺序，先因后果、先偏后正、先背景再焦点、先叙事再表态，顺次铺展开来，不需要经过任何的加工；但是在英语中，需要根据先果后因、先正后偏、先焦点再背景、先表态再叙事的规则，对客观世界中按自然顺序发生的事件经过思维的加工，然后投射到语言层面。与其他连动语言相比，汉语连动式在选择组配对象、构成语义模式上也有自己独特的表现，何者为单一事件，何者不是，充满汉民族自身的文化色彩。

语言是思维和认知的结果，"思想彼此间的关系会明显影响句中词语的安排……语言结构反映经验结构，即世界结构，包括说话人强加给世界的观点"（Croft，1991）。连动式就是这一特性的体现。因此，汉语中出现连动现象，并不是偶然的，而是汉语语法体系和文化思维方式合力下的必然。

第三章
汉语连动式表达"单一事件"的特征

语义上是否表达"单一事件"（one single event）被认为是判断一个结构是否为连动式的核心标准（彭国珍等，2013）。但是，也有人持有异议："单一事件"是一个模糊的概念，没有客观标准，如何能成为判断句式的标准？（Haspelmath，2016）什么样的事件才是"单一事件"？"单一事件"的性质是什么？"单一事件"是否能成为判断连动式的标准？现实生活里的一系列事件，哪些需要连动化？哪些能够连动化？是否有语法语义条件的制约？本章将从汉语的事实来思考这些问题。

第一节 连动式表达"单一事件"

对于连动式表达的是"单一事件"，最早可以追溯到 Westermann（1930），其在描写 Ewe 语动词连用现象时注意到的：Ewe 语几个连用动词表达的内容常常相当于英语的一个词，英语习惯用一个词表现活动中的主要事件，而 Ewe 语会把这个活动的每个细节说出来。Lord（1975：196-197）首次使用了"单一的超事件"（a single overall event）来表示连动式的内容，每个动词表达的是其中一部分，"第二个动词表达的动作或状态往往是第一个动词的延伸"。Sebba（1987）指出连动式能够"表达一个整体的事件"。Durie（1997：322）进一步指出，两个或多个动词是否可以表达一个可识别的"单一事件"是各语言中各种连动结构唯一的共同特点，首次将"单一事件"上升到连动式的基本特征的高度上去。Aikhenvald（2006：12）也将表述"单一事件"作为连动式定义的特征之一，但是将内容扩大为：连动式在语义上表达了一个事件，或者紧密联系起来的几个次事件（sub-event），或者是概念上有关联的几个连续的事件，而这些事件类型具有文化特性（cultural phenomenon），同样的序列在不同的语言中适切性不同。Baird（2008）也曾在对 Kéo 语连动结构进行描写的过程中尝试对连动结构表达"单一事件"进行论证。此后 Bisang（2009）提出用"宏事件特征"来判定：用于定位一个次事件发生时间的时间状语副词、从句或时态等成分也同时定位了其他次事件所发生的时间，这个结构就表达一个单一事件。

总结以上观点，可以得出连动式的"单一事件"特征指的是：从连动式的语义上说，连动式的一个特征是用几个动词表达一个"单一事件"，这个单一事件可能是由几个次事件构成的一个整事件，也可能是几个有某种关联的事件构成的一个"宏事件"。

反过来，连动式表达"单一事件"的特征意味着连动式的几个动词在语义上具有相关性：或者是一个单个事件的几个组成部分，或者是紧密联系在一起构成一个"超事件"的几个子事件，它们在概念内容上是彼此关联的。因此，用一个连动结构描写的单一事件，是概念化的单一事件，如果某个动作序列在认知上不被作为一个整体，内部几个动作之间没有语义上、认知上的关联，那么这个连动句通常是不可接受的。例如下面一组句子：

Sranan 语（Lord, 1993：303）

(1a)　a　teki　a　fisi　seri.　　(1b) *a teki　a　fisi　bai.
　　　她　拿　那　鱼　卖　　　　　 她　拿　那　鱼　买
　　　她把鱼拿去卖了。

Yorùbá 语（Lord, 1993：303）

(2a)　o　ra　iṣu　wá.　　(2b) *o　ta　iṣu　wá.
　　　她　带了　山药　回来　　　她　卖了　山药　回来
　　　她把山药带回来了。

汉语

(3a) 黛玉伸手拿起……(3b) *黛玉伸手啐了一口/*伸手踢进了一个球

(1b) 拿着某个东西再买它，是有问题的序列；买了东西后，一般需要把买的东西带回家，所以把东西"买回来"是符合一般常识的，而东西卖了，不会再被带回来，所以（2b）把东西"卖回来"是不被接受的；伸手后常常会做一些与手有关的动作，一般不会与口部动作或者脚部动作发生必然的联系，所以（3b）不具有可接受性。

当然哪些连动句具有可接受性，哪些连动句不可接受，取决于说话人习惯上把哪些复杂的事件看作一个整体事件。也就是说，连动结构所表达的是概念化了的整体事件或行为，因文化而异的、因习俗而异，是一种文化结构（何彦诚，2011a）。如下例：

Alamblak 语（Bruce，1988：29）

(4a)　mɨyt　　ritm　　muh-hambray-an-m.
　　　树　　　虫子　　爬－找：为了－1单－3复
　　　我爬上树（为了）找虫子。

(4b) * mɨyt　　guñm　　muh-hëti-an-m.
　　　树　　　星星　　爬－看－1单－3复
　　　* 我爬上树看星星。

(4a)"爬树找虫子"是可以接受的连动结构，但例（4b）"爬树看星星"就是不可接受的连动结构，因为"不仅仅因为'爬树'和'看星星'同时进行是很不寻常的，也因为星星在地上才看得见，显然没有理由证明'爬树'和'看星星'之间存在密切关联"（Bruce，1988：29）。而在汉语里，"爬到树上看星星"恐怕没有人觉得不舒服。

尽管目前一般认为"单一事件"的特征是所有连动语言的共性，但这是个语义特征，而且很难验证（彭国珍等，2013）。Pawley（2008）指出，最关键的是找出，使一系列事件被确认可以连动化或者需要连动，需要满足什么样的语法和语义条件。

落实到汉语连动式上，"单一事件"是如何体现的？具体有哪些类型？是否有语法语义条件的制约？下文我们将通过由"伸（手）"构成的连动式及"坐车去""闹着玩"等几个具体的结构案例来体会汉语连动式语义上的单一事件特征。

第二节　案例1：由"伸手"构成的连动式

并不是所有的动词都能随便地组合成连动式。本节试图通过调查动词"伸（手）"可以和哪些动词组合构成连动式，说明连动式的几个动词之间具有语义关联性。调查范围是北京大学 CCL 现代汉语语料库，判断的标准是：1) 书面上没有标点隔开；2) 连用几个动词（或短语）之间没有并列、限定或从属、补充关系。共搜索出由"伸手"构成的连动结构4117条。[①]

一　"伸手"在连动结构中的位置

在这些连动结构中，"伸手"大多出现在首动词的位置上（"想伸手拿书"中"想"与后面动词短语是述宾关系，"伸手拿书"是连动结构，所以"伸手"是连动结构的首动词）。"伸手"出现在连动结尾处的情况仅有9例，分别为：

(5)【回手】(1) 把手伸向身后或转回身去［伸手］：走出了屋子，~把门带上。

(6) 靠着"向前半步一［伸手］"的真情，谱写了一曲爱的颂歌。

(7) 他微笑着［伸手］……

(8) 她微笑着［伸手］过来，彼此招呼了一声。

(9) 人妖笑着［伸手］……

(10) 他居然还好意思使劲［伸手］，用他那肥嘟嘟的小手指着自己说……

(11) 还有的地方又开始借机向农民［伸手］。

(12) 我怎么忍心再去向他们［伸手］呢？

(13) 有十几个部门借加强管理之名［伸手］……

例(5)、例(6)是特殊用途，可以忽略不计，例(7)至例(9)第一个动词都是"笑着"，例(10)至例(13)第一个动词都是意义较虚化

[①] 本部分例句，除非特别说明，均出自北京大学 CCL 现代汉语语料库。本章其他部分的例句亦然。

的动词，如"使劲""借机""忍心"意义都比较虚，理解为状语也无不可。

有29例连动结构"伸手"出现在中间，如：

（14）寒春走到奶牛边［伸手］摸摸这头牛的嘴，拍拍这头牛的头，

（15）他俯身［伸手］探到前面的杂物箱中，

"伸手"前的动词基本上可分为两种情况：一是像例（14）"走到奶牛边"表达位置移动的情况，二是像例（15）"俯身"之类，包括"回身""起身""躬身""弯腰""站起来"等表示身体姿态变化的动词。

在由"伸手"做首动词构成的连动结构中，大多数构成单独的小句，也就是说"伸手"的前面有句或逗号与其他小句隔开。例如：

（16）他转身走向墙根处，［伸手］摸索着。

（17）说着，他便［伸手］去手提箱内取手枪。

（18）"你所失去的。"校长说。他［伸手］碰碰琳茜的膝盖，

以上情况说明，尽管汉语有使用"流水句"的传统，尽管客观世界中动作的发生也是连续不断的，但是在汉语使用者的心目中，从连续不断的动作中，从"伸手""转身"之类的动作切入，摘取几个连续动作作为一个整体码化成短语或小句，是比较符合人们的语言文化心理的。根据付姝（2012）的统计，像"转身""回身""扭身""转头""回头""扭头""掉头""转脸""扭脸"主要功能是用于谓语位置上，而其中绝大多数的情况是构成连动结构。同样，在我们的统计数字里，CCL现代汉语语料库中含有"伸手"的句子共6104条，其中4117条属于连动结构，可见此类动词的句法功能之一就是构成连动结构。再据李宗江（2011），"转身"类动词也倾向性地出现在小句开头位置，经常用于几个表示动作先后发生的小句间，一般是用于第二或其后的某个小句前，如"他一只手臂搭在方向盘上，转脸看着她"。这与"伸手"做连动结构首动词的情况是一样的。这说明，在动作链中，汉语使用者倾向于将"伸手""转身"类动作与紧随其后的动作看作一个整体认知、提取。

二 "伸手"的后续动词

我们统计了"伸手"连动结构中的其他动词，结果见表3-1。

表 3-1　"伸手"的后续动词（仅统计后续第一动词）

拿取	拿 (132) 拔 (16) 掏 (43) 掏摸 (5) 捞摸 (1) 抓 (161) 挠 (1) 持 (1) 捉 (8) 捕捉 (2) 逮 (1) 抢 (28) 夺 (13) 得到 (1) 取 (50) 握 (38) 攥 (3) 抽 (9) 攫 (2) 薅 (1) 抻 (1) 携 (1) 带 (3) 捧 (1) 转 (1) 拾 (7) 拣 (1) 捡 (3) 拽 (3) 抠 (1) 撕 (9) 揭 (6) 掀 (2) 收 (2) 捞 (2) 采 (2) 采取 (1) 采摘 (1) 采撷 (1) 摘 (28) 钻 (1) 盛 (1) 拈 (1) 捏 (7) 捻 (1) 扣 (4) 搬 (1) 揪 (7) 攀 (3) 托 (5) 提 (1) 拎 (1) 撒 (1) 折 (5) 掰 (1) 抄 (6) 掐 (1) 拢 (1) 扒 (1) 翻 (3) 张开 (1) 抬 (1) 举 (2) 扶 (70) 搀 (3) 招致 (1) 得 (3) 接 (95) 接受 (1) 给 (11) 交给 (1) 递 (3) 摊派 (1) 塞 (2) 送 (1)
摸擦	摸 (157) 抚摸 (2) 抚弄 (4) 摩挲 (1) 擦 (9) 拭 (2) 摩擦 (1) 拂 (2) 敷 (1) 抹 (21) 碰 (22) 碰触 (1) 触 (6) 触及 (3) 触摸 (1) 搔 (6) 弄 (1) 摆弄 (1)
盖压	按 (58) 关 (1) 开 (1) 打开 (4) 弹 (4) 捻熄 (1) 熄 (1) 张 (1) 捂 (4) 盖 (2) 安 (1) 遮 (3) 掩 (4) 闭 (1) 蒙 (1)
推挥	推 (59) 拉 (106) 扯 (13) 拖 (4) 拉扯 (1) 逗 (1) 刮 (2) 拨 (6) 整 (2) 理 (7) 梳 (2) 牵 (3) 摇 (4) 敲 (9) 呵痒 (5) 招 (2) 扔 (1) 挥 (2) 投 (1) 抛掷 (1) 掠 (2) 扬 (2) 放 (5) 推拿 (2) 按摩 (1) 揉挤 (1) 揉搓 (1) 揉捏 (1) 揉摩 (1) 揉 (5) 拧 (2) 扭 (8)
打拍	煽 (1) 打 (18) 揍 (1) 惩罚 (1) 捆 (1) 发掌 (1) 击 (4) 较量 (1) 拍 (41) 攻击 (16) 剪除 (1) 伤 (1) 灭 (1) 害 (5) 杀 (2) 杀害 (1) 毁 (2) 加害 (3)
指撑	指 (38) 点 (11) 解 (26) 脱 (1) 撑 (6) 烤 (3) 翘 (1)
抱搂	搂 (20) 揽 (5) 挽 (7) 抱 (35) 拥抱 (1) 扳 (11) 搭 (11) 环 (1) 勾 (2) 吊 (1)
帮救	扶持 (1) 援助 (1) 帮助 (3) 接援 (1) 帮 (7) 帮忙 (2) 助 (2) 拉一把 (1) 相救 (2) 帮补 (2) 相帮 (1) 援助 (1) 相援 (2) 相助 (2) 救 (6) 解救 (1)
寻求	找 (7) 够 (10) 探 (19) 搜 (1) 要 (154) 讨 (2) 求借 (3) 求怜 (1) 求救 (1) 救助 (1) 求援 (1) 借 (6) 乞 (1) 乞讨 (3) 索 (8) 索要 (2) 恳求 (1) 求讨 (1) 揩油 (1) 赚钱 (1) 敛钱 (1) 占便宜 (1) 测试 (1) 试 (4) 买 (2) 测度 (1) 检查 (1)

续表

拦挡	拦（18）挡（4）抵挡（2）制止（2）制（1）禁止（1）阻（1）阻拦（1）阻止（4）招架（1）架（2）稳住（1）格（6）叉（1）
入到	可及（22）可触（3）到（31）入（32）进（33）
言语	叫车（1）说（8）道（4）嚷（1）喊（1）祝福（1）告别（1）招呼（1）呼唤（1）示意（5）致意（1）致谢（2）表示（1）示（1）
其他	干（2）作（势/状）（3）打手势（1）作恶（1）吓唬（1）闻（1）戏水（1）操纵（1）输入（1）定（1）倒（1）凿（1）写（1）端（5）起（1）抬（1）挖（1）穿（1）插（1）医治（1）行刺（1）

发现这些动词非常集中地出现在手部动作（"拿取"类、"摸擦"类、"盖压"类、"推挥"类、"打拍"类、"指撑"类）、意图（"帮救"类、"寻求"类、"拦阻"类）、位移（"到入"类）、言语动作几个领域。其中手部动作占据了绝大多数。经过统计，使用频率最多的前十位动词分别是：摸、要、拿、拉、接、扶、推、按、取、掏。这10个词里，9个是手部动作，1个（"要"）是意图行为。根据李宗江（2011），"转身"类动词其后跟的动词多是行走、言说、看视义动词，可见，连动结构中的前一个动词在语义上决定了后一个动词的语义范畴。

"伸手"与后续动词构成的连动结构大致可以描写为：伸手+位移+手部动作+意图。具体表现为：

伸手+位移：伸手入黑箱　伸手到包里

伸手+手部动作：伸手抓起相机　就伸手摸了摸小美

伸手+意图：伸手要钱　伸手制止　伸手搭救他

伸手+言语：伸手说　伸手道

伸手+位移+手部动作：伸手到臀部的口袋里掏那支从印达诺买的重型自动枪

伸手+位移+手部动作+意图：伸手到烟盒里拿了一根烟抽

其中，"位移"是动作"伸"的自然延伸，为"伸"提供了终点状态。而"手部动作"是"伸"的主体"手"所发出的动作，"伸手+手部动作"其实就是利用"伸"为下一个动作提供动作的主体（或者说"当事者"）。而这个"手部动作"的效果或者说功能就是"意图"。"意图"是从在整个事件中的功能来说的，就构成的动词而言，主要分为两种情况。一种情况是处置性行为动词，如"抽""看"等，与手部动作构成一个动作－处置关系连动式，手部动作为其提供处置的对象或工具，如"伸手拿烟抽"中"抽"的受事是前面手部动作动词"拿"的受事；"伸手搭救他"，"搭救"的工具是"手"。另一种情况是言语行为动词，如"要""求""说"等，言语行为动作可以与"伸手"同时发生，"伸手"可以作为言语行为的伴随动作，而言语行为的"言外之力"常常能成为"伸手"的意图，例如"伸手要钱"，"要"是"伸手"的目的，也是同时动作，同时，"手"也为"钱"提供了处所。再如：

（19）彭总伸手揩了揩起超眼角的泪珠："这本书，你再用心看看吧！"

在这个例子中"伸手揩泪珠"与言语行为是同时发生的，言语行为是提出建议，也可以看作"伸手"的意图。

这样看来，这几个活动之间都是相互关联的："伸"是一个运动动词，后续位移动词为之提供了位移终点，组成一个完整的运动事件；"手"是手部动作的主体，也可以看作人发生手部动作的工具，而位移动词的宾语既是运动事件的终点，又为手部动作提供了动作发生的场所；手部动作的发生是有意识的，其功能或意图，与手部动作构成一个动作－目的事件。这样"伸手"与后续的三个动词所表达的语义内容环环相扣，语义结构相互重叠交融，每个动作都服务于另一个动作，而像例（3b）"*黛玉伸手啐了一口／*伸手踢进了一个球"之所以不成立是因为"啐"是口部动作，"踢"是脚部动作，满足不了"伸手"事件的需求。可见，"伸手＋位移＋手部动作＋意图"完全有理由看作一个"单一事件"，从图3－1中可以看出各环节是环环相扣的。

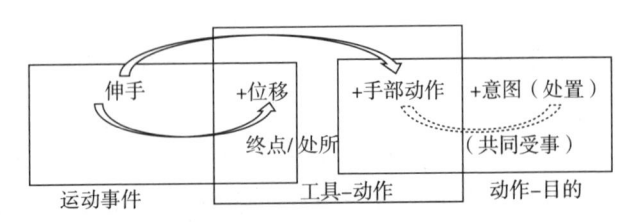

图3－1 "伸手"与后续动词表达的"单一事件"

从语料来看，"伸手"与手部动作、意图动作在一起的时候，后者明显是前者的目的行为，而前者显然为后者的手段。这一语义类型构成了"伸手"连动结构的大部分；单纯表达位移过程的"伸手＋位移"与单纯表达"伸手+言语"的组合都非常少,语料中也有单纯的"伸手+位移",这样的组合大多是词汇化的,如"伸手可及"。这说明,"伸手"不仅决定了后续动词的选取,而且决定了整个连动结构的语义构成。

三 "伸手"在连动结构中的作用

从连动结构的语义构造上来看,"伸手"在连动结构中有三种作用:一是提供工具论元"手",例如"伸手拿";二是提供位移主体,如"伸手到包里";三是为言语行为提供伴随状态,如"伸出一只手发誓"。由于后两者数量少而且在上下文中还可以归入第一种情况,所以这里主要讨论第一种情况。当"伸手"为后面的动作提供工具的时候,后续动词一般是手部动作。而手部动作中显然都含有[+手]这个义素,这样"伸手"与手部动作的组合就出现了义素冗余现象,给人的感觉是可有可无的。李宗江(2011)在考察"转身"类动词的时候,发现这类动词经常用在连动式中,而且在句子中去掉,并不影响句子命题意义的表达,但是会影响篇章的衔接和连贯,因此他认为,"转身"类动词在上下文中已经失去了概念义,只表达一种程序性的意义。"伸手"在连动结构中具有的也是这种"程序性意义",而且因为同后续动词有相同的语素,这种"程序性"作用其实表现得更为典型,将含有"伸手"的句子与英语相应表达相对比,可以发现,"伸手"连动结构在英语中常常用一个动词来表达,如"他伸出手接过我的行李",利用百度翻译可以翻译为:

a. He stretched out his hand to get my luggage.

b. He reached for my luggage.

当然在英语里也可以将这一程序性动作专门强调出来,如:

c. Judy reached into her handbag and handed me a small printed leaflet.

朱蒂把手伸进提包,拿出一张小的印刷传单(递)给我。(字面意思:朱蒂伸手进提包递给我一张小的印刷传单)

但值得注意的是,汉译句里必须补充一个手部动作"拿(出)",不能把"伸进"与"(递)给"连着说(*把手伸进提包递给我一张传单),只能把"伸进"与"拿"连着说。可见,尽管汉英两种语言中都可以把"伸手"的程序性动作单拿出来说,但英语中是为了强调,是一种语用机制,而汉语中是语义上的必需,已经形成了一种语法机制。由此可见,这种成分并不完全是"可有可无"的。

一个有意思的现象是,"伸手"在《现代汉语词典》(第 5 版)中就已经作为一个词条出现:

【伸手】 动❶伸出手,比喻向别人或组织要(东西、荣誉等):有困难我们自己解决,不向国家~。

从"'肢体或物体的一部分'(即'手')展开"这个动作引申出"要东西"显然是一种转喻,是从动作域映射到目的域。而英语中相应的词,如 stretch、reach、extend 都没有引申出"讨要"的义项。根据《新英汉词典》,这些词的主要义项有:

extend(v.):伸,拉开;延长,延伸;扩大,扩展;给予,提供;掺杂,增加

reach(v.):抵达;伸出;伸手(或脚)及到;影响,对……起作用

reach(n.):伸出;到达距离;能及的范围;区域;一段旅程

stretch(v.):伸展;使过度紧张;曲解,滥用,夸口

stretch(n.):伸展;紧张;一段延续的时间,一段旅程

从上面的解释可以看出,英语中的这些词可以从手部或肢体动作隐喻为其他范畴的动作("提供""影响""过度紧张""滥用"等),或者转喻为该动作的终点或所及范围("可及范围""一段"等),但是不能由动作转喻出目的义。然而,在汉语中,从"动作"到"目的"的是比较常见的路径,除了"伸手"的"讨要"义,还有"张口"的"索要"义、"洗手"的"不干"义、"点头"的"示意,同意"义等,都是从动作到目的的引申。谭景春(2008)提出了汉语的一种"语义融合"的词化方式,如:

吹笛子演奏《春江花月夜》　　吹《春江花月夜》(吹:演奏)

推磨磨了一斗麦子　　　　　　推了一斗麦子(推:磨)

把出租车停在一个地方等活儿　趴活儿(趴:等)

排队买豆腐　　　　　　　　　排豆腐(排:买)

"吹"本来只表示"吹气"的动作,但是在"吹《春江花月夜》"里含有了"演奏"的意思,"推"本来只有"推动"的意思,但在"推了一斗麦子"里含有了"磨(得)"的意思。"吹""推"的这些意义就是将事件的目的或结果义融合进了动词的语义之中。

谭景春（2008：101）进一步指出："只有动1和动2间存在着动作方式与目的/结果的内在语义联系的时候，才有可能形成这种动宾式语义综合。"我们看到，在现代汉语语料库中，"伸手要"是出现频率第二高的连动结构，因此我们有理由认为"伸手"的"讨要"义来源于由"伸手"构成的手段－目的义连动结构。但是"伸手"这一意义的产生，并非宾语"手"隐含着不同于"伸"的可搭配动词，而是通过将连动结构的后半部分删除，使V2的意义附着V1"伸手"上而形成的，V2没有任何痕迹遗留。这其实是句法中的构式省缩现象。江蓝生、杨永龙（2006）和江蓝生（2007）都发现在汉语语法发展过程中有通过省缩结构中的一些成分创造出一种新构式的现象，"伸手"的词化过程也是通过将连动结构的目的部分省略不说，而将其意义附着在剩下的"伸手"上造成的。

由此我们看到，汉语中类似"伸手"这样的连动结构中的成分，并非因为其只有程序义就是可有可无、在信息编码时就可以随意忽略的，相反，不管它是否参与了小句的语义构造，在语法上它都是必要的，而且是非常重要的一部分。

四 小结

"伸"是一个特殊的身体动作动词，常常带同源宾语"手"，通过分析由"伸手"构成的连动式，可以看到：1)"伸手"倾向于用在连动式首动词位置；2）后续动词倾向于构成"伸手＋位移＋手部动作＋意图"。

"伸手"在连动结构中有三种作用：一是提供手部动作的工具论元"手"，例如"伸手拿"；二是提供位移主体，如"伸手到包里"；三是为言语行为提供伴随状态，如"伸出一只手发誓"。"伸手"构成的连动式倾向于表达手的位移事件和目的动作的序列，这决定了"伸（手）"构成的连动式是有条件的。

第一，在先后序列动作中，动词"伸"要求后续有手部动作与其构成连动式，否则便不成立，例如不能说"黛玉伸手啐了一口"或"伸手踢进了一个球"。先后发生的"伸（手）"与手部动作由于都与"手"相关形成一个典型的单一事件。

第二，在汉语者看来，"伸手"是一个有意做出的动作，形成"伸手索要"的代表性事件。"伸手"与"索要"之间的关系如此之密切，以至于汉语中可以仅仅用"伸手"就能表达"要"的意义。而这种序列事件构成的事件类型，只有在汉语中才成立，在英语中不会出现。

综上，"伸手"所构成的连动式形成了比较固定的事件类型：

事件1：由"手"的位移动作"伸"形成的位移事件

事件2：使用"手"这个工具形成的手部系列动作事件

事件3："伸手"与其意图形成的目的性事件

事件4："伸手"与言语行为形成的伴随事件

这些事件类型在形式编码上也形成了比较固定的模式。这些事件相互勾连形成一个完整的图式，而语言运用中凸显了图式中的某些环节，其中"手"是将它们贯穿起来的线索：

事件1：伸手+位移（如：伸手到包里）

事件2：伸手+手部动作（如：伸手拿起书）

事件3：伸手+意图（如"伸手要钱"）

事件4：伸手+言语行为（如"伸出手发誓"）

事件1+事件2+事件3（如：伸手到包里拿出一本书看）。

在这些组合中，"伸（手）"处在整个构式的起始端，这个动作的发生导致后面一系列动作的发生，所以它在连动式中基本处于前段位置。

从"伸手"构成的连动式，可以得到这样一些启发：

（1）连动式所表达的事件是由动词、名词的词汇概念结构决定的；

（2）一个连动式其实表达的是一个图式；

（3）不符合"伸手"事件图式的，不能构成连动式；

（4）当这个整体事件基层的图式某些环节之间关系十分紧密时，就会出现语义的融合现象，形成构式省缩或词化现象。

"伸手"的个例可以证明，"单一事件"对于连动式来说，是语法规则，而不仅仅是语义内容。

第三节 案例2："坐车去"

一 "坐"是"坐"

汉语中身体姿态动词"坐"常常和位移动词一起构成"坐+宾语+位

移"连动式，表达以什么方式出行的意义，如"坐车去"。在这种结构中，"坐＋V"常常用来表达出行方式。《现代汉语词典》还专门为"坐"设立了一个义项：乘坐、搭乘。"坐"可以搭配多种交通工具或者出行方式，如"坐动车""坐大巴""坐公交""坐地铁""坐宝马""坐高铁一等座""坐从北京到莫斯科的列车""坐头等舱""坐卧铺""坐最早的航班"，等等。例如：

（20）坐最美高铁来安徽大别山看最美燕子河大峡谷（http://travel. sina. cn/domestic/news/2015－05－06/detail-ifxprqea5013864. d. html）

（21）小心翼翼地搭话，发现他也坐第二天的 5826 去南疆。（https://www.zhihu. com/collection/322484079）

（22）坐硬座去新疆是种什么样的体验？（https://www.zhihu.com/question/27156566）

实际上，像"坐硬座""坐卧铺"之类的表达，"坐"也不可以单纯地理解为"搭乘""乘坐"，"坐＋NP"只是表达一种出行方式。翻译成英语，相当于英语中的 by，但这里的"坐"仍然是"动性十足"，可以被否定、构成"V 不 V"、加"着、了、过"、单独回答问题。如：

我不坐你的车去。

坐不坐车去？

坐半个小时到天津

坐了半小时到达海口

坐着火车去拉萨

我还从来没坐过火车去拉萨呢。

——坐什么去？——坐火车

——怎么去？——坐车去

"坐"除了在句法功能上仍然具有身体姿态动词"坐"的所有分布，还可以与其他同类动词进行替换，如：

坐车去——→骑马/自行车去　蹬三轮去　开车/私家车/摩托……车去　驾车去　搭顺风车/大货车去　乘车/轿/飞机去

在这些替换形式中，"坐"与"骑、蹬、开、驾、搭、乘"不仅在表达出行方式出行工具上形成对立，而且在身体姿态上大多也形成对立。其区别意义就在于这些动词本身表达的动作，或者说这些动词都有实在的动作意义。例如：

——A：你怎么去？开车吗？

——B：不，我坐车去。自己开太累了，坐着多舒服啊。

这个会话中，对于一个会开车的人，出行方式可能是自己开着车去，也可以选择只是坐在车上，让别人开车。其实都是"坐"在车上，但是一个突出了在车上"坐着"的动作，另一个突出了"操纵"车子的动作，而忽略了"坐着"的动作。可见，"开车去"和"坐车去"在语义上是对立的，这个对立就在于"开"还是"坐"的动作。因此，如果出行工具是马或者自行车，要说成"骑马去"或"骑自行车去"，而不会说成"坐马去"或"坐自行车去"。根据《新华字典》，"骑"是"跨坐"的动作，而"坐"是"臀部放在物体上"的动作，"开""驾"是"使开动，操纵"的动作。可见，"坐车去"里的"坐"仍然是强调"坐"（臀部着物）的动作。《新华字典》在解释"骑"这个字的意义的时候，出了三个义项，其中两个是旧读"jì"，另一个解释就是"跨坐"，而没有出"乘坐、搭乘"这样的义项。同样，"开"和"驾"的义项中也只有"操纵，使开动"的义项，而没有"乘坐、搭乘"义项。因此，可以说，除了"乘"和"坐"的"乘坐"义项被确认，其他可表达出行方式的动词都被认为还是单纯的动作动词。

因此在连动式"坐车去"中的"坐"是货真价实的动词"坐"。

二 "坐"不是"坐"

尽管"坐车去"之类的连动式中的"坐"确实是动词，但是很少有说汉语的人较真，在出行的时候是不是真的"坐"了。生活中有这样的对话：

——A：你怎么走啊？——B：我坐车去。

——A：买票了吗？——B：买了，不过是站票，买晚了。

——A：站一路多累啊。——B：还行吧，就坐五六个小时，能撑得住。

——A：那你可真是"坐"车了。

A打算是"坐"车去，实际上要"站"一路，但这并不妨碍他说"坐车去"。同样，明明是在卧铺上躺着出行，也还是需要说"坐卧铺""坐硬卧""坐软卧"。

可见"坐车去"的"坐"又确实只表达一种出行方式,可以广泛地用于说明选择的出行工具是车、船、飞机、火箭、卫星等运输工具。但正如上文所提到的,一些交通工具,如牛、马、骆驼,一些特殊的位置,如自行车、汽车、轮船、飞机等的操纵者位置,都不可以用"坐"。

可见,说汉语的人在表达出行方式的时候,并不能像英语使用者那样,用一个抽象的介词来引出出行工具,而是一定要呈现一个具体的出行场景,选择出行中一个具体的伴随动作、说明出行中在出行工具上的具体存在方式来表达。而这种表达并没有随着时间的流逝、语言的发展过程而发生演化,好像说汉语的人并不觉得特意用一个具体场景来表达有多么不方便。在留学生的作文中,有时会出现这样的偏误用例:

*我第一次用三轮车。

*我用出租车去了。

留学生会造出这样的句子,是因为他们还不习惯汉语中没有一个抽象的词来专门表达出行方式,他们没有掌握,汉语的出行方式需要选择一个出行中的具体的动作动词来表达。

三 从"坐自行车"到"骑自行车"

现在人们把选择利用自行车出行表述为"骑自行车去",而不说"坐自行车去",已经成为规则了。不过,在自行车刚刚传入中国的时候,人们选择这个场景中的"骑"还是"坐"的动作,是有过"犹豫"的。我们所搜集的材料,最早的语料出现在清末小说《九尾龟》里:

(23)将近张园门口,忽然见一个西洋装束的少年,年纪不过二十多岁,穿着一身极细的黑呢衣服,身材伶俐,举止轻扬,<u>坐着一辆自行车</u>,好似星飞电转的一般,从背后直赶过来,抢出金小宝马车的上首。

(24)牛幼康<u>坐着脚踏车</u>跟在后面。

(25)这个时候,刚刚一个十四五岁的少女,<u>骑着一辆自行车</u>登场献艺。

(26)空中绷着一条绳索,这个女子<u>坐着自行车</u>竟在绳上飞一般来来往往的行走,那一辆自行车好像贴在身上一般。

(27)阿玉又说起潘侯爷要叫花婷婷学<u>坐自行车</u>,花婷婷学了一天,跌了一交,就此不敢再学。

在《九尾龟》中出现的两种表达方式"坐自行车"和"骑自行车",显然一个是凸显了事件中"臀部着物"的"坐"的动作,一个是凸显了"跨坐"的"骑"的动作。从数量上看,"坐自行车"显然要比"骑自行车"更多,这说明,当一种新的出行方式出现的时候,人们优先想到的是用"坐+N"来表达。因此,在汉语中人们会选择"坐N"来表达出行方式是汉语文化习惯使然。

四 小结

在单动结构中,"坐"可以描绘主体在载体上的姿态,如"坐在车上""车上坐着一个人",但是如果放在连动结构"坐车去"中,"坐"的作用是为运动动词"去"提供工具论元,而身体姿态的信息被自动忽略。也就是说,为了将运动事件中的工具表现出来,汉语是通过运动主体以什么样子在工具中出现的画面,推出工具论元。

与英语相比较,英语中的工具格有专门的功能词负责,而汉语中缺乏这样的功能词,因此汉语的做法就是使用一个动词来负责专用功能词的作用,这就形成了连动式。

可见,连动式表达的另一个"单一事件"是为动词提供论元,以满足其词汇概念中的语义框架的需求。

至于采取什么动词来引进某论元,是民族文化心理的产物,汉语倾向于使用动作姿态动词来引入工具论元,以至于当"自行车"刚刚进入工具体系的时候,人们也是用"坐自行车"来引出这个论元的。

第四节 案例3:"闹着玩"和"走着瞧"

一 "闹着玩"

汉语中的"闹着玩"已经有了比较固定的意思,《现代汉语词典》(第7版)将之作为一个词汇项目(惯用语)收录,解释有三个义项:做游戏;用言语或行动戏弄人;用轻率的态度来对待人或事情,如"你要是不会游泳,就别到水深的地方去,这可不是闹着玩的"。如果分析其构造类型,"闹着玩"应该是"方式-目的"连动结构,"闹着"是动作,

"玩"是其目的；或者说"玩"是主要动作，而"闹"是"玩"的具体体现。"闹"在《新华字典》中的解释是"喧哗、搅扰"的意思，"闹着"经常表达正在进行一种有目的的搅扰、折腾。在北京大学CCL语料库现代汉语库中搜索"闹着"构成的连动结构，共534条，其中334条是"闹着玩"，除此之外，"闹着要"或"闹着要……"出现了156次，约占78%（156/200）。其他的连动结构也属于动作与目的的关系，如：

（28）五年级的儿子迷上收集方便面里的系列画片后，成天闹着买方便面。

（29）有一天，曾子的妻子要上街，孩子闹着要跟妈妈一起去。

（30）女儿喜欢看电影电视，见到上面有什么新鲜玩意儿，就闹着让我们去买。

（31）她哪有心思住院？心电图和血压还未恢复正常就闹着出院了。

（32）周全后来上了学，可读到初中再也没心思了，死活闹着干铁路，后来总算如了愿。

（33）表姐有家有口，今天闹着来，明天闹着走，不够我贴路费的。

而以"玩"为V2的连动结构，V1基本上属于各种"玩"的具体方式，如"仁义只能说着玩玩""播着玩""写着玩玩罢了""没事录着（指录视频——引者）玩玩""爬着玩玩""抱只狐狸养着玩""这辆车我也就是开着玩玩""俺是逗着玩的""画着玩""我就收藏着玩玩""拿几把扇子给她撕着玩""自己贴着玩呗""只是胖着玩玩"等。在这些连动结构中"玩"虽然是目的，但也是说话人实施V1动作的态度，如：

（34）本想学着玩玩，一不小心学high了。

（35）和老公打闹着玩，玩着玩着就恼了。

（36）闲着无聊，做着玩玩。

从"V着玩"所搭配使用的词语来看，大多是语气词"呗""罢了"，副词"只（是）""就""也（就是）"，小句有"闲着无聊""没事"等。可见"玩"既是V1动作的目的，也说明了说话人实施V1时是抱着不认真、不正式、轻率的态度的，这样看来，"玩"其实也是V1的限制词。

"闹着玩"在"这可不是闹着玩"等例子中"闹"的"喧闹""搅扰"的意味有所淡化，但"闹"和"玩"仍然是动词，但是翻译成英语，相当于play games、for fun，或者joke、foll等。如使用百度翻译，"这次他可不是闹着玩的，他说到做到"可被翻译为"This time he wasn't fooling; he meant business"。其实，play games、for fun，或者 joke、foll 基本上都是"玩"的意思，英文似乎无法将"闹着"翻译出来。而如果要把"V 着玩"中的 V 翻译出来，就得翻译成复杂句了，比如利用百度翻译，"画着玩"可翻译为 draw and play，而这个结构实际相当于汉语的"一边画画一边玩"，跟"画着玩"本身所表达的"用随便的或不正式的态度画画"完全不是一个概念。

由此可见，类似"闹着玩"的连动式"V 玩"，表达的是"不正式地 V"，这是一个单一事件，实体动作是 V，而"玩"在事件中表达的是动作 V 的目的同时也是定性。所以"闹着玩"结构强调的是目的"玩"。

二　"走着瞧"

"走着瞧"是口语中常见的一个格式，构成歇后语"骑驴看唱本——走着瞧"，意思是等过一段时间再见分晓。北京大学 CCL 现代汉语语料库中共有 176 例，从这些用例看，"走着瞧"主要有这样几种使用情况。

一是前文中有疑问形式，例如：

（37）这个叫田福军的人会有多少能耐呢？骑驴看唱本，走着瞧吧！

（38）他们一致表示，最终谁是真正的强者，以后走着瞧。

（39）布劳马还没有走完他的人生道路，他是否有道德还要走着瞧。

（40）到底是我这个小媳妇跳井还是你这个老媳妇跳井，走着瞧吧！

二是前文中有预期结果，如：

（41）姓高的！你等着，老子跟你没完！咱们骑驴看唱本——走着瞧！

（42）什么样的事情我都能做出来！不信咱走着瞧！

（43）我看那贼能抓住，不信走着瞧！

三是后文中有表目的的"看"字句，这种目的如果放前就是上文的预期结果，如：

（44）咱们走着瞧！看你的店能开多久！

（45）跟我来这套，走着瞧好了，看谁凶！

（46）哼，咱们走着瞧，看老子不收拾了你！

还有很多句子中"走着瞧"是单独小句，但是其篇章也基本上含有上述几种语境，如：

（47）你动什么都可以，但你要动爸爸的像片……走着瞧！

（48）这样想好，他看大家一眼，仿佛是说：咱们走着瞧吧！

在例（47）中，"走着瞧"的前文省略了"你要动爸爸的像片"的后果，也是"走着瞧"的预期结果。例（48）"他"在心里有打算，这个打算就是"走着瞧"的预期结果。

以上这些例句，显然"走着瞧"已经和"走"没有关系，但是下面这个例子，"走着瞧"仍然是使用了其字面意义：

（49）现在你就是找得到找不到回去的路都很难说，你走着瞧吧，尽量选择无人的小路，赶快走，还来得及。

这个例句中的"走着瞧"是"一边走，一边观察"以便做决定。前面的例（37）~例（48）虽然不是现实意义上的"一边走，一边观察"，但也是抽象意义上的"一边走（时间流逝）、一边观察（观察情势发展）"，之所以后者的用法如此普遍，是因为现实意义的"边走边看"是一个"单一事件"，不仅生活中普遍存在这种模式，也已成为一种处事方式"过程+结果/目的"，强调的是过程，也就是"方式-目的"中的"方式"。同样的例子还有"看着办""掂量着办""V着看""VV看""等着瞧"等。例如：

（50）至于给他们送点什么，夫人看着办吧。

（51）该不该往庙里进，你到那儿掂量着办。

（52）衣服合不合适，你穿穿看。（自拟）

这些结构都强调了通过某个过程以求答案，过程的实施是为了求解，求解是结果，是发生过程的动机和前提，这两者之间相互依存，不可分离，因此，"VV看"中"看"已经吸附到VV上，被看成一种"尝试态助词"（吴福祥，1995）

三 "V1 着 V2" 的语义限制

"闹着玩""走着瞧"都是凸显了同时性的"V1 着 V2"格式，表达的是两种活动或两种行为同时进行，两者虽然都可以归入"方式-目的"模式，但"闹着玩"更突出的是"目的"，"走着瞧"更突出了"方式"。但不管哪种情况，这两个结构体现了用同时进行的动作来对另一个动作进行分类或者说将同时进行的两个动作中的一个处理为伴随特征的思维模式。

至于哪种容易被处理为"伴随特征",其实也是有规律的。

我们看到,表达两个同时进行的动作的动词,位置并不是随意的,"闹着玩"不能说成"玩着闹","走着瞧"不能说成"瞧着走"。同时性动作在语序上的这种几乎强制性的现象大量存在,如下面的"V1 着 V2"也不能颠倒过来说:

拖着箱子走路——*走着路拖箱子

哭着喊妈妈——*喊着妈妈哭

抱着书进屋——*进着屋抱书

穿着高跟鞋上山——*上着山穿高跟鞋

这种"V1 着 V2"前一个动词"V1 着"是 V2 的方式,V2 是表达中心。后两个例子很有意思,"进着屋抱书""上着山穿高跟鞋"的不合理,不仅仅因为前者不能成为后者的方式,还因为前动的延续过程与后动的延续过程不相容,因为"进"可以看作一个瞬时动作,只有终点,没有过程,或者过程很短,而"抱书"的过程不能被"进屋"的过程包容进去。同样,"上着山穿高跟鞋"意味着"穿(高跟鞋)"的过程贯穿着"上(山)"的过程,这种情况是现实中不存在的现象,但是如果改成"唱着歌穿高跟鞋""上着山唱歌"就能说了。这样看起来"V1 着 V2"能说要满足两个条件:"V2 着"的过程必须能够包容 V1 的过程(至少与 V1 的过程等量);V2 的动态性更突出。

下面的"V1 着 V2"颠倒过来就改变了原来的意思,虽然其反映的图像没有发生变化,但是说话人强调的重点发生了变化:

吃着瓜子看电视——看着电视吃瓜子

唱着歌跳舞——跳着舞唱歌

"吃瓜子"和"看电视"、"唱歌"和"跳舞"都有显著的持续过程,两者可以相互为对方做背景。但是,一旦其中一个带了"着",就成了另一个动词的背景信息。可见"着"其实有一种指示"降级谓语"的作用,因此,"V1 着 V2"一方面表现两个过程是同时持续的,另一方面,"着"使得其中一个"降级"为背景或者方式。

这样看来,"V1 着 V2"就不是一个简单的同时出现的两个过程,而是这两个过程被人为地加以改造,成为相互联系的一个整体。这样,"闹着玩"和"走着瞧"才有了词汇化的基础。

这个研究带给我们的另一个启示是：在汉语中，同时存在的两个动作或状态，人们常常将其中一个看作"方式"或"目的"。这也符合背景 - 目标认知图式规律。

第五节 汉语连动式"单一事件"及类型

以上通过由"伸（手）"构成的连动式、"坐车去"之类的连动式以及"闹着玩"之类的连动式，可以看到汉语连动式确实是表达"单一事件"，而且"单一事件"限制了某类动词能否进入构成合法的连动式，因此"单一事件"对于汉语连动式而言，是句法规则。

一 表达"单一事件"是汉语连动式的句法规则

"单一事件"指的是对于说话人而言，几个动词所表达的动作或活动相互关联，构成一个整体。对于汉语连动式来说，几个动词连用必须表达一个"单一事件"或者说"整体事件"。

以"伸手"为例，在汉语中伸手的动作被作为一个环节提取出来加以注意的时候，会"激活"其事件图式：伸手+位移+手部动作+意图。在这个图式中，"位移"为"伸手"提供终点，"伸手"为手部动词提供工具，意图为"伸手"动作的最终目的，连用动词的语义结构是环环相扣、交叉交融的，因此可称为"单一事件"或者"整体事件"。进入"伸手"之后位置的动词，不符合这个图式的，不能构成一个合法的连动式，如"*伸手踢了一个球""踢"不是手部动作，不能为"伸手"提供工具论元位置。

再如"V1着V2"是"背景 - 目标"图式的语言表现，表达了动作与伴随动作、伴随姿态的关系，因此"V1着"对V2其实有分类限制的作用，这就决定了社会生活中可以同时发生的事件，并不一定在连动语言中都能够形成连动式。例如可以说"拖着箱子走路"，但不能说"走着路拖箱子"；可以说"闹着玩"，但是不可以说"玩着闹"，其原因在于在V2位置上的动词已经为整个连动式决定了事件图式，例如"拖着箱子走路"是以"走路"为目标的图式，"拖箱子"可以包容在"走路"的图式中，而"走着路拖箱子"是以"拖箱子"为目标的图式，而"走路"不能成为"拖箱子"的背景,因此不能构成合法的组合。对于"拖箱子"这个目标,其背景可以有"喝水""拉小孩"之类能为"拖"的语义框架提供论元或情景的动作,构成"喝着水拖箱子""拉着小孩拖箱子"等合法的组合。

所以我们认为,"单一事件"并非毫无客观标准、无法描写的语义内容,"单一事件"是与动词的概念义、语义框架密切相关的。在理论上说,如果有充足的时间,完全有可能整理出一个"单一事件"的详单。对于连动式而言,"单一事件"既是连动式的最终表达目标,也是产生连动式的动力或机制。

二 汉语连动式"单一事件"的表现

通过以上由"伸(手)"构成的连动式、"坐车去"之类的连动式以及"闹着玩"之类的连动式,可以看出,汉语连动式在表达"单一事件"上表现出以下形式特征。

(一)动词位置的固定性

在连动式中,连用动词的顺序是有一定规律的,有的动词倾向于做连动式的前项,有的动词倾向于做连动式的后项。

关于连用动词的顺序,一个比较普遍的认识是,连动式各动词遵循时间顺序原则(PTS)。张会娟(2001)认为,影响连谓结构中动词排列顺序的并不是单个动词的语义小类,而是整个动词性成分的语义类型及其在连谓结构中所起的作用。VP 在结构中所起的这些作用在文中被分为七类——时间、动姿(身体姿势的改变)、位移、地点、凭借、状态或方式、目的,它们之间存在这样一个语序链:时间 VP > 空间 VP > 凭借 VP > 目的 VP(">"读作"先于")(张会娟,2001:32),如图 3-2 所示。

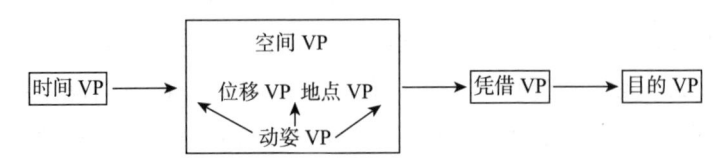

图 3-2 张会娟(2001)的连谓句 VP 排列顺序

周国光(2016:216)则总结出这样一个先后顺序:意愿动词 > 祈使、

允让动词＞位移动词＞获得、给予动词＞操作动词＞处置动词＞趋向、变化动词。从意愿动词开始，动词的动性逐渐加强，动作动词后，又逐渐减弱，趋向、变化动词最弱，因此可以推测，是动词的动性的强弱决定了动词连续排列时的相对顺序。

虽然张会娟（2001）认为影响连用动词语序的是整个 VP 的语义类功能型，但是 VP 的语义功能显然与动词的小类密切相关，例如动姿其实就是身体姿态动词，位移其实只有运动动词才能胜任，所以该 VP 的功能顺序链条与周国光（2016）的动词小类的顺序链有异曲同工之处。不过，虽然以上这些研究都说明了连用动词的位置和顺序是有规律的，但具体的规则有哪些，还有待进一步探讨。

（二）动词与动词共现的规律性

在连动式中，哪些动词可以一起使用是有倾向性的。例如与"伸手"共现的动词，一定是手部动作动词、处置类动词、位移动词或言语行为动词。王丹凤（2015）也指出，身体动作动词在前项时，后面一般是"言说""看视"等动词；身体动作动词在后，前面连用的一般是身体姿势类动词。再如趋向动词放在 V1 位置，其后的动词一般是获取操作处置类动词，如"来拿书包""回去想一想"。这种共现的倾向性，最终的表现就是上文的语序规则。

（三）结构的制约性

什么样的动词能够构成什么样的连动式是有一定规则的，这种规则是结构形式所赋予的。

例如"V1 着 V2"结构，一个动词能不能出现在这种结构中，出现在 V1 还是 V2 位置上，不是随意的。通过上文对"闹着玩""走着瞧"之类结构的分析可以看到，这种结构要求动词在内部结构上必须有续段，V1 的状态性更强，V2 的动态性更强，而进入这个格式后，自然会按照方式－目的的语义模式去解码。

潘磊磊（2009）研究了双动共宾句式"V1＋N＋V2"结构，指出这类结构中的 V1 为"取得"义动词（如"挣碗干净的饭吃"）、"制作"义动词（如"包饺子吃"）、"丢弃"义动词（如"丢下孩子不管"），而 V2 都是具有自主性、可重叠、大多与人的主观感受相关的动词。在我们看来，这种结构其实表现的是周国光（2016）所列的链条中的"获得、给予动词＞操作动词＞处置动词"一段。为什么这些动词能够出现在双动共宾句式"V1 + N + V2"结构中？还是因为该结构前动为后动提供了受事，因此后动一般要表达对该受事的处置情况。

三 汉语连动式"单一事件"的类型

通过分析第三章第二至四节三个个案所表现出来的"单一事件"，可以看出汉语连动式所表达的"单一事件"大致可分为两类：一类是像"坐车去"，一个动词为另一个动词提供论元而形成的单一事件；另一类是像"V1 着 V2"，一个动词表达的动作与另一个动词所表达的动作由于某些原因而产生了关联，从而形成了单一事件。而"伸手 VP"则包含了以上两种类型。为提供论元而形成的单一事件发生在同一个动作的语义框架内部，可称为复杂的单一事件；动作与动作之间因为某些原因发生了关联，是发生在动作之外，可称为单一的复杂动作。

（一）复杂的单一事件

动词的语义结构一般认为是由动词的核心意义和论元组成的，因此也被称为动词的论元结构。狭义的论元结构即动词与各种语义角色之间的关系。一个动作所涉及的论元如施事、受事、与事、工具、处所等语义内容借助动词表达出来，就会形成连动式。例如：

a. 来北京学习汉语（位移事件，前动词为后动词提供处所论元）

b. 拿起苹果削起来（序列动作，前动词为后动词提供受事）

c. 拿起笤帚扫了两下（序列动作，前动词为后动词提供工具）

d. 有人来（存现事件，前动词为后动词提供施事）

e. 带着父母来相亲（伴随动作，前动词为后动词提供与事）

f. 有机会见面（序列动作，前动词为后动词提供条件或情态）

g. 鼓掌欢迎（一个动作的形式和意义两个方面，前动词提供了现象或形式，后动词解释了本质或意义）

h. 站着不动（一个动作的形式和意义两个方面，前动词提供了现象，后动词说明了期待中却未发生的动作或状态）

这些语义关系大致可以归纳为位移事件（a）、处置事件（b）、工具 -

动作（c）、存现事件（d）、伴随事件（e）、情态条件（f）、意义解释（gh）。

（二）单一的多事件

两个动作在某种环境中发生了关联，或者一个动作发生后辐射出去，影响到另一个动作，或者导致另一个动作的发生，这些事件在汉语中也会被编码为连动式。如：

i. 听了很害怕（序列动作，前动词为后动词提供发生的时间或原因，后动词为前动词补充结果）

j. 进门换鞋走进卧室（序列动作，前动词为后动词提供时间或前提）

k. 笑着说（同时动作，前动词为后动词提供背景、方式或伴随状态）

l. 扶他上马（致使事件，前动词为后动词提供施事和致事）

从语义上看，这些连动式分别表达了结果事件、序列事件、伴随事件、致使事件。

这些连用动词表现的都是动作和动作之间的关系，其实，如果再上升一步，从宏事件的角度往下看，这种情况仍然可以看作发生在一个事件内部。

动词的论元结构有广狭两种理解，广义的论元结构不仅包括动词的内部语义角色，还包括动词的外部语义角色，或者称基本语义角色和附加语义角色。林杏光、鲁川编写的《动词大词典》（1994），所建立的格系统由22个格组成，分为内部语义角色和外部情景，二者存在逻辑关系，共同构成事件（见图3-3）。

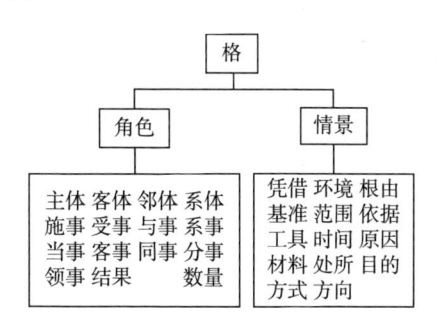

图3-3 林杏光、鲁川（1994）的格系统

从这个角度看，例句a～e是一个动词为另一个动词提供了角色内容，例 f~l 可以看作一个动词为另一个动词提供条件、结果、目的、方式等外部情景等语义内容。

正因为连动式动词与动词之间存在补充完善动词论元结构的功能，因此表现出的是"单一事件"。

从事件的内容上看，汉语的"单一事件"具体可以归为位移事件、处置事件、工具-动作、存现事件、伴随事件、情态条件、意义解释、结果事件、序列事件、伴随事件、致使事件。

四 汉语连动式"单一事件"的类型学价值

汉语连动式所表达的"单一事件"，在其他语言中也需要运用复杂形式进行表达，这种复杂形式表现为副动词、次谓语结构或者复句等。

致使范畴是人类概念化中最基本的认知范畴，致使范畴一般由两个事件组成：致使事件与被致使事件（牛顺心，2014）。在世界语言的范围内看，致使范畴有词汇性致使、形态性致使和分析性致使三种编码方式，其中分析性致使即表现为句法上的致使结构，这些致使结构都是复杂形式。如：

英语：I let John go to school.

I make John go to school.

I hammered the nail flat.

法语：je　　ferai　　　　　manger　　　les　　gâteaux　à　　Jean.

　　 1单 make：将来：1单 吃：不定式 定冠词 蛋糕　介词　人名

我要让吉恩吃那蛋糕。（黄成龙，2014：7）

羌语：qa　　χumtʂi-wu　　ləɣz-te-pen　　kʰumtʂi-ta　tə-χua-ʐ̩-a.

　　1单 人名-施事 书-定指-本 人名-位格 方向-卖-致使-1单

我让合木之把那本书卖给了苦母子。（黄成龙，2014：9）

以上各语言中的致使关系也都是由复杂句表达出来的：英语使用次谓语结构，法语使用了不定式来表达，羌语使用了连动式。

目的范畴也是人类语言中的基本范畴之一。"在世界语言的范围内，复杂句是用来表达目的范畴的最主要的语法形式。这是因为目的关系包含行为和目的两个事件，用两个小句分别表示行为事件和目的事件，再将它们组合成一个复杂句，这也符合语言的象似性原则。"（丁健，2012：2）

例如英语可以用不定式短语、韩语可以用副动词结构、Acehnese 语用连动结构来表示目的范畴：

英语：I buy a book to read.

韩语：na-nun　　ton-ul　　pe-l　　mockcek-ulo　kongpwuhay-yo.
　　　1 单 – 话题　钱 – 宾格　挣 – 预期体　目的 – 工具格　学习 – 敬体
　　　我现在学习是为了挣钱。

Acehnese 语：Neu duek pajôh bu dilee.
　　　　　　2 单　坐　吃　米饭　现在
　　　　　　你现在坐下来吃饭。（Durie，1997：241）

根据丁健（2012），当代英语口语中，也出现了类似的目的结构，如："Run go get me a newspaper."

运动事件也是一个复杂的单一事件。根据 Talmy 关于运动事件的研究成果，位移事件是一个由主事件和副事件两个次事件构成的宏事件，主事件包括实体、场所、运动本身和路径几个要素（高兵等，2011），副事件包括运动的原因或方式等。不同语言对运动事件的编码虽然有所不同，但是由于运动事件内部的复杂性，所呈现出来的句子也是复杂的，如英语使用丰富多样的介词短语或动名词形式来提供路径信息，韩语以动词和副动词结构来表现位移过程，而西班牙语是用非限定动名词形式来表现位移的方式：

英语：The deer threw them off over a cliff into the water.（鹿群飞身跃过悬崖跳进水里。）
　　　John passed the English Channel by flying.（约翰飞越了英吉利海峡。）

韩语：tʃun-i　　paŋ-ɛ　　ddui-o　　til-o　　uass-da.
　　　约翰 – 主格　房间 – 方位格　跑 – 时序格　进 – 时序格来 – 过去时
　　　约翰跑进房间来。

西班牙语：La botella salió flotando.（瓶子飘出去了。）（史文磊，2012：50）
　　　　　瓶子　　出　　飘

而汉语等连动语言则倾向于将运动事件中的各要素通过动词表现出来。

以上语义范畴本身的复杂性决定了在语言形式上一定表现为复杂结构，而在同一个复杂事件内部，与动词相关的论元、情态等也有可能以复杂句的形式表现出来。例如：情态在英语中表现出来的也是一个复杂结构，如："I can swim.""It is impossible for me to believe her."工具、伴随等也需要用介词结构来体现，如：go by bus、go with me。再如日语、韩语中对工具、方式、受事等的引进：

 日语：John-ga hammer-o tot-e Bill-o nagut-ta.
 （Stewart，2001：5）
 约翰－施格 工具－受格 拿－TE 比尔－受格 打－过去时
 约翰拿锤子打比尔。（工具－动作）

 韩语：ku-nun koki-lul kwe-e mek-ess-ta.
 （Stewart，2001：5）
 他－话题 肉－受格 煮－方式格 吃－过去时－陈述语气
 他煮肉吃了。（受事－动作）

 ku-nun kang-ul heyemchi-e kenn-ess-ta.
 （Stewart，2001：5）
 他－话题 河－受格 游－方式格 过－过去时－陈述语气
 他游着过了河。（方式－动作）

日语和韩语虽然没有连动式，但在表达一个复杂事件内部的相关语义成分，如动作的对象、方式、工具等时，都使用了副动词结构，也属于复杂句。

由上可知，汉语连动式所表达的事件在现实中本来就是复杂的语义关系，这些事件结构本身的复杂性，使得语言形式也呈现出复杂性。在汉语等连动语言中，倾向于用动词性结构来体现这种种语义关系，而其他非连动语言，由于语言中存在限定动词和非限定动词之分，语法强制性更为突出，因此常常使用介词、副词、从句等复杂形式来体现。因此，连动式的出现是有事实基础的。

第六节 事件连动化的条件

能够用连动式表达的几个动作或活动就是被连动化了。在汉语中，哪些动作可以被提取出来组合成连动式表达一个单一事件？事件连动化受到哪些因素的制约？

一　什么是事件连动化

语言是对现实生活的再创造。生活中实际发生的动作在语言中使用连动式表达出来，造成的结果就是一些动作被看作"单一事件"，因此这个过程我们称之为"事件连动化"。

在生活中，挨在一起说的话，总会让听众认为其中有关系。例如："张三给李四一瓶水。李四死了。"如果这两个句子一起说，听话人一般会认为这两句话之间是有关系的："张三给李四一瓶水导致李四死了。"之所以产生这样的解读，是因为在会话中，听话人会默认为：说话人不是随便将两个事情放在一起说的；如果两个事情放在一起说，那么其中一定有关系。

这种情况在连动结构的生成和解读中是一样存在的：生活中总是一个动作连着一个动作、一个活动连着一个活动、一个场景接着一个场景，在时间的维度上，人眼中看到的东西是永不停息的，而连动式就是说话人在这些时间链条上截取了几个环节，并把它用语言符号编码传递出去，因此从源头上，为什么截取这几个而不是那几个，为什么选择截取这么多，而不是再多几个或少几个，是说话人的主观能动性在起作用。而听话人在接收符号解码信息的过程中，也存在主观能动性。这种主观能动性存在共同的基础，就是这个时代的这个语言社团约定俗成的一些规则，而这些规则是存在于人们的潜意识中，或者说是人们的语言文化心理决定的。例如根据何彦诚（2011a），在白苗语中，"听音乐"和"跳舞"不能构成连动式，而"吹芦笙"和"跳舞"可以组成连动式，换句话说，在白苗语中"听音乐跳舞"不能连动化，"吹芦笙跳舞"可以连动化。

可见，连动式表达的并不一定就是在现实生活中真实的接连发生的几个动作，反过来说，现实世界中接连发生的几个动作也不一定都可以用连动式表达。在事件的连动化上，具体表现为这样几个方面。

第一，哪些环节可以提取出来。比如"进屋"和"脱鞋"之间还可能有手上用力、关门、看了看、弯腰等各种动作，但是连动式"李震进屋脱鞋"只提取了"进屋"和"脱鞋"两个动作。

第二，最有可能的组合方式有哪些。例如下面这个句子有多种连动结构的点断方式：

李震进屋，脱了鞋，放下书包，到厨房倒了杯水。

李震进屋，脱了鞋，放下书包到厨房倒了杯水。

李震进屋，脱了鞋放下书包，到厨房倒了杯水。

李震进屋脱了鞋，放下书包到厨房倒了杯水。

对于汉语使用者来说，哪些动作倾向于放在一起构成连动式，也就是说，在汉语使用者的心目中，哪些动作可以连动化，是值得探讨的问题。

二 案例：美食制作

为了研究这个问题，我们选择了一些生活中的语体材料进行观察。我们发现，在以动作为主要输出对象的电视体育赛事直播和美食制作节目中，解说员（美食节目中是叙述者）的解说并没有使用多少连动式，甚至可以说非常少。这也许是因为，所有的动作都是通过画面自动展示的。但是在非现场直播场合，比如回顾性的总结或报道，比较容易使用连动结构，也就是说，在回顾的时候，人们会将当时看到的一个个动作进行再加工，根据自己的意图选择将哪些环节连动化。那么，通过比较这种"直播"和"回顾"两种场合中连动结构的使用情况，可以简单地了解哪些事件可以连动化。

经过对视频和文字稿的比对，我们最终选择了美食制作语域里的现场直播和回顾总结的语段对比。我们选择的是《食全食美》2019年5月31日中的"捞汁海参"一节，时长为9′26″。在这个节目里，每一个菜品都有两部分：前面是大厨演示怎么做，后面是一个独白回顾菜品的做法。非常适合对比。在这个段落中，由于有相当一部分解说是在做广告推销产品，属于介绍和评价，为分析需要，我们将这部分删除，只保留食品制作环节中的解说词。

(53) 房（房大厨）：你帮……帮我切点黄瓜. 好吧.

主（主持人）：好 lei.

房：然后梓梓你帮我拿点水.

嘉（女嘉宾）：好.

房：来我们先焯个水给它 en.

房：切黄瓜以后. 切两个小米椒.

主：好.

房：来梓梓你帮我切海参．从中间劈开就行（嘉：中间劈开就行）噢不这么劈．长着劈（嘉：haha...）

主：这一看就是平时不做饭这种．

房：对．顺着劈．ai~

……

房：好．咱们一边焯着水．一边兑那汁儿．好吧．（主/嘉：好）兑那个捞汁儿．

嘉：接下来咱准备捞汁儿的汁儿了是不是．

房：ai 捞什么汁也是家里的常用的调料．

嘉：对 a．平时除了拌点海参除了其他凉菜什么的泡一泡都挺好的．

主：有捞汁海参．

嘉：ai 这个是．放点这个．

房：酱油．

嘉：酱油．

房：对．然后辣鲜露来点．（主/嘉：哇．辣鲜露）来几滴．

主：比较少见的一个调料．

房：对．然 h 蒸豉油．这个超市都有都有方便．我们也可以一次性地多兑点汁儿出来．然 h 放冰箱里．然后什么时候想吃 ne 什么时候拿出来．

嘉：然后拿这海参一拌．

房：对~

主：然后这个是...

房：苹果醋．

嘉：苹果醋．

房：对．

嘉：然后有点水果的那个鲜甜味儿，还有点酸．

房：是的．花椒油．椒油．

嘉：ao. 花椒油．

房：对．小葱你把它切成碎．对．切成小丁就行 a．

主：水冒泡了．

……

嘉：直接给它放上面 a．

房：对．放上面．

嘉：先铺这个这个黄瓜上是吧．

房：对对．

主：颜色还挺好看．

房：把这个捞汁儿浇上…然后呢把这个和这个撒上面．

嘉：好 lei．大概撒多少？

房：a 多放点．都放上面就行了．

嘉：都放上．

房：a 漂漂亮亮．而且吃起来口感特别好．

做法回顾

旁白：让我们来回顾一下捞汁海参的做法．首先．海参一切两半．焯水捞出．黄瓜切丝．辣椒香葱切成小块备用．用辣椒．辣鲜露．蒸鱼豉油．苹果醋．花椒油混合一起做成捞汁，最后把海参铺在黄瓜丝上．浇上做好的捞汁．再撒上辣椒．香葱段就可以了．

在这段视频中使用连动式的情况如表 3-2 所示。

表 3-2 "捞汁海参"视频中的连动式使用情况

演示阶段		回顾阶段	
帮我切点黄瓜 帮我拿点水 帮我切海参	受益对象-动作	焯水捞出	序列动作
长着劈 顺着劈	方式-动作	切成小块备用 混合在一起做成捞汁	动作-目的
拿这海参一拌	受事-处置		

在演示环节，一共使用了 6 个连动式，其中三个是发生在使役事件中，指派其他人做事，用"帮"来引出动作"切/拿"的受益格，"帮我"其实是对"切/拿"动作的性质进行界定。另两个发生在纠正动作方式的时候，用了"V1 着 V2"格式。最后一例是个处置类的连续动作，这个句子出现的场景并不发生在演示环节，而是在谈普通情况的处理，这其实应该属于"回顾"环节，说到的事情不是发生在当下。

在回顾环节，我们看到在三个连动式中有两个是动作-目的连动式，真正的制作过程只有一例采用了连动式,大部分制作过程仍然采用并列的单动结构,如"把海参铺在黄瓜丝上""再撒上辣椒、香葱段"。

三 影响事件连动化的因素

通过例(53),我们可以得出如下结论。

(1)事件连动化受语域限制。在制作方法之类的场合,要强调程序性,所以过程中涉及的动作、事物需要清晰地告知,不能被整合。例如在这个过程中,关于捞汁海参的制作过程,无论是演示阶段还是回顾阶段,用到连动式的情况都较少,大部分采用并列的单动句形式。

(2)事件连动化受说话人在时间轴的位置限制。例如演示过程中"切(黄瓜)""拿(水)""切(海参)""加(酱油)""来(辣鲜露)""铺""撒"等动作,"酱油""辣鲜露""蒸豉油""苹果醋""花椒油"等都是单独占用一个甚至多个话轮。在回顾阶段,这些动作和涉及的事物有所整合,如"用辣椒、辣鲜露、蒸鱼豉油、苹果醋、花椒油混合一起做成捞汁"。也就是说,连动句的使用其实都是属于"后发"表述,即当事情发生之后,回顾这个事件的时候,说话人会有所取舍、整合,将一些客观上或者主观上有关联的环节整合在一起,就形成了连动式。

(3)事件连动化与事件的性质有关系。我们看到,在演示过程中,说话人不需要事后整合就需要用连动表达的,一个是对动作的性质进行说明,如"帮我V",另一个是对动作的方式其实也是采用何种类型的动作进行说明,如"V着切"。

四 关于连动式语用动因的思考

根据以上分析可以得出连动式的语用动因:连动式是汉语使用者对动作的类型进行限制说明或者是对动作的后续结果进行补充说明的结果。

第一,汉语中会使用前加动词或动词性结构为动作或者事件定性。因此,类似"帮NV"之类的格式,表达的重点不是"帮"了什么,或者"V"了什么,而是表示V的性质是为他人做的,而不是为自己做。在"豆瓣"影评中,对于一些不喜欢的电视剧,常常有人用"陪父母/老妈/奶奶……看"这种方式点评,如:

(54)哦买糕,陪家里大人看的电视……真心……看到吐血(https://

movie. douban. com/subject/30263199/comments？start＝80&limit＝20&sort＝new_score&status＝P）

（55）老母亲每日必追的励志神剧,每天下班后陪她装作很认真的（地）在讨论剧情（https：//movie. douban. com/subject/30263199/comments？start＝60&limit＝20&sort＝new_score&status＝P）

（56）陪我亲娘看了半月,无语了（https：//movie. douban. com/subject/30263199/comments？start＝40&limit＝20&sort＝new_score&status＝P）

"陪……看的"基本上都是评价非常低的点评开头部分的句子,点评人用这种方式一来表达为什么自己会看这类电视,一来吐槽自己的无奈和压抑（为了表现爱心不得不）,当然最重要的还是说明影视剧质量的糟糕。所以在这些句子里面,观剧本身并不是重点强调的,为了表现爱心而忍着去看的性质才是突出的重点。一般认为"陪NV"是兼语句,后段"NV"其实才是句子的重点,但是通过这些例子可以看出,说话人表达的重点并不在"N看"而是自己"看"。

在谓语动词前添加定性成分是汉语常见的手段,例如"喜迎佳节""欢度春节""靓丽登场""持证上岗""错看了你""高抬贵手"都是如此。再如"主席看您来了""买菜去"这种格式都不符合时序原则。对于"VP去"也有很多文献讨论,很多文献试图解释为什么这种结构会违反时序原则,为什么"去VP去"是使用那么广泛但看起来似乎不合乎规则的结构,其实,如果将"VP去"分析为限定性结构,而不是分析为"目的＋动作",那么在这个类动词前再加一个运动动词,是非常合理也非常普遍的语言现象,不需要多复杂、深刻的解释。

第二,生活中使用连动式的另一个目的是补充说明动作行为的效果或者后续影响。这其实是一种在话轮中继续"延伸"句子的现象,其实是为了解释为什么要发出前面的动作,或者按照前面的话题继续往下说。

陆镜光（2004）在解释汉语倒装句的时候采用了动态的视角,把时间轴上后续部分看作先行部分的"线上延伸"（on-line extension）,使一个可以看作完整的句子加上后续语成为一个扩大了的句子。例如英语口语中就有这样的句子,延伸后句子里面就会出现"多动"的情况,如：

Poplars it was called was it？（白杨树叫作,是不是？）

It's terrible it is！（那是很恐怖那是！）

There's a table stands in the corner. （有个桌子立在墙角）
There's a man lives in China. （有个人住在中国）
Take it go！（拿走！）
If you want something, go get it. （去实现）

尽管陆镜光用"延伸句"的目的是解释汉语的"倒装句"现象，但是正如其指出的"具备某些延伸句子的手段很可能是语言的共性"（陆镜光，2004：6），在语流中随着语用的需要而临时向后延伸，是可以理解的语言手段，但另一个非常有可能的情况是：临时手段会进入到语言系统中，成为经常使用的结构。汉语作为以"流水句"为特点的语言，出现这种情况不仅是可能，而且是很有可能的。

目的、结果、后续动作、解释等我们认为都是比较常见的补充内容。例如：

（57）你这一身衣服实在看了让人笑。（茅盾《子夜》，CCL 现代汉语语料库）

（58）她有个想法是设计一个广告。（李明，2013：7）

（59）谢谢你让我重获新生，未来可期。（https：//www.sohu.com/a/256747630_100266908）

例（57）是一个比较"混乱"的结构，可以理解成："这一身衣服让人看了笑""这一身衣服看了实在想笑""这一身衣服看了让人实在想笑"。这种结构其实是说话人在陈述的过程中"没想好就说出来了"的表现：本来想说"实在难看/好笑……"之类，但是又感觉直说不合适，所以临时改成"看了V"的格式。

例（58）中"是"是一个系动词，系动词一般不会在并列结构中出现（吴云芳，2004a），在连动式中也是很受限制的，但是在存现句后面接续出现，是很自然的。在存现句后面再接着说是很普遍的一个现象，如：

（60）53 岁的他正在上班，忽然来了一群人将他围住，告诉他……（https：//baijiahao.baidu.com/s？id=1626781528582028488&wfr=spider&for=pc）

（61）来了一群人满口河南话，说是张骞 72 代后裔（https：//new.qq.com/omn/20181212/20181212A192TT.html）

李明（2003）、张英（2009）、贾丽（2011）、徐阳春（2015）等都对

现代汉语的"有"字多动结构进行了考察，发现"有"字后面出现后续句的情况非常复杂，而且有的完全可以在 NP 后面加逗号，有的"有"字复杂句完全就是没有加逗号而拼合在一起的。如果分析"有"后 NP 与 VP 是不是施事与动作之间的关系，这一个格式可以区分出很多类型。不论类型如何多样，我们认为，"有"字多动结构其实就是"接着说"造成的，是"延伸"的结果。"有"之所以能形成如此复杂多样的延伸句，主要是因为"有"引出一个新信息，而这个新信息仅仅是一个名词性词语，不是一个命题，因此说话人会希望将这个信息补充完整，便出现了"有 + NP + VP"形式。李明（2003）强烈推荐使用"宾语补足语"来界定后续 VP 的性质。无独有偶，刘辉（2009）也建议将"做饭吃"之类共宾结构的后项 VP 界定为目的语从句。

例（59）由"谢"类动词构成的句子，有人分析为小句宾语句，有人分析为兼语句，不管哪种分析方式，都说明"谢 + N + VP"后的 VP 具有足够强的独立性，也可以像前两个句子一样和前面的 N 断开使用，如："谢谢你，让我重获新生"。

语言是在时间轴上展开的，所以在语流中随时增加追补是普遍的现象，各种语言中都有，但是汉语的这种情况更多（陆镜光，2004），这也与汉语流水句的特征相适应。因此在连动式判断中，经常可以看到有争议：停顿、标点等在判断连动句中起到什么作用？一些连续动作连动式结构上很松散，比如"进屋脱鞋""有张桌子三条腿"，没有标点的话，可以认为是连动式，"进屋，脱鞋""有张桌子，三条腿"，还能不能看作连动式？这时候必须有一些强制的手段，比如规定有标点就不能算连动式。这也说明了连动式这种结构处于复合句和简单句之间的性质。

第七节　本章小结

通过分析由"伸（手）"构成的连动式、"坐车去"之类的连动式以及"闹着玩"之类的连动式，可以看到，现代汉语连动式连用动词之间存在密切的语义关联，共同表现一个"单一事件"。这个"单一事件"或者说"整体事件"，是与动词的概念义密切相关的，连用动词之间互相作用、互相制约，语义框架交叉或融合，形成你中有我、我中有你的语义单元。

对于汉语连动式而言，"单一事件"已成为限制其是否成立的句法规则。

汉语连动式表达"单一事件"的规则在形式上的表现是：动词位置的固定性、动词与动词共现的规律性、结构的制约性。不是所有的动词都可以随便出现在连动式中，动词的词汇结构、句法功能以及在事件结构中所起的作用都影响了其在连动句构建中的表现。

汉语连动式表达的"单一事件"可以分为复杂的单一事件和由具有密切关系的多事件构成的单一事件两种类型，前者一个动词为另一个动词提供受事、对象、工具、处所等信息，而后者一个动词为另一个动词提供结果、目的、背景、致事等信息，是致使范畴、连续范畴等在语言层面的编码形式之一。如果从广义的格语法角度看，可以统一说成连动式的一个动词为另一个动词提供论元角色或情景。

由于连动式表达的是一个单一事件，前后动词之间存在的语义关系如此密切，以至于常常只说前一个动词就能预测后一个动词是什么，继而发生词化现象：那些本来需要由其他动词来编码的语义被概念化到前一个动词上，从而产生新词，例如"开口"与"讲话"、"伸手"与"要钱"等。另一种发展倾向是形成一种表达模板，例如"坐 + N"表达交通方式，"V着玩"表示以不郑重、不正式的态度进行 V。

现实世界中在时间链条上的行为或动作哪些能够被看作一个整体用连动式编码称为事件连动化，事件连动化是人的主观能动性的表现，受语域、说话人的立场、事件的性质等因素限制。

汉语中人们常使用前加动词或动词性结构为动作或者事件定性，或者在句子快结束的时候再延伸下去以补充说明动作行为的目的、效果或者后续影响，表现在语言层面就有可能形成连动式。这是连动式产生的语用动因。

第四章
汉语连动式语序的类型学考察

关于连动结构的语序类型，Foley 和 Van Valin（1984：77）等分成了 Nuclear SVC 和 Core SVC 两类，前者在 VO 语言中表现为 VVOO 形式，在 OV 语言中是 OOVV 形式；后者在 VO 语言中表现为 VOVO 形式，在 OV 语言中是 OVOV 形式。Aikhenvald（2006：37，39）归纳为连续的和非连续的两种类型。Christa kónig（2008）通过对非洲语言的考察进一步提出：连动式的连续和非连续两种结构形式不能在一种语言中同时存在，只能选择以一种形式出现；而彭国珍（2010）则认为这两种类型可以在一种语言中同时存在，汉语就既有连续形式又有非连续形式。那么，各连动语言在语序上是否有比较整齐的表现呢？汉语连动式的语序在连动语言中是否属于特例？一般认为，连动式的语序完美体现了时间象似性，那么时序与语序之间是否有一致的对应关系？汉语连动结构在时序上的表现又能对其他连动语言连动结构的语序与时序之间的关系有何价值？

第一节 语言取样

为了观察连动式的语序情况，我们做了一个不完全的统计工作，选取的语言有：①

尼日尔刚果语系（Niger-Congo）（17）：Twi、Akan、Ewe、Edo、Yoruba、Igbo、Ijo、Vagala、Nup、Kusma、Igede、Degema、Kwa、Dàgáárè、

---

① 语言分类参见"民族语"网站（https://www.ethnologue.com）。

Anyi-Sanvi、Sebba、Òbòlò

南亚语系（Australian，Austro-Asiatic）(9)：Kalaw、Khmer、Jeh、Chran、Gurindji、Warlpiri、Arrernte、Kaititj、佤语

尼罗－撒哈拉语系（Nilo-Saharan）(1)：Barai

科伊桑语系（Khoisan）(1)：Khwe

Misumal Pam 语系（2）：Miskitu、Sumu

Maipurean 语系（1）：Tariana

Uto-Aztecan 语系（2）：Yessan-Mayo、Northern Painte

Tupian 语系（2）：Urubu-kaapor、Kamayurá

Chibchan 语系：(1) Teribe

亚非语系（Afro-Asiatic）(2)：Goemai、!Xun

巴布亚诸语言（Papuan-New Guinea）(14)：Alamblak（Sepik）、Hatam、Maybrat、Meyah、Moi（West Papuan）、Tidore、Yimas（Ramu-Lower Sepik）、Yessan-Mayo（Sepik-Ramu）、Kalam（Trans-New Guinea）、Dumo（Skou）、Imonda（Border）、Eipo（Trans-New Guinea）、Yale（Papuan-Nuclear New Guinea）、Tidore（West Papuan）

南岛语系（Austronesian）(11)：Ambon Malay、Kambera、Keo、Leti、Taba、Tetun、Tlaki、Paamese、Tabavan、Ambae、Mwatlap

印欧语系（Indo-European）(1)：Swiss

汉藏语系藏缅语族（11）：Kayah、Bwe Karenic、Kham、景颇语、哈尼语、傈僳语、邦朵拉祜语、彝语诺苏话、苦聪语、克耶语、基诺语

汉藏语系壮侗语族（Tai-Kadai）(4)：壮语、Thai、仡佬语、Nung

汉藏语系苗瑶语族（2）：White hmong、苗语

语系不明（2）：Yurakaré、Tmall

我们主要选取了四种连动结构：描写连续动作的连动式，宾语共享的连动式，描写"动作－结果"的连动式，描写伴随动作的连动式。除了宾语共享连动式之外，其他连动式都是语义类型。宾语共享的连动式是一种特殊的描写动作－目的关系的连动式，不用语义关系来称呼，是意图凸显由于几个动词有共同的宾语，这几个动词之间的关联更加紧密，从而对动词的排列顺序产生了很大的影响。彭国珍（2010）认为这是汉语中真正的连动结构，在连动语言的研究文献中，这种结构也是比较有特点的，因此

单独列出来进行考察。

连续动作连动式，包括除"动作-结果"（致使类）、宾语共享（动作-目）、伴随动作（同时性）之外的连动式，包括位置移动、工具、受益等连动式。

为了观察时序与语序的关系，我们用 V1 表示发生在前的动作，V2 表示发生在后的动作。为便于观察动词与宾语之间的位置关系，在各类型的语料选取上我们主要观察连用动词带宾语的情况。

需要说明的是，有的语言只存在个别类型，例如根据 Quesada (2011)，Teribe 语中只有由运动动词或位置动词构成的连动式，因此只有连续动作和伴随动作两种类型。有的语言由于资料不全，不能找到连动式的全部类型的语料。因此在统计语序类型的时候，只能尽可能地列举发现有该类型语料的语言，但这并不表明没有列举的就没有该连动结构。

第二节 调查结果

一 连续动作连动式的语序

连续动作连动式指的是所表达的动作在发生顺序上有时间上的先后。这样的连动式包括运动、工具、受益等语义类型。

（一）VO 语言连续动作连动式语序

调查发现，VO 型语言一般使用隔开式，宾语紧跟所搭配的动词，如：

(1) Yoruba 语（Aikhenvald，2006：7）

mo fi àdá gé igi ná.
我 拿 砍刀 砍 树 定冠词
我拿砍刀砍树。

(2) Keo 语（van Staden & Reesink，2008：57）

'Imu simba palu mbana nggae wado meo.
3单 马上 跑 去 找 回 猫
他马上跑去找猫。

(3) Yurakaré 语（Aikhenvald & Muysken，2011：263）

mi-nñu   ø-dayu   ma-bëbë-m   toronja.
2单-孩子 3单-带. 在背上 3复-寻找-2单.S/A 柚子=复
背上你的孩子找柚子。

一些南岛语和巴布亚语中表达工具的连动式常常把工具放在连动式的后项，如：

（4）Moi 语（van Staden & Reesink，2008：26）
W-aala   ton   p-ai   sin-keelik.
3单：M-切   先   3单：NH-用   刀-机器
首先他用刀具切。

（5）Kambera 语（van Staden & Reesink，2008：45）
Ku-tuku   uhu   wàngu   huru.
1单-舀   米饭   用   勺子
我用勺子舀饭。

（6）Maybrat 语（van Staden & Reesink，2008：45）
T-fat   ara   m-kah   pam.
1单-倒   树   3集合-用   斧头
我用斧头放倒树。

有些语言中出现动词在一起、宾语在一起的语序，如：

（7）Jeh 语（Aikhenvald，2006：28）
mi ruat doh au pjei.
你 买 给 我 米饭
你买米饭给我。

可以看出，当动词是引进工具的"使用"义动词或者引进受益格的"给予"义动词的时候，动词的语序就会发生"松动"。例如在 Tetun 语中，表达使用的动词 odi 可以放在前动词位置上，也可以放在后动词位置上：

（8）Tetun 语（van Staden & Reesink，2008：45）
Nia n-odi   tudik e'e ko'a sit   ti'a，…
3单 3单-用 刀子 这 切 切断的 早已
他拿刀子切穿了……

（9）Tetun 语（van Staden & Reesink，2008：45）

Ha'u la　　k-atene　　　tán　　ha'u la k-aré　　k-odi　　matan.
　　我　不 1 单 – 知道　因为　我　不 1 单 – 看 1 单 – 用　眼睛
　　我不知道因为我没有亲眼看到（字面意思：我没看用眼睛）。

在 Taba 语里，动词是使用义动词时，因为与前面的动词关系如此密切，因此可以不使用表达施动者的前缀"n-"，如例（10）中 ab 两种说法都是正确的：

（10）Taba 语（Senft，2008：82）

　　a. npun　　bobay　npake　　sandal.
　　　3 单 = 杀　蚊子　3 单 = 用　皮带
　　　他用皮带杀蚊子。

　　b. npun　　bobay　pake　sandal.
　　　3 单 = 杀　蚊子　用　皮带
　　　他用皮带杀蚊子。

"拿"一类的词也会出现语序不同于常规的例子，如：

（11）Tetun Dili 语（Hajek，2006：244）

　　a. abó　lori tudik　ko'a　paun.
　　　祖父　拿　刀　切　面包
　　　祖父拿刀切面包。

　　b. abó　ko'a　paun lori tudik.
　　　祖父　切　面包　拿　刀
　　　祖父用刀切面包。

Hajek（2006：244）指出，在 Tetun Dili 语中，"lori"（拿）已经开始语法化了，因此其位置可以不同于常规位置，在例（11b）里相当于英语的 with，可以放到句子末尾去。

（二）OV 语言连续动作连动式语序

相比之下，OV 型语言连动式的语序比较多样，比较倾向于使用连续式，即动词放在一起，宾语放在一起，如：

（12）哈尼语（戴庆厦、邱月，2008b）

　　a^{31} jo^{31} xɔ^{55} gɔ^{31} a^{33} mi^{31} kho^{31} xe^{31} li^{33}.
　　他　山（助词）　柴　砍　去

他去山里砍柴。

(13) Barai 语（Aikhenvald, 2006: 9-10）

fu burede ije　　sime abe ufa.

他 面包 定冠词　刀　拿 切

他拿刀切面包。

(14) Alamblak 语（Aikhenvald, 2006: 13）

yimar këmbrur muh-hambre-më-r-r.

男人 负鼠　　爬-找.遥远的过去时-3 单主-3 单宾.树-方位

男人爬到树上找负鼠。

但也有些 OV 型语言使用隔开式，如：

(15) 彝语诺苏话（胡素华, 2010）

tshɿ^{33} ʂɯ^{33}　　khi^{55} ʂɯ^{33}phi^{33}　　tsi^{31} ndʐ^{33}.

他　　肉：宾语 舀　肉钵：方位　装 进行体

他在舀肉装进肉钵里。

OV 型语言在序列动词构成的连动式的语序上表现复杂，主要体现在两个动词所带宾语的位置不像 VO 型语言那样单纯，分别有 O1O2V2V1（如例 12）、O2O1V1V2（如例 13）、O2V1V2O1（如例 14）、O1V1O2V2（如例 15）等多种类型，但是从整体上看，当采用连续式时，各动词所带宾语的排列出现两种排序策略：一是按照动作发生的先后顺序排列，二是保证有一个宾语紧贴所属动词。再如下面例（16）虽然给予动词与给予对象是隔开的，但购买动词与购买对象是贴在一起的：

(16) 羌语（戴庆厦、邱月, 2008a）

qa the: fa　　a-qai zə-pə-ȵi　　　　　　de-la:.

我 他　衣服　一件 方向-买-状语标记 方向-给.将行体.1 单

我买一件衣服给他。

根据李春风（2012），邦朵拉祜语中有宽窄两种连动式，宽式连动式中间有插入成分，窄式连动式没有插入成分。如果两个动词结构各自与自己的宾语在一起，中间需要出现关联词语，而窄式连动式需采用连续式，不能使用隔开式，如下面的例（17a）是窄式连动式，例（17b）（17c）是宽式连动式，相当于并列结构，中间使用关系助词 lɛ^{33}（并列关系助词），使用隔开式：

(17) 邦朵拉祜语（李春风，2012）

a. nɔ³¹ a³⁵ pu⁵³ ça³³ pɛ⁵³ te³³ tshɿ⁵³.
   你　衣服　　肥皂　　做　洗
   你做肥皂洗衣服。

b. Jɔ⁵³ tɕe³⁵ tɕe⁵³ ju³¹lɛ³³　sɿ⁵³ ve³³.
   他　斧子　　用（关）　柴　砍
   他用斧子砍柴。

c. nu⁵³ vɣ³¹lɛ³³　xɛ³³ mɛ³³
   牛　买（关）　地　耕
   买牛耕地。

但是，当动词涉及"给""在"的时候，就出现了和上述情况都不一样的语序，如例（18）和例（19）：

(18) 邦朵拉祜语（李春风，2012）
   qe³³ tha⁵³ jɔ⁵³ tha³¹　la³¹ sɔ¹¹ te³³ pi⁵³ ve³³.
   走　时　他（宾）礼物　做　给（语）
   走时给了他礼物。

(19) 邦朵拉祜语（李春风，2012）
   Jɔ⁵³ pɣ³¹ tɕe³³ ɔ³¹li³³ xe⁵³ tɕhɛ⁵³ ve³³.
   他　北京（宾）书　读　在　（语）
   他在北京读书。

可以看到，在邦朵拉祜语中，当连动式中出现"给""在"的时候动词的排列顺序不再按照实际动作发生的先后顺序排列。显然，在这些句子中，"给""在"已经处于语法化过程中。这时的语序 OV2V1 与目的关系（例20）、支配关系（例21）结构语序一致。

(20) 邦朵拉祜语（李春风，2012）
   ɔ³¹ ȵi³³ ma³³ ɔ³¹ vi³⁵ pa¹¹ tha³³ çi¹¹ qo⁵³ la³³ ve³³.
   妹妹　　　哥哥（助）领　送　来　的
   妹妹来送哥哥。

(21) 邦朵拉祜语（李春风，2012）
   ŋa³¹ lɛ³³ jɔ⁵³ tha³¹ li³¹　dɔ⁵³ tɕhi³³ xe⁵³ tsɿ³³ ga⁵³ ve³³.
   我（助）他（助）书　这　学　使　想（助）

我想让他学这本书。

在汉语中，"给""在"与其他动词在一起时，动词的排列顺序也是多种多样的，例如：

买一件衣服给你　　丢了几块钱在桌子上
买给你一件衣服　　丢在桌子上几块钱
给你买一件衣服　　在桌子上丢了几块钱

（三）小结

在表达连续动作的时候，所考察语言的连动式在动词的排列顺序上如表 4-1。

表 4-1　连续动作连动式语序

	VO		OV	
连续动作	V1O1V2O2（如：拿-刀-切-肉）	Obido, Chran, Igede, Sranan, Nupe, Vagala, Yoruba, Haitian, Degema, Hatam, Maybrat, Taba, Twi, Tetun, TetunLiLi, Yurakaré, Òbòló, 居都亿佬语, 和温壮语, 布依语, 下坳壮语, 湘西苗语	O2O1V1V2（如：面包-刀-拿-切）	Barai, Ijo, 邦朵拉祜语, 羌语
			O1O2V2V1（如：山-柴-砍-去）	哈尼语, 彝语诺苏话, 邦朵拉祜语, 傈僳语, 载瓦语, 苦聪话
	V2O2V1O1（如：打-蚊子-拿-皮带）	Igbo, Taba, Kambera, TetunDili, Hatam, Maybrat, Moi	O1O2V1V2（如：树-虫子-爬-找）	Kalam, Imonda, Swiss, 哈尼语, 载瓦语
			O2V1V2O1（如：负鼠-爬-找-树）	Alamblak
	V1V2O2O1（如：买-给-他-衬衫）	Degema, Jeh	O1V1 O2V2（如：肉-舀-肉钵-装）	Ijo, 土家语, 彝语诺苏话, 邦朵拉祜语, 傈僳语, 载瓦语

可以看出，第一，不论是 VO 语言还是 OV 语言，在描写连续动作时，都倾向于按照动作发生的顺序排列动词。连续动作连动式可以说严格遵循着时间先后顺序，当几个动词结构没有语义上的先后关系的时候，在汉语中都不认为是连动式。如"他看戏逛街"不属于连动式。可见，当形式上缺乏形态标记的时候，语义关系就很有可能升级为语法规则。

第二，VO 语言比较倾向于不连续形式，宾语紧跟动词；OV 语言比较倾向于连续式，动词与动词相连。

第三，当 V2 是"给"义动词、V1 是"拿"义动词之类的、开始虚化的动词的时候，连动结构的语序开始背离主流语序。

二 宾语共享连动式的语序

(一) 宾语共享连动式语序类型

双动共宾，也被称为宾语共享连动式，在 OV 型语言中表现很单纯，只有连续式一种语序——OV1V2，如：

(22) 哈尼语（李泽然，2013）

a³¹ ȵi⁵⁵ xho³¹ tɕhi³¹ xhɔ³¹ khu³¹ dza³¹.

弟弟　饭　一　碗　盛　吃

弟弟盛一碗饭吃。

但是在 VO 型语言中，宾语共享连动式的语序表现得非常复杂，既有隔开式，也有连续式，宾语的位置也多种多样。

比较常见的是隔开式，大多数 VO 型连动语言中都有这种语序，如：

(23) Edo 语（Stewart，2001：6）

òzó dé èbé tìé.

人名　买　书　读

欧佐买了书读了。

还有一些 VO 语言使用连续式表达宾语共享连动式，如：

(24) 靖西和温壮语（李秀华，2015：23）

lok⁸　kjai⁵ khja¹ kin¹ tu¹　non¹．　tu¹ lam⁶ kap⁸ kin¹ lok⁸ kjai⁵.

前缀　鸡　找　吃 前缀 虫子　前缀 老鹰 捉　吃 前缀　鸡

小鸡找虫子吃，老鹰捉小鸡吃。

(25) Kalam 语（Durie，1997：306）

ik　ad nñ-b-al　　ak.

打破 做 吃 - 完整体 - 3 复 这

去掉（叶子）做了吃。

(26) 白语（赵金灿，2010：185）

nãu³¹ tsi⁴² tɕi⁴² tau⁴⁴ ɯ̃³³ çy³³.

你　自己　　倒　喝 水

你自己倒水喝。

所调查语言中宾语共享连动式的语序情况见表4-2。

表4-2 宾语共享连动式语序

		VO		OV
宾语共享	V1OV2（如：煮-肉-吃）	Thai, Ewe, Goemai, Saramaccan, Sranan, Yorùbá, Nung, Keo, Kwa, Edo, Dàgáárè, Anyi Sanvi, 布依语, 居都仫佬语, 湘西苗语	OV1V2（如：菠萝-拿-吃）	Ijo, Tariana, Khwe, Tmall, Gurindji Kriol, Yimas, Yale, Eipo, 苦聪话, 哈尼语, 傈僳语, 彝语诺苏话
	V1V2O（如：煮-吃-肉）	Kayah, Kalam, White Hmong, Jeh, Paamese, 靖西和温壮语, 白语		
	V1O1V2O2（如：煮-肉-吃-它）	Edo		

可以发现，第一，如果两个（或以上）动词有共同的宾语时，不论是VO语言还是OV语言都倾向于使用共享形式。

第二，不论是VO语言还是OV语言都使用连续式。

第三，在VO语言中，隔开式仍然是比较占优势的语序。

（二）共享宾语位置及省略原则

在共享宾语连动结构中，第二个动词宾语隐含可以说是一条语法规则，多个动词带共同宾语也是如此。

(27) Kalam 语（Pawley, 2008）

basd skop am kmn　pak d ap ad　ñb-elgp-al.

父辈 远　走 动物名 杀 得 来 烹 吃-过去时.惯常体-3人称复数

祖先们常去杀Kmn带回来煮了吃。

(28) Saramaccan 语（Baker, 1989）

mi bi kisi wan pingo kii boi nyam.

我 抓 一　　 熊 　杀 煮 吃

我抓了一头熊杀了煮了吃。

在现代汉语中V2宾语如果显性化或者把O放在V2后面都会形成不同的结构类型，如"每天无非是做饭吃"中"做"和"吃"的宾语都是

"饭",但如果第二个动词没有承前省略,说成"每天无非是做饭吃饭",那么这个结构就会被理解为并列结构。再如"学习贯彻落实科学发展观"中,"学习""贯彻""落实"的宾语都是"科学发展观",但如果这个宾语出现在最后一个动词的后面,前两个动词蒙后省,这个结构也不会被理解为连动式,而是并列结构。

Adams 和 van Ostendorp(1994)指出,在 Akan 语和 Anyi-Sanvi 语中也存在同样的规则:两个动词共用一个宾语,这个宾语出现在第一个动词后面,而第二个动词后面的位置是空语类,如例(29a)、例(30a);如果后面出现这个相同的宾语,即使是代词,也是不合语法的,如例(29b)。如果第二个动词后面出现这个相同的宾语,那么两个动词之间就需要用一个连词连接,如例(30b)。

(29)Akan 语(Adams &van Ostendorp,1994)

 a. Kofi tɔɔ nsuo numui.

  人名 买 - 过去时　水　喝 - 过去时

 Kofi 买了水喝了。

 b. *Kofi tɔɔ nsuo numui nu

  人名 买 - 过去时　水 喝 - 过去时　它

 *Kofi 买了水喝了它。

(30)Anyi-Sanvi 语(Adams &van Ostendorp,1994)

 a. cùá cì̠ ákɔ́ dí .

  狗　抓 . 惯常体　鸡　吃

 狗常抓鸡吃。

 b. cùá ci̠ ákɔ́ ò - dì ǐ̠ .

  狗　抓　鸡　他 - 吃　它

 狗抓了鸡并吃了它。

Kenttiraiwa 和 Adams Bodomo(2008)也指出,在 Dàgááre 语中也有类似的现象,如例(31),要么后动词的宾语采用零形式(31a),要么就要在两个动词之间出现连词(31d),但如果前动词采用零形式(31b),或者后动词出现复指代词宾语(31c),都是不合语法的。

(31)Dàgááre 语(Kenttiraiwa and Adams Bodomo,2008)

a. ò dà   sέ   lá nέnè ɔ́ɔ̀. （他烤了肉吃了。）
   他 过去时 烤 冠词 肉 吃

b. *ò dà   sέ   lá ɔ́ɔ̀ nέnè. （*他烤了吃肉了。）
   他 过去时 烤 冠词 吃 肉

c. *ò dà   sέ   lá nέnè ɔ́ɔ̀ á. （*他烤了肉吃它了。）
   他 过去时 烤 冠词 肉 吃 它

d. ò dà   sέ   lá nέnè à dà   ɔ́ɔ̀ á. （他烤了肉而且吃了它。）
   他 过去时 烤 冠词 肉 连词 过去时 吃 它

但 Edo 语是个反例。Pi & Stwart（2003）指出，在 Edo 语中第二个动词的共享宾语可以以代词的形式出现，如例（32）和例（33）在 Edo 语中都是可以的。

（32）Edo 语（Pi & Stwart，2003）

Òzó lé   ízè   rrí órè.

人名 煮 米饭 吃 它

Ozo 煮米饭吃它。

（33）Edo 语（Pi & Stwart，2003）

òzó lé   ízè rè.

人名 煮 饭 吃

Ozo 煮饭吃。

其实，Pi 和 Stewart（1998）指出，在 Edo 语中例（32）这种形式应该和例（34）一样属于隐性的并列结构（covert coordinations），因为并列结构可以给每个动词分配一个自由的题元，所以没有论元共享。

（34）òzó gbòó ívìn bòló ókà.

人名 种 可可 剥皮 玉米

Ozo 种可可剥玉米。

汉语宾语共享类连动式的语序使用的是隔开式，符合大部分 VO 类型的连动语言的特征。其实，如果从汉语连动句的历时发展过程看，这几种形式在汉语的历史上都曾经出现过。根据魏兆惠（2008：29、114），在古代汉语中出现过几个及物动词连用，共有宾语放在最后的情况。如：

（35）姜原以为神，遂收养长之（《史记·周本纪》）

（36）射而中之，退入淤泥，亦必死矣（《左传·成公十六年》）

而现代汉语中使用的是隔开式,如果连续式,则为并列结构,如"学习贯彻科学发展观"。换一个角度说,在古汉语中,共享宾语放在后面,其实本来就是一种并列结构,而不是连动结构,但是当共享的宾语放在两个动词之间的时候,出现了连动结构,而原来的并列结构继续保留下来。由此可见,第二个宾语共享在连动式中是作为一个语法规则出现的,而语序也具有同样的地位。

三 致使类"动作-结果"连动式的语序

(一) 致使类"动作-结果"连动式的形式和意义

致使连动式其实是第一个动词的宾语与第二个动词的主语共享的连动式,在其他文献中也被称为 pivotal SVC。从语义上看,可以分为两类:传统汉语中的动结式和兼语式。正因如此,在有些语言中这种形式的连动式会有歧义,如 Akan 语的"frɛ(叫)kofi(人名)bra(来)"有两种理解:(你)叫 Kofi,(你)来;(你)叫 Kofi,Kofi 来。

在语义上这类连动式与普通的"动作-结果"不同的地方在于,前后动作之间存在致使关系,例如在 Tabavan 语中,如果把连动式例(37a)拆开,动词需要变成表示致使的形式,如例(37b)。

(37) Tabavan 语(Senft, 2008:81)

a. nbabas   welik   nmot   do.
   3单=咬 猪 3单=死   现实体
   它咬死了猪。

b. nbabas   welik, namot   i.
   3单=咬 猪 3单=致使体-死 3单
   它咬猪而且咬死了它。(字面意思:它咬猪,它使死它)

这类结构的特点是:V1 的宾语具有"中转"特质:它既是前动的受事,又是后动的施事,一身两职,自然转换。V1 宾语的这个特点,在下面的例子中可以很清楚地看到。

(38) Moi 语(van Staden & Reesink, 2008:39)

yi-sik   kuwok p-ama.
3复-拿 手袋 3单-来

他们把手袋拿来了。

（39）Hatam 语（van Staden & Reesink2008：39）

ji-krau　　munggwom　cin　　pi-ma　　　kwei.
2 复－抱　孩子　　　两个　指前词缀－那　来

你们把两个孩子抱来。

（40）Miskitu 语（Hale1991：10）①

yang　truk　kum　atk-ri　　　　　wa-n.
我　　车　　一　　卖－主语不同：1　走－过去时：3

我卖掉了一辆车。

在这几个例句中，可以很清楚地看到：两个动词施事是不同的，例（38）中前动是"yi"（他们）发出的，而后动的前缀是"p-"（相当于"它"）。同样，例（39）中第一个动词施事为第二人称复数"ji-"，是"pi-"，回指前面的两个孩子。例（40）动词 atk（卖）带第一人称标记，动词 wa（走）带第三人称标记。

不过，也有不同的标记情况，如：

（41）Òbòlò 语（Durie，1997：299）

a. é-gwên　èmì　é-nû.
复－叫　1 单　复－来

让他们叫我来。

b. ǹ-bieě　ň　èmâ　ǹ-sî　　úwú　úgwùñ.
1 单－推 3 复　1 单－去 房子　药

让我推他们去医院。

在这种语言中，致使性的"动作－结果"仍然采用的是序列动作的组织方式，前后动作所带的人称是相同的，但是在理解上两个动词的主语其实发生了变化（a switch-subject reading）。②

（二）致使类"动作－结果"连动式的语序类型

从调查情况看，VO 型语言中的致使类连动式有两种语序：隔开式与

---

① 缩略形式意思是：DS，different subject.

② Durie（1997：299）的原文是：Note that the sentence shows concord of subject inflection even though there is a switch-subject reading。

连续式，而 OV 型语言只有一种语序——连续式。

VO 型语言大部分采用隔开式，例如：

（42）Edo 语（Stewart，2001：69）

a. Òzó　kòkó　àdésúwà　mòsé.

　人名　养育　人名　　漂亮

　Ozo 把 Adesuwa 养得很漂亮。（字面意思：Ozo 养 Adesuwa 漂亮）

b. Òzó　gbé　úkpù　guòghó.

　人名　击打　茶杯　破碎

　Ozo 打碎了茶杯。

（43）Yorùbà 语（Durie，1997：303）

ó　ra　iṣu　wá.

她　买　山药　来

她买来山药。

还有一些 VO 型语言使用连续式，如：

（44）克耶语东部方言（戴庆厦、邱月，2008b）

a. ʔa　ce　li　bēʔū.

　三单　染　红　布料

　他/她把布染红了。

b. ʔa　ʔō　mɯ　thʌʔíphrè.

　三单　喝　醉　威士忌

　他/她喝威士忌喝醉了。

（45）Paamese 语（Durie，1997）

　a-mua　　　　vinii-nV　　　vuasi.

3 复.现实态 – 打　杀 – 通格/宾格　猪

他们打死了猪。

OV 型语言一般使用连续式，如：

（46）Miskitu 语（Hale，1991：26）

witin ai pruk-an　　　kauhw-ri.

他　我　撞击 – 远指：3　倒 – 过去时：1

他撞倒了我。

（47）傈僳语（李教昌，2018：414）

nu³³ a⁵⁵ ȵi³³ ȵi³³ kʰa³⁵ ga⁴² la³³.

你　黄牛　两条　赶来

请你赶两条牛来。

致使类连动式的语序情况调查如表4-3所示。

表4-3　致使类连动式语序

		VO		OV
致使类连动式	V1OV2（如：打-猪-死，叫-他-来）	Ambon Malay, Anyi-Sanvi, Akan, Alambluk, Bislama, Degema, Edo, Ewe, Khmer, Kambera, Meyah, Goemai, Taba, Thai, Sebba, Sranan, White Hmong, Yoruba, Òbòlò, 佤语, 燕齐壮语, 矮寨苗语, 居都仡佬语, 和温壮语, 布依语, 下坳壮语	OV1V2（如：黄蜂-打-死）	Dumo, Miskitu, Ijo, Yessan-Mayo, 基诺语, 景颇语, 傈僳语, 哈尼语, 拉祜语, 苦聪话
	V1V2O（如：染-红-布，吃-胖-草）	Kayah, Kambera, Keo, Igbo, Eipo, Ambae, Ambon Malay, Warlpiri, White Hmong, Mwatlap, Paamese, 燕齐壮语, 克耶语, 下坳壮语, 湘西苗语		

从调查结果可以发现，第一，VO语言和OV语言中都存在动作结果紧密排列在一起的形式，而且在动作和结果的排列上没有不同的排列顺序。

第二，VO语言中隔开式仍然是比较占优势的结构形式。

（三）VO语言两种语序共存现象

致使性"动作-结果"连动式，从表4-3中可以发现，很多VO型语言存在两种语序共存的现象，即既有隔开式，又有连续式。

有的语言中两种不同的形式跟论元共享有关系。例如White Hmong语里，如果两个动词施事相同，则使用连续式，如果不同则使用隔开式，如例（48），a句使用连续式，b句使用隔开式，因为主语发生了变化。

(48) White Hmong语（Durie，1997：341）

a. kuv　nrhiav tau kuv　　nti　　nplhaib.

　1单　寻找　得到 1单　分类词　戒指

我找到了戒指。

b. lawv nvaws lub　　ahov rooj　qhib.

　3复　踢　分类词　　门　　　开

他们踢开门。

但是，相当一批语言中存在两种语序类型，并没有语法上的原因，有的只是语用上的细微区别。根据 van Staden 和 Reesink（2008：41），Ambon Malay 语中不同的语序类型有不同的语义侧重：采取连续式，强调结果状态；采取隔开式，强调造成结果的方式或路径，如：

(49) Ambon Malay 语（van Staden & Reesink, 2008：41）

a. Be pukol anjing mati.

　我　打　狗　死。（侧重于结果状态）

b. Be pukol mati anjing.

　我　打　死　狗。（侧重于造成结果状态的方式）

同样，在 Maybrat 语中，利用隔开式可以达到强调结果状态的目的，例如例（50）中，例句 a 采用隔开式，可以表达受事宾语"被永远地留下了"，例句 b 蕴含着"以后会来取"的意思（van Staden & Reesink, 2008：45）。

(50) Maybrat 语（Senft ed., 2008：45）

a. T-se　sasu　m-akus.

1单－放　甜土豆　3集体名词－留下

我放下土豆。（土豆永远留下了）

b. T-se　akus　sasu.

1单－放　留下　甜土豆

我放下土豆。（会回来取）

这种情况在前面的序列动作连动式中只有在"给""在"等动词构成的连动式，才可能会出现不同的语序共同存在的形式。因此可以说，之所以某些语言中动作－结果类连动式会存在连续式和隔开式两种语序并存的情况，是因为这种结构在这种语言中已经存在语法化。

Stewart（2001）认为致使类"动作－结果"式才表达单一事件，而表达序列动作的连动式其实表达了两个单一事件，其理由之一是在序列动作连动式中两个动词之间可以插入副词，而"动作－结果"连动式中两个动词之间不能插入副词。如：

(51) Edo 语（Stewart, 2001）

a. ＊òzó sùá àdésúwà gié! gié dé.

　　人名 推 人名　　快快地 倒下

＊Ozo 推 Adesuwa 马上倒下。

b. òzó dùnmwún ìyán gié! gié khien.

　　人名　磨粉　　山药　快快地　　卖

Ozo 磨了山药马上卖了。

其理由之二是序列动作连动式可以继续延伸，但是"动作－结果"连动式不可以继续延伸，如：

(52) Edo 语（Stewart, 2001）

a. òzó mié úkpù dé khien.

　　人名　看见　茶杯　买　卖

Ozo 看见茶杯买了又卖了。

b. òzó dé ìyán lé ré

　　人名　买　山药　煮　吃

Ozo 买山药煮了吃。

c. *òzó gbé àkhé ghuòghò kànmwán.

　　人名　击打　锅　破碎　　　短

*Ozo 打锅碎短了。

以上这些证据其实都说明"动作－结果"连动式所表达的事件比序列动作连动式更具有单一性、整体性，也正因如此，"动作－结果"连动式更容易词汇化、语法化。其结果就是语序发生变化。以汉语为例，在古代汉语里，动作结果的表达有多种形式，如（姚振武，2015）：

V1V2O：射中汉王/战败卫师

V1OV2：燔饭焦/吹我罗裳开

V1O 而 V2O：以戈斫公而死之

V1O，OV2：燕攻齐，齐破

而最终的结果是形成现代汉语中的动结式，以及众多的动结式复合词。因此，可以认为 VO 型的语言致使类"动作－结果"连动式存在一种从隔开式向连续式变化的趋势，多种语序共存现象是致使性动作结果连动式正处在语法化发展过程中造成的。

四　伴随动作连动式的语序

（一）伴随动作的形式标记

连动式的另一种重要类型是表达同时性动作。在很多连动语言中，没有标志显示何者为伴随。充当伴随动词的常常是身体姿态的动词，或者表示跟随的动词。如例（53）Teribe 语使用专门的姿态动词表示伴随 stsök（"唱歌"）的身体姿势，例（54）Taba 语身体动作动词 wosal（"站"）与伴随状态动词 máddodang（"直"），中间都不需要有其他成分。

（53）Teribe 语（Quesada，2011：127，OV 型）

Ie' tkër stsök.

3 单 POSIT. 坐 唱

他/她坐着唱。

（54）Taba 语（van Staden & Reesink，2008：44，VO 型）

N = wosal máddodang.

3 单 = 站 直

他直直地站着（他站得很直）。

但是，在一些语言中，伴随动作动词需要带标记。常见的是持续体或者进行体标记。比如汉语会使用持续体标记"着"，而下面 Misumal Pan（Miskitu）语的例子（例55）中使用了紧邻体标记"-i"。

（55）Miskitu 语（Hale，1991：19）①

Kuh puht-i saak-yang.

火　吹 – PROX 站 – 1

我站着吹火。

有些语言会使用非限定形式标记，如 Kamaiurá 语的-m，Northern Paiute 语的-na 等。例（56）是 Northern Paiute 语的例子。

（56）Northern Paiute 语（Tim Thornes，2011：51）②

yau nɨ katɨ-na ɨ = kwɨtuʔi-pɨni.

这儿　我　坐. 单-SIM. CONV　2 = 等待-ASP

我坐在这儿等你。

在例（54）中，Northern Paiute 语表示"坐"的姿态动词在连动句中需要携带表示同时进行的附缀（simultaneous converbal suffix）"-na"，该语言还有另一个表示动作顺次进行的附缀（sequential converbal suffix）"-si"，

---

① 缩略形式的意思：DEF：definite；PROX：proximate；PAST：past aspect。
② 缩略形式的意思：SIM：simultaneous；CONV：converb；ASP：aspect。

相当于汉语的"后",用在小句之间,表示顺承关系,例如：

(57) Northern Paiute 语（Tim Thornes, 2011：53）①

saʔa yaisi, mɨʔnawi mani-ča-si,

后来然后　很久　　做-TRANSL-SEQ. CONV

pɨ-bɨaʔ　Iwa tɨ-tsadima-na　　　pɨti-wɨnɨ.

RE-朋友　多　APASS-带-SIM. CONV　来-CONT. SG

后来,做了好久后,朋友们又带着很多（苹果）来了。

因此,在这种语言中,带了表示同时性的副动词后缀-na后,两个动词结构之间的关系其实有点像两个小句的关系,但同时进行的两个事件之间关系是如此紧密,会进一步形成更加紧密的连动式,如例（58）,a 例是一个带有副动词（converb）小句的复合句,而 b 例是连动式。

(58) Northern Paiute 语（Tim Thornes, 2011：54）②

a. nɨmmi　　pokwa-na,　　　umɨ mi-tɨn čui-kɨ-u.

我们. EXCL 躺. PL-SIM. CONV 他们 我们＝讲故事-APPL-PNC

我们躺着,他们给我们讲故事。

b. ooʔno tɨwau umɨ　na-tɨn čui-pokwa-ʔyakwi.

在那时　也　他们　MID – 讲故事 – 躺. PL-HAB

然后,他们也会躺着讲故事。

还有一些语言会使用关系助词进行标注,如邦朵拉祜语里的 lɛ³³。例（59）是邦朵拉祜语的例子,伴随动作动词要带非结束谓语标记 lɛ³³ 等,"标识非终极动作的完成,凸显该谓词结构的有界性,并将该动作表达的事件与下一动作表达的事件连接起来"（李春风,2012：208）。这个 lɛ³³ 是一个关系助词,既能表示各动作之间存在并列关系,又能表示成分之间存在偏正关系,相当于汉语里的"就"。

(59) 邦朵拉祜语（李春风,2012：208）

nɔ³¹ fa³⁵ ta³¹ lɛ³³ qha³³ bu̠⁵³ tɕa⁵³.

---

① 缩略形式的含义：TRANSL：translocative；SEQ：sequential；RE：repeat；CONT：continuous；SG：single。
② 简缩形式的含义：APPL：applicative；CONT：continuous；CONV：converbal suffix；EXCL：exclusive；HAB：habitual；MID：middle；PL：plural；PNC：punctual aspect；RE：repetition；SEQ：sequential；SIM：simultaneous。

你　藏着（关）尽　饱　吃
你藏着饱饱吃！

大部分连动语言可以只用一个动词带这种表示伴随状态的标记，另一个连用的动词会共享这个时体标记。如汉语的"笑着说"，虽然只有"笑"带"着"，但"笑"和"说"可以都是持续中的动作，但是如果说成"笑着说着"就不再是连动式，而是会被认定为并列结构。也就是说，连动式的两个动词在时态上需要共享，已经成为连动结构的语法规则。这个规则很多连动语言都是遵守的，但是也有一些语言情况不同，如 Arrernte 语里两个动词都要带非完成态标记，表现出明显的并列特征，如：

(60) Arrernte 语（Wilkins, 1991）①
artwe　　alyelhe-me-le　　　　　　　petye-me.
男子 – 主格　唱-（non）过去时 . 进行 – SS 来-（non）过去时 . 进行
男子唱着来。（字面意思：男子唱着来着）

（二）伴随动作连动式的语序类型

从语序上看，OV 型语言的伴随连动结构多采用"V – 伴随 V"的形式，如：

(61) Urubu-kaapor 语（Senft ed., 2008：237）
pe　　pijeru　ke　　　jixi'u　　atu te　u-'am.
而且　人名　焦点标记　3 人称 – 哭　好 强调 3 – 站
而且 Pijeru 还站着哭。

但是也有"V 伴随 – V"的格式，如：

(62) 邦朵拉祜语（李春风，2012：93）
nɔ³¹ mɯ³³ gɯ⁵³ ta³¹.
你　坐　玩　着
你坐着玩。

但是 VO 型语言表伴随状态的动词可以在前，也可以在后，两者的分布不相上下。

---

① 简缩形式的含义：SS：same subject。

(63) Goemai 语（Hellwig, 2006）

aas hok　　d'yem　　　　p'aar…aas hok zak d'yem　　　　　　　n-p'aar yi.
狗 定指　站（单数）跳　　　狗 定指 又 站（单数）持续体－跳 持续体
狗站（而且）跳……狗又跳着站。

这个例子中，可以看到第二个动词在第二次出现的时候，带了一个表示持续进行态的前缀 n-，使"p'aar"（跳）这个动作成为"d'yem"（站）这个动作的伴随状态。

(64) Tidore 语（van Staden & Reesink, 2008：28, 42）①

a. Ngone　　fo-tagi　　　　　Rum mote Mafututu.
1 复：INC 1 复：INC：A－去 地名 跟随 地名
我们经过 Mafututu 去 Rum。

b. Ngone fo-mote mansia yo-tagi yau.
1 复：INC 1 复：INC：A－跟随 3 复：A－去 钓鱼
我们跟着人们去钓鱼。

这个例子中，表示伴随的动词可以放在另一个动作动词前，也可以放在它的后面，不过这种次序可以发生变化的动词连用形式，与汉语中可以颠倒的动词连用形式如"逛街吃饭""吃饭逛街"不同，汉语中有些连用的两项是并列关系，可以颠倒顺序。但 Tidore 语这些可以颠倒次序的动词连用，并不是并列结构，只是因为同时性才可以相互颠倒，仍然是连动式。

表位置和姿态的动词在一些连动语言中还会语法化为表示动作正在进行的标志，如下面的例（65）。

(65) Dumo 语（Ingram, 2006）

Ade　　wahwòng yih　　plih　　　　　　　muhng.
祖父母 女人　麦片粥 3 单阴性主格．制作 3 单阴性主格．坐
祖母在做麦片粥。

我们将伴随连动式语序的情况总结为表 4－4。

---

① INC 是 inclucive 的缩略，A 指的是 A 类词。

表 4-4 伴随连动式语序

		VO		OV
伴随同时	伴随-V（如：坐-讲）	Sranan, Sumu, Kusma, Yale, Epi, Moi, Yurakaré,! Xun, White Hmong, Leti, Tidore, 佤语, 燕齐壮语, 仫佬语, 布依语, 下坳壮语	伴随-V	Arrernte, Miskitu, Kaititj, Kalam, 哈尼语, 邦朵拉祜语
	V-伴随	Goemai, Keo, Taba,!Xun, Paamese	V-伴随	Dumo, Teribe, Kamayurá, Urubu-kaapor, orthern Paiute, 景颇语

通过观察可以发现，第一，两个动作同时进行，一般在逻辑上先发生的动作倾向于先说，而且这个逻辑上先发生的动作常常带有伴随标志，如"拿着书进来"，在逻辑上，"拿书"先于"进来"；"哭着说"，"哭"先于"说"。

从理论上说，两个具有同时性的动作或状态，其中任何一个都可以作为另一个的背景，但实际上并不完全如此，例如下面两个汉语例子：

看着电视吃瓜子/吃着瓜子看电视

穿着高跟鞋上山/*上着山穿高跟鞋

"吃瓜子"和"看电视"是同时存在的活动，可以相互交换位置，哪一个动词放前面都是可以的，但是"穿高跟鞋"和"上山"同时存在的时候，"穿高跟鞋"不能放在后面，因为能够跟"上山"同时存在的，只能是"穿着高跟鞋"这个状态。有一些动词跟"穿着"类似，倾向于表达一种伴随状态，如身体姿态动词。在 Teribe 语中，姿态动词必须在运动动词前，否则人们就会觉得不自然或有问题（Quesada, 2011）。如：

(66) Teribe 语（Quesada, 2011：110）

a. Ie' tkër stsök

   3sg 坐 唱 （他坐着唱。）

b. ? Juan stsök tkër

   3sg 唱 坐 （? 他唱着坐。）

第二，伴随动词在前是优势语序，但是在 VO 型语言中，伴随动词也可以放在后面，而且，这两种语序在 VO 语言中是势均力敌的。在!Xun 语里，两种形式都存在（König, 2011）。如：

(67)！Xun 语（König，2011）

a.！Xūú má g！è kē gèʔè.
   人名 话题 来 过去时 唱
   ！Xun 唱着来了。

b. N！ùhmē má ú- á g！xàm.
   人名 话题 走 - 进行体 撒尿
   N！ùhmē 走着撒尿。

为什么会有这种情况存在？我们认为，如果一个动作被认为是伴随动作，那么不仅在语义上地位降低，在语法上地位也降低了，被处理为伴随动作的动词会被理解为对另一个动词具有修饰、限制作用。我们看到，在荣红羌语中，表示伴随的是以状语的形式出现，在句子中必须带有状语标记，如：

(68) 荣红羌语（戴庆厦、邱月，2008b：72）

a. theː gueː ɦo-su-ɲi ke.
   他 路 方向 - 绕 - 状语标志 去
   他绕路走。

b. tɕile χuakua ɦe-sue-ɲi dzɚ.
   我们 黄瓜 方向 - 削 - 状语标志 吃：1 复
   我们削黄瓜吃。

汉语中"V1 着 OV2"也逐渐出现了中间带"地"的形式（高增霞，2005），如"转着圈地喝""跳着高地骂""变着花样地折磨人"。"V 着 V"常常发展成具有偏正关系的复合词，如"偷吃""绕行""坐视"等。

因此连动结构中的伴随动词在语法上相当于英语中的次谓语结构，如"She'll not wake up sick"。可见，对于伴随连动式来说，存在一种向偏正式结构演变的发展趋势。

五 小结

对于连动语言中表达先后序列动作的连动结构、宾语共享连动结构、致使类"动作 - 结果"连动结构，同时伴随连动结构的语序情况，可总结为表 4 - 5。

表 4-5　连动语言四种连动结构语序类型

	VO	OV
序列动作	V1O1V2O2（如：拿-刀-切-肉）	O2O1V1V2（如：面包-刀-拿-切）
	V2O2V1O1（如：打-蚊子-拿-皮带）	O1O2V2V1（如：山-柴-砍-去）
		O1O2V1V2（如：树-虫子-爬-找）
	V1V2O2O1（如：买-给-他-衬衫）	O2V1V2O1（如：负鼠-爬-找-树）
		O1V1 O2V2（如：肉-舀-肉钵-装）
宾语共享	V1OV2（如：煮-肉-吃）	OV1V2（如：菠萝-拿-吃）
	V1V2O（如：煮-吃-肉）	
	V1O1V2O2（如：煮-肉-吃-它）	
结果致使	V1OV2（如：打-猪-死，叫-他-来）	OV1V2（如：黄蜂-打-死）
	V1V2O（如：染-红-布，吃-胖-草）	
伴随同时	伴随-V（如：坐-讲）	伴随-V（如：火塘-围着-歌-唱）
	V-伴随（如：来-唱）	V-伴随（如：哭-站）

由调查可得到以下规律。第一，一般情况下，VO 型语言比较倾向于使用隔开式，OV 型语言比较倾向于使用连续式。

第二，一般情况下，动词的排列顺序象似于现实世界中动作发生的时间先后顺序。

第三，语义关系越紧密，违背时序原则及普遍规则的可能性就越大。

汉语连动式这四种连动式的语序，分别是：

序列动作连动式：V1O1V2O2（如：拿刀切肉）

宾语共享连动式：V1OV2（如：煮肉吃）

致使性动作结果连动式：V1OV2（如：叫他来）

伴随动作连动式：伴随-V（如：坐着讲）

可见，汉语连动式的语序类型，完全使用了 VO 型语言连动结构的优势语序隔开式。

第三节　汉语动结式语序的类型学价值

一　问题的提出

"动作-结果"序列是连动语言中比较普遍存在的连动式类型。从上文的调查中也可以看出，VO 型致使性"动作 - 结果"连动式有两种语序：隔开式和连续式。有的语言中这两种语序还同时存在。而在现代汉语中，致使性"动作 - 结果"采用的是隔开式、连续式。

那么动结式的这两种语序是否隐藏着某些规律，是否具有区别意义呢？

Williams（2008）提出，如果 R 是短语（phrase）性质，那么在 VO 语言中"动作 - 结果"的典型结构为隔开式（该文使用的编码方式为"MOR"），OV 语言中是连续式（"ORM"）；如果 R 是非短语性质，那么 VO 语言中的语序是连续式（"MRO"），OV 语言为连续式（"OMR"），这时 MR 不是连动式，而是复合词。Williams（2008）认为连续式是基本的（basic）语序，而隔开式是非典型的（nonbasic）语序。有意思的是，该文作为代表所举的例子都是汉语，一个是普通话，一个是上海话：

(69) a. tā zá (*heěn) píng -le nà kuài ròu. 他砸（*很）平了那块肉。
b. ŋu²³ sɔ⁵³ ɦi²³ (*tɕo kwɛ) su⁵³. 佢烧伊（*交关）酥。

在 Williams（2008）看来，普通话例（69a）是典型的、基础的"动作 - 结果"连动式的语序，而上海话例（69b）是非典型的"动作 - 结果"语序。在这两种语序中，两个动词之间都不能出现程度副词（"很""交关"）。

在汉语同一种语言中，竟然出现了两种典型的"动作 - 结果"义构式，应该如何认识这种现象？是什么决定了一种语言允许某一特定的结果式？这种结构的决定性特征到底是什么？

二　汉语的"动作 - 结果"序列

（一）现代汉语的动结式

在现代汉语中，"动作 - 结果"序列为连续式，在语法系统中称动结式，不在连动式的范围内。

一些文献将现代汉语动结式划为复合动词或者 Aikhenvald（2006）分类中的非对称性连动式，因为其后项动词是一个封闭的类。但是正如刘丹青（2017）所说的，在现代汉语共时层面，连动式和动结式由不同的句法规则生成，受不同的句法条件制约，属于不同的句法结构，不能归入同一个类型。

首先，汉语动结式所表达的语义内容，并不仅限于致使性动作结果关系，所有的动作与其完结状态，都可以用动结式表达，如：

哭湿了手帕（哭——手帕湿了，致使性"动作-结果"）

打断了腿（打——腿断了，致使性"动作-结果"）

吃饱了饭（吃饭——饱了，动作-结果）

打球打腻了（打球——腻了，动作-结果？）

我来晚了（来——晚了，动作-结果？）

在这些例子中，"哭湿了手帕"，"哭"与"手帕湿"有直接的关系："哭"使得"手帕湿了"，"哭"的施事是致使者，"手帕"是受使者；"打断了腿"，"打"与"腿断了"也存在直接的致使关系，"打"的施事是致使者，"腿"是受使者。但是"吃饱了饭"，"吃"与"饱"之间并不存在致使关系，只是一般的动作和结果关系："吃"到一定的阶段会达到"饱"这个状态，而且跟宾语"饭"也没有直接关系，"饱"的状态是施动者的，而不是"饭"的，在这个事件中不存在致使者和受使者。而"打球打腻了"和"来晚了"中的"腻"和"晚"并不是"打（球）"和"来"的自然结果，如果说"腻"是"打"的过程累积到一定时间段的结果，"晚"只是对"来"这个动作从外在的标准进行的评价，与"来"这个过程本身并没有关系。

因此，现代汉语动结式并非单纯的致使性"动作-结果"关系。Williams（2008）将 MOR 的语义结构分析为：［VPO［V'［M/R］VM［Y' CAUSE ZPR］］］或［VPO［V［M/R］VM［Y CAUSE ZR］］］，我们认为对于汉语是不合适的，因为其中并不一定都是致使关系，相比较而言，用"RESULT"（结果）更合适一些。

其次，动结式由不同于连动式的句法规则生成。根据徐丹（2000），现代汉语动结式的上字和下字有明确的准入条件：动结式的上字最显著的语义特征是动性强的、表达起点的具体动作，那些在时间轴上没有明显的起终点的、表达"已完成、已变化"的动词都无法进入动结式上字位置；动结式的下字主要由形容词和表达动作处于某一过程终点的"完成、终结"义动词构成。除此之外，刘丹青（2017）还指出，两种结构在论元共享、可否扩展、时体范畴等方面也有明显不同。

由此看来，现代汉语中的动结式并非单纯是"动作－结果"语义类型的驱动而形成的，而是句法、语义共同作用的结果。

我们看到，现代汉语中仍然存在致使性"动作－结果"序列，即一般所谓"兼语式"。而兼语式的语序一方面完全符合 VO 型语言的优势语序——隔开式，另一方面也和动结式连续式的语序完全不同。由此可以看出，在现代汉语中，致使性"动作－结果"序列采用连续式还是隔开式，完全具有区别意义，代表了不同的句法语义规则。换句话说，在现代汉语中，动结式的存在，证明了语序确实是汉语重要的语法手段。

（二）上古汉语致使性"动作－结果"序列的发展

致使性"动作－结果"序列是上古汉语连动式中非常显赫的结构类型，其表现形式多种多样，不单单有连续式，也有隔开式。

赵长才（2000）将上古连动式分为广义连动式和狭义连动式两种，前者指动词之间有停顿或者连词连接的动词连用，后者则指没有连接词语的动词连用。运用广义连动式表达致使性"动作－结果"关系的，如（赵长才，2000：11－16）：

（70）哀公射而中稷（《说苑·辨物》）

（71）遂缢而死（《左传·襄公二十一年》）

用狭义连动式表达致使性"动作－结果"的，如（赵长才，2000：16、38）[①]：

（72）城射之殪（《左传·昭公二十一年》）

（73）商臣作乱，遂攻杀成王（《韩非子·内储说下》）

（74）朱儒朱儒，使我败于邾（《左传·襄公四年》）

从结构性质上看，上古时期的"广义连动式"其实就是并列结构，使这个结构被看成连动式的唯一理由是动词所表达动作的先后关系，中间出现的连词也说明了这一点。而狭义连动式与并列结构的广义连动式的区别在于其结构关系更加紧密，动词的位置也具有了倾向性。

从广义连动式到狭义连动式主要有两个途径：连用动词间"而"等关联词语的消失；宾语相同，首位动词空位原则（赵长才，2000：36）。

[①] 赵长才（2000）的狭义连动式的例句中不包括例（72）、例（74），它们在该文中被称为隔开式、兼语式。

而即使是上古时期表达致使性"动作-结果"的连续式，一般也认为是"狭义连动式"，而不是动结式。一般认为，动结式是在中古时期发展成熟的，从上古时期的连续式连动式到动结式发生了重新分析：形式没变，但是结构类型发生了变化。动结式的兴起与发展是"由于语音手段、词汇手段消失，语法手段起而代之的结果"（徐丹，2000）。在这个过程中，汉语发生了这样一些变化（具体可见本书第五章）。

第一，清浊别义等语音手段的消失。

第二，连用动词间"而"等连接性词语的消失。

第三，动词、名词、形容词等使动用法等"活用法"消失。动词概念义的分析化。

第四，带使令标记的兼语式在汉代以后的广泛使用（赵长才，2000：37）。

第五，首动词空位原则及复指代词"之"等的消失。

第六，词汇的双音化趋势。

魏晋南北朝之后，表示"完成"（如"已""讫""毕"）、取得（如"得""取"）、结果状态（如"死""破""败""伤""中"）等动词不再具有他动词用法而逐渐固定在 V2 位置，专门用来表达动作的结束阶段，形成了动结式。

而在动结式产生之后，隔开式仍然在广泛使用，如（赵长才，2000：47，54）：

（75）春风复多情，吹我罗裳开（《子夜四时歌·春歌》）

（76）以梨打我头破乃尔（《百喻经·大正藏》）

中古一直到近代，隔开式与连续式两种动结式"并行了相当长的一段时间"，二者"真值语义基本相同"，"可视为同义句式"（赵长才，2000：54），而且产生了"打破烦恼碎"这类"混合句式"。隔开式和混合式自宋元时期逐渐衰微，只保留了连续式在现代汉语中表达"动作-结果"义。

那么，在宋元之际，汉语的语法体系发生了什么变化？

简单说来，有这样几个方面（具体可参见本书第五章）。

第一，发生了"动作-结果"事件和致使事件的分工。我们看到，在上古时期，就有例（74）之类的使令结构表达致使义，包括致使性"动作-结果"义，魏晋时期这种使令结构继续发展，如：

(77) 以水七升，煮米令熟，去滓（《金匮要略·卷中·桃花汤》）

(78) 人所能为，诛以禁之，不能使止（《论衡·非韩篇》）

第二，"把"字句"被"字句的产生，使得结构的多功能性逐渐丧失。

第三，共享宾语使用末位动词空位原则，即承前省略的省略原则。以区别于并列结构的首位宾语空位原则（即蒙后省）。

第四，"了"等体标记的产生与广泛使用。

至此，"动作－结果"序列自上古汉语的并列结构"广义连动式"中完全分化出来，成为一种专门的结构类型：动结式。而致使"动作－结果"，始终是其中的一个成员。

(三) 小结

我们认为，现代汉语动结式从连动结构中区分出来，其实是句法系统中不同的结构类型分工的结果，见表4–6。

表4–6 现代汉语多动结构的分工

结构类型		功能		结构原则	例句
隔开式 V1O1V2（O2）	连动式	连续动作	承前省	动词有界性	煮了吃
	兼语式	致使		V1为使令动词	让你吃
连续式 V1V2（O）	动结式	动作－结果	蒙后省	V2完成状态义	煮熟了
	并列结构	平行性		结构平行性	煮饭吃饭

因此上古时期的连续式其实是一种"隐性的并列结构"，动结式是随着汉语词汇的双音化趋势产生的，动结式VC无论句法功能还是音节都类似于一个"及物动词"（赵长才，2000：59），但是在结构上又具有一定的松散性，我们认为VC结构其实是在汉语历史发展过程中因词汇手段的不足而使用语法手段进行弥补的一种方式，是构式"整合"的结果。而之所以能整合，是因为其底层的"动作－结果"语义模式的整体性。

三 从汉语动结式看连动语言

(一) 汉语动结式对连动结构的意义

那么，在表达致使性"动作－结果"义上，为什么古代汉语允许隔开式而现代汉语不允许？或者说，为什么上古汉语没有动结式而现代汉语有动结式？是什么决定了一种语言允许某一特定的结果式？这种结构的决定性特征到底是什么？

从前文的梳理可以看出，古代汉语尤其是上古汉语允许隔开式，而现代汉语不允许，主要是（并不仅限于）因为词法手段发生了变化、共享宾语省略原则发生了变化、词类功能发生了变化。

第一，上古汉语的词汇主要是单音节，运用语音的变化来区别词性，词义的综合性强；而现代汉语的词汇主要是双音节，采用句法手段构造新词，词义的分析性强，光杆动词在进入句子时需要使用各种手段以补充其各种需要的信息。

第二，上古汉语的词类和结构多具有多功能，一些动性不强的词可以通过"活用"带宾语具有使动等用法，而这些现象在中古以后已经成系列地消失了（赵长才，2000）。结构的多功能性，一方面表现为同一个结构可以表达多种功能，另一方面表现为同一个功能可以由多种结构形式来表达。在现代汉语中，结构形式（语序类型）与功能之间进行了明确分工，并且在句法规则、使用条件上区别明显。

现代汉语的词类系统相比古代汉语显然更加成熟，例如"而"等连词在上古汉语中可以出现在句子成分之间，但现代汉语中这种现象已经非常少见。

因此，正如汉语众多动结式产生过程的研究者所看到的，动结式的产生，是一个系统工作的结果，是由语音、词汇、句法多种手段联合作用的结果，而其最基本的条件，是在认知心理上动作与结果之间的紧密关系。这种紧密关系并非汉语使用者一家所独有，众多连动语言中"动作-结果"连动式的存在都说明了这一事实。其实，即使是非连动语言，"动作-结果"的紧密关系也同样存在。例如 Williams（2008）所举的英语、越语等其他语言的例子：

（79）He pounded it extremely flat. / He pounded extremely flat every single cutlet we gave him.

（80）Tôi giặt rất cái quần sạch. / Tôi giặt rất sạch cái quần tráng này.

在这些语言中"动作-结果"也是紧密排列在一起的，而且也有隔开式和连续式的区别，只不过这种区别主要是语用原因（长度）造成的。

（二）汉语动结式对两种语序并存现象的意义

从上文的调查中可以看出，在表达致使性"动作－结果"义上，很多语言中存在隔开式和连续式并存的现象。汉语从魏晋两汉时期出现动结式开始一直到近代的漫长历史发展过程中，长期存在隔开式和连续式并存的现象，这种现象的存在有多种原因，最基本的就是出现了整合的连续式。隔开式和连续式并存的过程，其实就是新旧格式并存、竞争的过程。至于这个过程何时结束，受到很多因素的影响，不过从汉语的现象可以预见的是，连续式最终会成为一种独立的格式。

吴芳、刘鸿勇（2014）指出，湘西勾良苗语三种共宾连动结构都有连续式和隔开式两种形式：

（81）行为动词 + 行为动词

a. m^{53} ȵai^{33} ʐai^{214} qa^{214}

 你 摘 菜 炒

b. m^{53} ȵai^{33} qa^{214} ʐai^{214}

 你 摘 炒 菜

（82）行为动词 + 形容词（指向主语）

a. m^{53} nəŋ^{53} lhi^{35} tʂhə^{35}

 你 吃 饭 饱

b. m^{53} nəŋ^{53} tʂhə^{35} lhi^{35}

 你 吃 饱 饭

（83）行为动词 + 形容词（指向宾语）

a. m^{53} pɯ^{53} tɒ^{214} nao^{33} tɒ^{33}

 你 打 鸭子 死

b. m^{53} pɯ^{53} tɒ^{33} tɒ^{214} nao^{33}

 你 打 死 鸭子

在这种语言中，形容词 tɒ^{33}（"死"）、tʂhə^{35}（"饱"）都可以带宾语，当形容词的语义指向为宾语时，表达"使成"义（吴芳、刘鸿勇，2014）。

勾良苗语的这种情况，和上古汉语何其相似：上古汉语中形容词（状态动词）能够用在特定的框架中具有及物动词的带宾功能，即"词类活用"，而且当指向宾语时也同样是"使动用法"，如"臣活之"意思是

"臣使之活"。而上古汉语隔开式和连续式也是并用的，直到现代汉语这两种格式才分工明确。吴芳、刘鸿勇（2014）曾经试图用句法分析方法分析这些结构是如何生成的，但是最终没有成功，例（82b）这类句子是"没有办法在句法中生成的"，"无法从句法的角度解释中心词加论元连动是如何向中心词连动演变的"（吴芳、刘鸿勇，2014）。我们认为，该研究困难是把不同层面的现象试图用同一个层面的手段去解释造成的。

两种结构并存的现象说明该语言中致使性"动作-结果"连动式已经开始了整合凝缩的语法化过程，这个过程的产生，有语言系统内部的原因，也有语言系统外部的原因。例如在古代汉语发展演变的过程中，春秋战国、魏晋南北朝时期、五代、宋元时期是民族大融合阶段，语言面貌也都有非常明显的变化，民族融合、译经传教等文化活动都对语言产生了极大影响。吴福祥（2009）梳理了中国南方四十余种民族语言，发现本来的语序是 VCO，但是大多数语言有 VOC、VCO 两种语序并存的现象，而且有部分语言已经只使用 VCO 语序。对于这种现象，吴福祥（2009）认为这是语言接触的结果：受汉语的影响，发生了语序重组。王艳（2017）也认为汉语 VR 结构具有强大的生命力，对周围语言产生了巨大的影响。对于这一结论，我们认为，有一定的道理，但是也不宜过分夸大语言接触的影响。汉语动结式的发展过程，虽然至今并没有完全的定论，但可以肯定的是，汉译佛经等语言接触在其中起了很大的作用，不过汉语自身语言系统的发展仍然是根本的推动力。只有适合本身的东西才会在接触中被吸收、推广、应用。根据王艳（2017），受汉语影响的语言很多本身就使用句法手段来表达"动作-结果"，我们认为这可能是汉语动结式语序能够影响这些语言的一个原因。

（三）汉语动结式与汉语方言地理类型学

Williams（2008）将普通话和上海话分别作为 MRO 和 MOR 的典型，是很有意思的现象。余志鸿（1989）介绍，桥本万太郎曾主张汉语存在南方型、北方型的区别，北方汉语受阿尔泰语的影响很大，与阿尔泰语非常相似；而南方汉语体现了古代汉语的特色，从南到北显示了汉语从古到今的发展过程。桥本万太郎曾用一个三角形来说明汉语的历史演变与地理变异的对应关系（见图 4-1）。

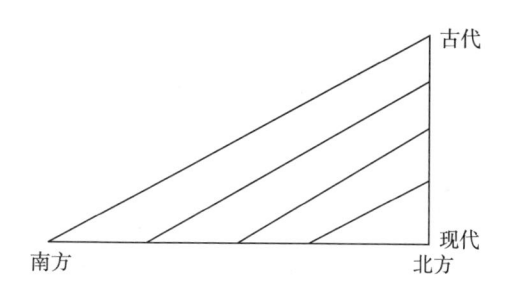

图 4-1 桥本万太郎的历史演变与地理变异对应图

图 4-1 表达的是：现代汉语南方方言正是古代汉语的历史投影；随着地理推移，现代汉语北方方言显示古代汉语历史演变的结果（余志鸿，1989）。这个推移，大致"在长江流域附近明显地从南方型移向北方型"，而上海恰好就处于交界地带。

桥本（1985：32）将汉语"动作-结果"的表达归结为顺行结构（"钩衣破"）和逆行结构（"钩破衣"），认为从古到今、从南方到北方，都体现了从顺行结构向逆行结构的推移：

吴语绍兴方言：打伊败/话伊不过

北方话：打败他/说不过他

石毓智（2004：56-75）比较了粤语等南方方言与北方话之间的区别：

粤语海康话：关 a^{55} 门转。（把门关上。）

广州话：渠细过我。（他比我小。）

上海话：晒伊干。（晒干它。）

客家话：食菜饱。（吃饱菜。）

长沙话：扭螺丝不动。（扭不动螺丝。）

闽方言：伊是食米大的。（他是吃米吃大的。）

与"动作-结果"的语序特征相关的，包括处置式、动词拷贝句式、副词的位置等一系列特征都表现出从古代汉语向现代汉语演变的特点。

由此看来，上海话与普通话在"动作-结果"表达语序上的区别，表现出的是古代汉语与现代汉语之间的区别。再扩大一点说，从连动语言的范围来看，这两种语序体现的也是两种语言类型之间的区别。

第四节　从汉语连动式看连动语言的语序类型

一　连动式是句法整合的结果

我们认为，连动式是句法整合的结果。在汉语的句法链条上，连动式位于并列与主从之间。高增霞（2003）曾根据结构成分之间的紧密关系，列出了一个连续统：

篇章——————————————————————→词
复句　紧缩句　连动式　动词拷贝　次话题结构　名物化结构

而连动式内部小类本身，也体现出由于语义关系紧密程度不同而体现出来的整合强度强弱不同，形成一个连续统。例如汉语序列动作连动式所依据的时间顺序象似性可以分为三个层面：反映了现实层面的先后序列，如"前来拜访""坐火车回上海""买烟抽""上街买菜"；反映了逻辑层面的先后序列，如"鼓掌表示欢迎""坐着不动""吹哨子收工""站起来要走"；反映了认知层面的先后序列，如"笑着说""拿眼偷瞧"。从现实层面到认知层面，连用动词的语义关系越来越紧密，在结构上也表现为成分之间的整合程度显然也有强弱之分。

连动式处于从篇章到词汇链条上的较高位置，因此其整体表现出不稳定性：从外部看，连动式会表现出进一步整合的趋势；从内部看，各组成部分都有进一步语法化的可能。对于后者，Lord（1993）就进行过描写：在多种连动语言中，表达"拿"（TAKE）义、"给"（GIVE）义、完成义（FINISH）、身体姿势义（SIT/STAND/LIE）等经常出现在连动式里的动词也往往容易发生语法化。在汉语历时研究中，以马贝加、李宗江等为代表的学者对各种虚词的发展过程进行了详细梳理，发现很多虚词虚化的源头都是连动式语境。基本上可以确定的是，连动式前项动词容易虚化为介词、连词等，而后项动词容易虚化为时体助词、语气词等。

关于前者，连动式本身所体现出来的不稳定性，一方面表现在整体的一种进一步整合的倾向上（高增霞，2003、2005）；另一方面，表现在连动式本身的复杂多样性上。这一点，国内外文献都有关注。van Staden 和 Reesink（2008）梳理了南岛语系和巴布亚诸语言中的 12 种语言，按照连用动词携带各种语法标记的能力的大小，将连动式分为独立的（independent）、依赖的（dependent）、相互依赖的（co-dependent）连动式和复杂动词（complex verb）四种类型，然后得到一个连续统（见图 4-2）①。

```
syndetic    asyndetic   SVCs                          simple clause
用连词的    连词可省    连动                          小句
                        independent  codependent  dependent  complex verb
                        独立的       相互依赖的   依赖的     复杂动词
loosely bound                                                 tightly knit
松散的组合                                                   结合紧密的单元
```

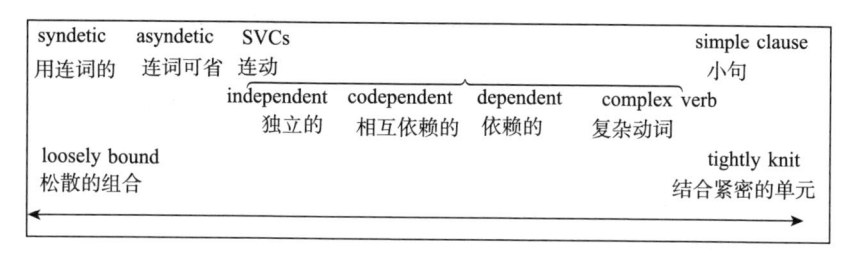

图 4-2 van Staden 和 Reesink（2008）的多动结构连续统

这个连续统展示了多种多动结构从松散的并列结构到单纯小句的多种类型，虽然与高增霞（2003）的目的不同，但是有异曲同工之妙。

下面分别举例说明。

(84) Hatam 语（van Staden & Reesink，2008：39）
sop　cin　i-mbut　　i-kwei　　su.
女人　俩　3复-走　　3复-来　　早已
那两个女人早来了。

(85) Hatam 语（van Staden & Reesink，2008：39）
ji-krau　　munggwom cin　pi-ma　　kwei.
2复-抱　　小孩　　　俩　指前-那　来
你带着那俩小孩。

(86) Taba 语（van Staden & Reesink，2008：25）
n = babas welik n = mot　　do.
3单=咬　猪　3单=死　叙实语体
它咬死了猪。

(87) Inanwatan 语（van Staden & Reesink，2008：27）
mé-de-wo-re.
3：主格-穿-来-过去时
他们走过来了。

---

① 只摘了主体部分，全图参见 van Staden 和 Reesink（2008：23）。

例（84）和例（85）相比较，前者两个动词都带有人称前缀"i-"，但后者只有前动词带人称前缀"ji-"，后面的动词需要依赖前面的动词去理解，所以例（84）是独立的连动式，例（85）是依赖的连动式。

例（86）两个动词虽然都带有前缀"n-"，但是其具体的指称，需要根据前后动词的关系去理解，所以是相互依赖的连动式。例（87）两个动词组合起来带时体标记等词缀，所以是连动式复杂动词。从以上四种类型的语言形式可以看出，连动式内部是很不均衡的。不过，哪种语言整合到什么程度，也各不相同，并各具特色。例如在南岛语系和巴布亚诸语言中就还没有出现复杂动词这种类型（van Staden & Reesink, 2008：27）。

很多连动语言中存在这种逐步压缩、整合的过程，例如 Buru 语的整合现象。

（88）Buru 语（van Staden & Reesink, 2008：38）

a. da　　iko　pa　（da）　　linga-h.（我去看它。）

　3 单　走　叙实体（3 单）　看-它

b. da　iko　linga-h.（我去看它。）

c. daik. linga-h.（我去看它。）

d. da　iko, da　linga-h.（我去，我看它。）

在这组例句中，从 a 到 c 逐步压缩，整合程度也逐步提升：先是前动词不再带功能成分，然后进一步黏着成一个整体，形成复合动词，从一个动词单独支配的宾语变成组合体的宾语。

d 是一个复句，中间有语音停顿，可以看到，与 a 不同，d 的两个动词都独立带主语。从 d 到 a 到 b 到 c，动词的"独立性"不断降低，形式不断变短，语义关系越来越紧密，最终成为一体。

Buru 语的这个例子足以说明，连动式连用动词之间会因为语义紧密距离不断被压缩，直到它成为一个单纯的动词。在汉语中，就是动结式最终从连动结构中分离出来，向复合词的队伍靠拢。这些例子都说明了一点：连动式的不稳定性。

因此，我们认为，在第一章中所看到的目前连动语言研究中所存在的各种杂乱局面，都是因为各连动语言实际上是处在语法化链条的不同位置上。对于连动结构这个范畴而言，整体处于这样一个从篇章到词的链条上，表现出一个极强的小句整合逐步增强的趋势。在这个增强的过程中，有的语言发展速度较快，连动式与其他句法结构区分开来，而且形成更加细致的句法分类，例如汉语，连动结构与并列、述宾、偏正、重动、中动、兼语、动结、主谓等都是平行结构，而且有清晰的句法要素将其区分开来。而区分它们的要素除了有动词的种类、语义关系，最突出的就是语序。而有的语言发展较慢，连动式与复句之间的界限还不很清晰，例如我们看到前面的 Edo 语在双动共宾结构中，还存在在论元共享上强制性不够以及两个动词的宾语同时出现的情况。

梅广（2003）指出，从宏观上看，语言可以分为并列型和主从型两种类型，英语和古代汉语都属于并列型语言，因为几个小句之间偏向于使用表示并列关系的连接词语关联起来。现代汉语偏向于主从型语言，是以主从结构为主体的语言。汉语在历史上经历了从并列型语言向主从型语言发展的过程。

在汉语的这个发展过程中，有两个非常明显的标志（具体可参见第五章）：一个是连用动词间的连接成分，另一个是"动作-结果"语序的改变。这实际体现了连用动词的整合程度。那么从汉语扩展到连动语言，可以根据连用动词中间是否可以插入并列连词、动结式是否从连动结构中区分出来，将各连动语言分为三类：并列型、经典型、主从型。并列型连动语言的特点是：连用动词间可以使用关联词。经典型连动语言的特点是不可使用关联词语连接，对于 VO 语言来说，需要使用隔开式表达致使性"动作-结果"序列。主从型连动语言的特点是不可插入连词，对于 VO 语言而言，使用连续式表达致使性"动作-结果"序列。

二 并列型连动语言

并列型指的是连动式在从篇章到词的链条上比较靠近篇章部分的位置，连动结构各组成部分之间是比较松散的组合关系，类似于复合句，因此在组成成分之间可以出现表示并列关系的助词。例如邦朵拉祜语可以在连动的两个组成部分之间出现表示并列的关系助词 $lɛ^{33}$（李春风，2012）。除了前文中的例子，再如兼语结构的两个动词结构之间也出现并列关系助词：

（89）Jɔ^{53} tha^{31} ku^{31} lɛ^{33} ɔ^{11} tɕa^{53}.

他（助）叫（关）饭吃

叫他来吃饭。

(90) jɔ⁵³ tha³¹ lɤ³¹ lɛ³³ ɕa³³ tɕa³³ te³³ tsɿ³³.
　　他 （助） 选 （关） 乡长 当 让
　　选他当乡长。

工具与动作之间也会出现这个并列关系助词，如：

(91) jɔ⁵³ tɕe³⁵ ɕe⁵³ ju³¹ lɛ³³ sɿ⁵³ tɔ⁵³ ve³³.
　　他 斧子 用 （关） 柴 砍 （语）
　　他用斧子砍柴。

因此，我们认为，类似邦朵拉祜语的这类连动语言属于并列式语言；上古汉语在连用动词之间也高频率地出现"而"等连词，也属于并列式语言。

拉祜语中还有一个值得注意的现象：类似于汉语所谓的兼语句、"动作-目的"类连动式和使用连接手段的连动式的语序是不同的。例如：

(92) 拉祜语（王艳，2016：78）
a³³ ʃu³³ ma³³ nɔ³¹ tha²¹ ɔ¹¹ tʃa⁵³ la³³ qo⁵⁴ ve³³.
　姊姊 　　2单（宾） 饭 吃 来 说（语）
姊姊叫你回家吃饭。

(93) 邦朵拉祜语（李春风，2012：83）
nɔ³¹ ŋa³¹ tha³¹ a³³ tɕi³⁵ ɲi³⁵ tsɿ³³ a³³.
　你 我（宾）一点 看 让 （语）
你让我看一下。

(94) 邦朵拉祜语（李春风，2012：183）
ɲi³⁵ ma³³ ɔ³¹ vi³⁵ pa¹¹ tha³¹ ɕi³⁵ qo³¹ la³³ ve³³.
　妹妹 哥哥 （宾） 领 送 来 的
妹妹来送哥哥。

(95) 邦朵拉祜语（李春风，2012：185）
ŋa³¹ lɛ³³ jɔ³¹ tha³¹ li³¹ dɔ³¹ tɕhi³⁵ xe⁵³ tsɿ³³ ga³³ ve³³.
我（话） 他（宾） 书 这 学 使 想（语）
我想让他学这本书。

例（95）是小句宾语句，例（92）~（94）分别是汉语中的兼语句、动作-目的连动式，都采用了同例（95）一样的语序形式O1O2V2V1，而使用连接手段的连动式是 O1V1O2V2 的语序。这说明，在拉祜语中，"让"字句、"说"（叫）字句、目的句都是使用动词与小句宾语的语序。

但是拉祜语在表达"动作－结果"意义的时候，采取的是连动式的语序 O1O2V1V2，连用动词是独立的，遵循时间先后顺序安排动词的语序。比较下面的例（96）和例（97），前者是致使性"动作－结果"连动式，后者是工具－动作连动式，二者都采用了时序原则。

（96）邦朵拉祜语（王艳，2016：78）

ŋa³¹ ẓɔ⁵³ tha²¹ ku³¹ nɔ³³ o³¹

1 单 3 单（助）叫 使醒（语）

我叫醒他了/我叫醒了他。

（97）邦朵拉祜语（李春风，2012：411）

nɔ³¹ a³⁵ pu⁵³ ça³³ pɛ⁵³ te³³ tshŋ⁵³.

你 衣服 肥皂 做 洗

你用肥皂洗衣服。

这说明，在拉祜语中，"动作－结果"没有紧缩凝固为一个专门的结构，连用的动词之间比较松散，因此，表示并列的连词才有可能插入连用的动词之间。这些都体现了并列式连动语言的特征。

Twi 语也属于并列型语言，需要在连用动词之间加序列标记（SEQENCIAL）"-a-"，如：

（98）Twi 语（Lord，1993：104）

a. mi-ko m-a-ba.

我－走 我－SEQ－来

我去去就回。（字面意思：我－走－后－回）

b. mi-human tā   m-a-te   se e-ye ana.

  我－闻 烟草 我－SEQ－接收 那 它－好 疑问标记

我闻闻烟草好不好。（字面意思：我闻烟草－我感觉－它－好不好）

"-a-"的功能，就是连接连用的动词，这就是并列型连动式的特点：动词连用常常需要依赖功能成分来显示这种结构关系。

三　主从型连动语言

现代汉语的连动式比较偏向于主从结构，表现为：连用的几个动词结构之间，如果添加助词，一般是表示目的关系的"来/去"，表示顺承、结果关系的"就"等，如：

开门出去了——→开门就出去了

穿着高跟鞋爬山——→穿着高跟鞋就爬山/穿着高跟鞋去爬山

鼓掌表示欢迎——→鼓掌来表示欢迎

做饭吃——→做饭来吃

汉语主从型语言的另一个表现是，由于致使类"动作-结果"连动式语法化程度高，所以在语序上已经与普通的连动式有显著差别，形成一种新的结构——动结式。

历时语法研究早已指出，汉语在历史上有从并列向主从发展的趋势。关于汉语连动式、兼语式的句法性质，虽然在20世纪90年代有各种努力尝试证明其单一中心的属性，但是当时并没有成功，主要原因是多试图以语义分析得出的结论来推翻语义分析得出的结论。不过，近年来，又有一些学者致力于重新对汉语连动兼语句式的性质进行再分析，例如刘辉（2009）对汉语的同宾结构（一些传统所认为的连动结构和兼语结构）句子结构的性质进行了分析，认为将同宾结构中的第二个动词处理为目的状语从句更为合适。高增霞（2005）也指出了"V1 着 V2"结构中间出现"地"的发展趋向。

类似于现代汉语这种连动语言的，还有 Igbo 语。Stewart（2001：152）认为 Igbo 语的"动作-结果"构式为结果 V + V 复合词（Resultive V-V Compounds），因为在这种 VO 语言中，动作和结果会非常紧密地结合在一起，如：

(99) Igbo 语（Williams, 2008）

Ọkụkọ kpu   wa -ra   akw'a.

母鸡   孵 开裂-叙实性   鸡蛋

鸡孵裂了鸡蛋。

(100) Igbo 语（Stewart, 2001）

Obi   kwá-da-ra   Ézè.

人名 推-倒-叙实体   人名

Obi 推倒了 Eze。

除了动结式，Igbo 语在表达先后动作、工具-动作、方式-动作、伴随状态、共享宾语等方面与现代汉语可以说一模一样，都严格遵循时序原则，即使某些动词的用法已经开始虚化（如使用义动词），例如（Stewart，2001：157）①：

(101) Ọ   ji̱   mmà   bhà-a   ji.
　　　3单 拿   刀子   削皮-A   山药.领格
　　　他/她拿刀削山药皮。

(102) Ọ   i̱-ri   ohuhu ri̱-e   ihé.
　　　3单 用-叙实性 赶紧   吃-E   东西.领格
　　　他/她赶紧吃东西。（字面意思：他/她用赶紧吃东西）

(103) Ọi̱gu go-ro   okúkò gbú-o si-e   ri-e.
　　　人名 买-叙实性 鸡 杀-A 煮-A 吃-A
　　　Ogu买鸡杀了煮了吃。

没有时序关系的几个动词结构在一起，构成的是并列结构，如：

(104) Ạdhá shi̱-ri   ji̱，shi̱-ri   édè.
　　　人名 煮-叙实性   山药 煮-叙实性 芋头
　　　Ada煮山药煮芋头。

所以，主从连动语言的特点是，动结式从连动结构中分化出来，连动式遵循时序原则。

主从连动式的进一步发展倾向是几个连用动词在形式上开始有不同的语法标记，例如下面几个Awetí语的例子（Lefebvre ed.，1991：38）②：

(105) namuput kytse-aw 'yto tut   kujãpuryza to-tu   me.
　　　连接词 切-GER   就 将来时 女人们   去-主语 PTL
　　　于是女人要去切割它们（石头）。

(106) o-ut   o-tan-taw.
　　　3单-来   3单-跑-GER
　　　他/她跑着来了。

(107) aj-ut   e-tup-aw.
　　　1单-来   2单-看-GER

---

① A的意思是A类动词，E的意思是E类动词。
② 简缩形式的含义：GER：geround；PTL：particle。

我来看你。

这几个例子中，连用的动词中，其中一个被标注成动名词形式（GER），在句子中明显属于次要动词，以区分于主要动词。同时这些句子中的连用动词也不再遵循时序原则。

藏语也属于主从型连动语言。瞿霭堂、劲松（2018）指出，藏语只有非对等的多动词谓语句，没有对等的多动词谓语句。在连用的多个动词中，只有一个是主要动词，携带各种语法范畴标记，而其他动词都是次要动词，不能添加各种语法范畴标记。

(108) 藏语（瞿霭堂、劲松，2018）

tont ʂəp tɕhə len   kə   ndʐo   ɣdʐə   ret.
东珠   水   取   限定助词 去   时态助词 判断辅助动词

东珠要去打水。

在例（108）中，趋向动词"ndʐo"（去）是主要动词，因为是不及物动词，所以即使句中有及物动词"len"（取），主语"tont ʂəp"（东珠）的后面也不加施动助词以与"ndʐo"（去）保持一致。

四　经典型连动语言

有些语言，如 Yoruba 语，是处于并列和主从两者之间的一种经典型连动语言，表现为：使用隔开动结式，在表达连续或者同时动作的连动式几个动词之间不能出现表示并列关系的标记，后一个动词承前省略也作为规则出现，构式化程度强。

根据 Oyelaran（1982），Yoruba 语的连动式类型有以下几种。

(109) Yoruba 语（Oyelaran，1982）

a. Bọ́lá ra ẹran jẹ.
   人名 买 肉 吃
   Bola 买肉吃。

b. àgbẹ̀ wá ogedè sun jẹ nî oṣù Aga.
   农民 找 车前草 烧烤 吃 在 月 五月
   在五月农民找车前草烤了吃。

c. mo pè é cé ilé.
   我 叫 他 抵达 家

我叫他回家。

d. ọlọ́páà na olẹ̀ náà bẹ́.
警察　鞭打 贼 冠词 流血
警察鞭打小偷鞭打到出血。

e. ó mu omi yó.
他 喝　水 心满意足的样子
他喝水喝得心满意足。（字面意思：他－喝－水－满意）

f. woọ́n gbé kòtọ̀ náà jìn.
他们　 挖　沟 冠词 深
他们把沟挖深。

在这组例句中，a 和 b 都是宾语共享连动式，动词共享宾语承前省略。c~f 是各种类型的致使性"动作－结果"序列。c 类连动式在汉语中一般称兼语式，是一种专门的致使义，与 d 和 f 致使义序列不同，其结果不是状态，而是位置移动。其实在汉语中，之所以将兼语式分离出来，也是因为其表达的是"使动"，即致使某人或物发生某行为或活动，而动结式表达的是动作与结果，对于致使性序列来说，就是致使某人或物产生了某种状态。二者本来结构形式是相同的，不过动结式越走越远，最终整合为一个整体，而兼语式却坚持使用隔开式并进一步"发扬光大"，形成各种复杂的结构类型。

Yoruba 语在表达致使性"动作－结果"序列的时候，在所有可能的组合中都是"动作动词 + 不及物动词"（Lord，1993：240），不及物动词表达的是状态，是受动作影响而产生的状态，因此常常有固定的搭配，类似"洗"与"干净"等。这种固定的位置、固定的搭配、虚弱的动性，其实为进一步的整合提供了可能。汉语动结式的发展过程正说明了这一点。

经典的连动式类型，与并列式连动式、主从式连动式都有交叉。Edo 语就是处于并列与经典之间的语言，表现在后项动词后面还可以出现共享的宾语（如：òzó lé ízè rrí órè. 'Ozo 煮米饭吃它。'）。经典与主从之间的，就是各种致使性"动作－结果"序列，隔开式与连续式共存的语言。例如前文举例说明了在表达致使"动作－目的"意义时，White Hmong、Ambon Malay 和 Maybrat 语中都存在隔开式与连续式并存的现象，说明这些语言是处在经典型连动语言与主从型连动语言之间的语言类型。

五 小结

以上三种类型连动语言的特点，可以总结为表4-7。

表4-7 连动语言的三种类型

语言		并列连词	连续式	隔开式	相同宾语省略
并列型	拉祜语	+	+	OVC	- +
	上古汉语	+	-	+	- +
经典型	Yoruba	-	-	+	+
	White Hmong	-	+	+	+
主从型	现代汉语	-	+	-	+
	Igbo	-	+	-	+

在这些语法特征中，可以看到，是否有连词连接和动结式是否从连动式中区分出来是两个具有明显区别意义的类型特征：上古汉语具有更明显的并列结构特征，而现代汉语具有更明显的主从结构特征，从上古汉语到现代汉语是一个发展过程，因此可以说存在这样一种演变倾向：并列型连动语言＞经典型连动语言＞主从型连动语言。在这种变化过程中，"动作-结果"序列是首先从连动式中分离出去的，这是因为"动作-结果"之间的关系非常紧密，而表达结果的动词状态性强，动作性弱，因此很容易失去与前一个动词的有界性，从而成为前一个动词的辅助成分。

第五节 本章小结

通过对连动语言序列动作、"动作-结果"结构、宾语共享结构、伴随动作连动结构语序的简单描写，可以看到，无论VO型语言还是OV型语言，连用动词的排列都遵循了时序原则，VO型语言倾向于使用隔开式，OV型语言倾向于使用连续式；当连动式中出现类似"给""完""拿"之类发生虚化的动词时，就会影响正常的语序。

根据致使类"动作-结果"的语序编码形式和连用动词之间是否能插入连词，可以把世界上的连动语言区分为三种语序类型：并列型连动语言、经典型连动语言和主从型连动语言,连动语言存在从并列到经典到主从的演变倾向。从上古汉语连动式到现代汉语连动式的发展非常显著地呈现出这种倾向,现代汉语连动式为连动语言提供了一个明晰的发展方向,这是现代汉语连动式在语序方面的类型学价值。

| 第五章 |

汉语连动式与句法系统的演化

　　一种观点认为，上古汉语其实没有连动式。张敏、李予湘（2009）指出，"以《左传》等传世文献为代表的先秦汉语不是，或至少不是典型的连动型语言"。梅广先生（2015：194）在研究上古时期的有连词"而"的连用动词结构时区分连动和连谓，并认为两者的实质都是并列式。而现代汉语却是一种"连动式显赫"的语言（刘丹青，2015）。从非连动型语言或不典型连动型语言到"连动式显赫"的语言，汉语连动式显然经历了一个几乎可以说是从无到有的发展过程，这个过程也显然是与整个汉语系统的发展相关联、相适应的。白兆麟（1997：55-64）指出，"语言是历史的产物，各民族语言的语法体系都有一个由其主要语法特点构成的语法格局"。那么，连动式是如何在汉语这片土壤上"茁壮成长"的？汉语连动式的发展过程对于回答"为什么汉语拥有连动式"有什么帮助？对其他连动语言的连动式研究有什么启发？

第一节　汉语的历史分期与材料的选用

　　汉语史的分期比较复杂，有三分、四分、五分、六分等多种划分方法。这里我们采用比较通行的四分法——上古、中古、近代和现代汉语，其中上古、中古和近代汉语统称古代汉语。

　　关于上古时期，一种看法是包括周秦两汉，"自商周到东汉共经历了一千多年的历史"（魏兆惠，2008：1）。我们采取的是姚振武（2015：1）的界定："上古，主要指自有系统文字记载的殷商时期直至西汉末年的一千三百余年"，东汉时期的近 200 年是上古到中古的过渡期。上古时期又可以根据朝代分为殷商、西周、春秋、战国、秦、西汉。其中殷商时期的语言以殷商甲骨文为代表，西周以金文为代表，潘允中（1982）称这两个时期为上古前期，从春秋到战国到秦代为上古中期，西汉是上古后期，东汉是过渡期。这一时期的主要语法特征是：判断句一般不用系词；在疑问句中，代词宾语放在动词之前，词法上以单音词为主。

中古汉语，我们采用的是向熹（2010）的观点，即从两晋到宋，其中宋是过渡时期。中古汉语的主要语法特征是：判断句必须使用系词；处置式的产生；"被"字句普遍使用；词尾"着""了"的产生；复音词大量增加。

近代汉语指的是明清到鸦片战争以前的汉语。从中古到近代，汉语在句法上的发展有：时体系统逐渐完备，补语与宾语的位序确定；程度补语产生；处置式、被动句和结果补语复杂化；"连"字句、正反问句、比较句、紧缩复句等都得到继承和发展；宾语前置、使动用法、意动用法、为动用法消失（刁晏斌，1991）。

现代汉语是指五四运动以后的汉语。五四以后语法方面的发展主要有：代词有性的区别；助词 de 三分；持续态"着"、连词"和""如果"用法扩大化；"把"字句语序固定；句子中的修饰性成分、偏句语序的灵活化。其实归结到一点，就是句法标志的繁荣和语序地位的削弱。从意合法到形合法是汉语语言日益严密的一个表现，"发展到现代，形合法已占绝对优势"（向熹，2010：826）。

在连动式的已有研究成果中，对古代汉语连动式的研究有两个突出的路线：一个是以传世材料为对象的专书连动式的研究，另一个是以历史阶段为对象的对特定历史时期连动式的研究，这两种方法中还都包括对不同时期的不同著作中的连动式的比较，可以说对古代汉语连动式的情况已经积累了非常深厚的研究基础。因此，我们以时代为线索，以专书研究为主体，对各阶段比较有代表性的专书中的连动式研究成果进行梳理，从连动式的句式、动词类型、语义类型几个方面分别整理出一个历史发展过程，主要关注的是连动式的发展与语法系统发展之间的关系。

第二节　上古时期的连动式

尽管有主张认为上古时期的动词连用不是连动式，其实质是并列式，但正如梅广先生（2015：194）所指出的，这些连用的动词或动词结构之间没有语音停顿，"在叙事句中表达'意念聚合'的单一事件"，梅先生对上古连动现象实质的这种界定，和现在对"连动式"的界定其实是一样的，所以，尽管先秦汉语动词连用结构是并列结构的性质，但是我们仍然赞成使用"连动结构"或"连动式"这样的名称来称呼这种语言现象，因为作为动词连用的句法手段来表达"单一事件"的性质从古至今是一脉相承的，其形式从上古到现代的变化，正是其随着语言系统的演变不断修正完善自己的过程。因此，本章对于上古汉语没有语音停顿的动词或动词结构连用现象仍然采用"连动式"的称呼，也是与已有上古汉语研究文献的做法保持一致。

上古时期连动式的研究文献非常丰富，从殷商到西汉，虽然被划分为一个时期，但是我们发现连动式的表现有很大的不同，因此，下面我们分为殷商、西周、春秋战国、西汉四个时期进行梳理。

一　殷商时期的连动式

殷商时期的连动式主要来自甲骨文语料。根据管燮初的《殷墟甲骨刻辞的语法研究》（1953）、张玉金的《甲骨文语法学》（2001）、郑继娥的《甲骨文中的连动式和兼语式》（1996）、王栋的《甲骨卜辞连动结构研究》（2017），这一时期已经出现了连动式，但是数量和类型都不丰富。王栋（2017）将甲骨文中的连动类型分为六类：军事类、动作类、运动类、言语类、田牧类、取予类。军事类动词包括征伐，如"征""伐""璞""戔"；行军，如"以（率领）""啟""鼓""次"；侵扰，如"出""凡"；防御，如"御""卫""捍""戍"；擒获，如"俘""降""获""执"；征集，如"比""共""登"等。运动类动词有"往""追""出""入""归"等20个动词，它们只与运动动词构成连动式。动作类动词有"合""立""援""求""称""奠"等，表示身体各部位发出的动作、人际交往与社会活动等动作。田牧类动词有"获""田""射""网（網）"

"狩""焚"等6个；取予类动词有"入""以"；农事类动词如"黍""田"等；占卜类动词如"卜""贞"等；生活类动词如"饮""食""宿""宅"等；视听类动词如"见"；言语类动词如"曰""告""言"。按照现代汉语中对动词语义类型的一般分类方法，动词一般分为动作行为动词、心理活动动词、使令动词、存现动词、判断动词、运动趋向动词、能愿动词、形式动词等类别，上述军事类、田牧类、农事类、生活类、视听类、生活类、占卜类、动作类、取予类都可以看作动作行为动词，这样从语义类型上看，殷商甲骨文动词连用结构中出现的动词语义类别可以分为动作行为动词、言语行为动词、运动趋向动词等。殷商时期的连动式如表 5-1 所示。

表 5-1 殷商时期的连动式

结构类型	语义类型	例句	动词
殷商连动式 V1+V2（于） V1O1+V2（于） V1+V2O2 V1O1+V2O2	时间先后	甲申卜，彀贞：王涉狩 戊戌卜，争贞：王归奏玉，其伐	动作行为动词 言语行为动词 运动趋向动词
	动作/方式-目的	癸丑卜，亘贞：王惠望乘比伐下危 勿往省田，哉，弗悔	
	方式-动作	贞：惠敔令代宣共牛 贞：勿唯王往以众	
	近义并列	甲申〔卜〕，彀贞：多尹言曰，允唯有貝 彀贞：……王值征 贞：王勿往出于田	
	强调说明	己〔丑〕卜，彀贞：帝作伐…… 狩惠新止	

总起来看，殷商时期连动式主要有以下特点。

第一，语义类型主要是先后、目的、方式关系。

第二，形式非常简单，以 V+V 格式最为多见，极少使用连接性词语。殷商时期的连词极少，认识比较一致的只有并列连词"眾"（姚振武，2017），主要用于表示并列关系。两个连用动词之间，如果使用连接性词语，一般是时间副词"迺"，表示"然后、就"的意思，放在两个动词之间表示两个动作之间有先后关系，例如：

（1）于夕出迺往，亡災（王栋，2017：26）

第三，没有出现从正反两个方面描述同一现象或行为的连动结构。在甲骨文中，如果出现正反两方面陈述同一个事实的，都以并列复句的形式出现，否定先说的居多。如：

（2）戠，勿步（王栋，2017：91）

（3）己丑贞：勿戠，辛步（同上）

第四，如果两个动词共有一个宾语，共享宾语放在最后一个动词后面，而不是出现在两个动词之间，即（S）+V1+V2+O2，如：

（4）庚申卜，㱿贞：今早王徝伐土方（王栋，2017：19）

不过根据王栋（2017），上例中的两个动词"徝""伐"是近义词，形成的是并列结构。我们赞同这种观点，认为在殷商甲骨文时期应该还没有出现宾语共享连动式。

第五，主要由运动动词（位移和趋向）和动作行为动词构成，还有一些言语动词。连动动词表示伴随方式时，其位置可以放前也可以放后。例如当"以"表示携带意义时，如"往以众"，也可以说成"以众往"，意义不变，因为"以+O"表达的是一种伴随状态，是同时发生的（王栋，2017）。

第六，否定词出现在V1前，否定域为整个连动结构。如（王栋，2017：44）：

（5）壬申卜，㱿贞：王勿延南狩（"南"是"狩"的处所）

（6）辛亥卜，㱿贞：王勿往出狩

第七，从动词的类型看，运动动词最多，而且主要出现在V1位置。据王栋（2017）统计，由运动动词充当V1的连动结构共14个，约占总数的40%。同时在其搜集的216个甲骨卜辞连动式中包含运动动词的共134个，占到总数的一半以上。而现代汉语中只有少数动词可以充当连动结构的V1，主要是"来"和"去"。从个体组合能力来说，"往"字构成的连动结构约占总数的19%，其他动词如"以""来""出""至""步""延""伐""征"也是连动结构中的高频动词。

第八，动词的论元涉及较多的是施事、受事、对象和处所。

二　西周时期的连动式

西周时期的连动式主要来自金文语料。姚振武（2015：19）指出，"西周时期是一个承上启下的时期"，"西周汉语几乎继承了殷商汉语的所有重要的语法现象,同时又开启或廓大了汉语许多重要语法现象",例如系词的强制使用、"所"字结构的使用、连词和副词的丰富化、词汇的双音节化开始、"主+之+谓""数+量+名"等结构的产生、动宾结构的复杂化,等等(姚振武,2017)。根据张景霓(1999)、张玉金(2004)、魏兆惠(2008)、王依娜(2018),西周时期的连动式类型可整理为表5-2。

表5-2 西周时期的连动式

	结构类型	语义类型	例句	动词
西周连动式	V1+V2(于) V1O1+V2 V1+V2O2 V1O1+V2O2 V1+V2+O V1+V2+O1+O2	时间先后	入即位 是降丘宅土	运动动词 支配动词 感知动词 言语动词
		动作-目的	余来归献禽 过白从王伐反荆	
		方式-动作	一人冕,执锐立于侧阶 群公既皆听命,相揖,趋出 禹拜曰	
	VP1 以/用/而/言/若 VP2	时间先后	先王不怀厥攸作,视民利用迁	
		方式-动作	王执书以泣	
		动作-目的	公乃为诗以贻王 予丕克羞尔用怀尔 舍我穑事而割正夏	
		动作-结果	无起秽以自臭	

西周连动式的特点主要包括以下几个方面。

第一,语义类型有先后、方式、目的、结果。根据张玉金(2004:290-308),跟殷商时期相比,西周汉语中增加了表结果、原因、正反两方说的语义关系。

第二,动词中间开始使用连词。根据王依娜(2018)的统计,西周时期的金文语料中,共出现268例连动式,带连词的只有17例,连词都是"以"。根据魏兆惠(2008),《尚书》共119例连动式中,带连词的有28例(其中"以"21、"用"6、"而"1)。最常用的连词是"以","而"也开始出现,但极少。魏兆惠(2008:49)指出,"而"在今文《尚书》中多用作并列连词,较少出现在连动式中构成先后承接关系的连动式。

第三,V+V格式仍然占多数,但是动词带其他修饰成分的情况开始多见。根据王依娜(2018)的统计,在西周金文中出现了22例带状语的连动式，西周金文中最多的结构类型是 V1 + V2 + O2（在 268 例中有 127 例）。殷商、西周时期动词与宾语的表现跟现代汉语有很大不同，双宾语、多宾语很常见，例如殷商时期有 3 个宾语以上的多宾语句，如"辛卯卜，甲午祷禾上甲三牛？"（姚振武，2017：82），西周时期虽然多宾语不再见到，但是使动三宾句（如：寝之床）的情况很多见，而且动词与宾语的位置关系比较多样，出现了一些殷商时期没有的形式，例如（姚振武，2017：82-83）：

（7）杀越人于货（《尚书·康诰》，即"杀人越货"）

（8）三考，黜陟幽明（《尚书·尧典》，即"黜幽陟明"）

（9）夫知保抱携持厥妇子（《尚书·召诰》，即"保厥妇子 + 抱厥妇子 + 携厥妇子 + 持厥妇子"）

例（7）和例（8）都是 V1 + V2 + O1 + O2，两个动词在一起，两个宾语在一起，例（9）四个动词连用，但是共享宾语放在后面，这两种情况都是采用连用动词在一起的连续式，可能也跟这一时期 V + V 格式占主流有关系。

第四，出现了表先后关系的两个动词带共同宾语的情况，共享宾语仍然不能出现在动词之间，而是采用在后项动词后出现或者不省略的形式，如：

（10）二公命邦人凡大木所偃，尽起而筑之（《尚书·大诰》）

（11）天亡佑王，殷祀于王丕显考文王，事糦上帝（《大丰簋》）

王依娜（2018）统计出 36 例"入右/内右"句子，鉴于上古趋向动词可以带地点宾语，那么这个例子，也可以看作宾语共享结构，如：

（12）中（仲）甸（佣）父内（入）右（佑）楚（《楚簋》）

不过这一时期的两个动词仍然是并列的关系，因为两动词的位置可以互换（姚振武，2017：83），例如：

（13）旅对天子鲁休扬（《虢叔钟》）

（14）趩拜稽首，扬王休对（《趩觯》）

第五，从动词的使用情况来看，动词类型丰富化，除了自主动词，还出现了状态动词。但运动动词仍然是连动式的主要成员，仍然主要用作 V1。其中位移动词作 V1、V2 的比例为 12∶7，趋向动词的比例是 16∶8。另外，感知动词的比例是 5∶1，状态动词是 1∶15，言语动词都出现在 V2

上，支配动词一般都在 V1 上（魏兆惠，2008：54）。

三 春秋战国时期的连动式

春秋时期的连动式的语料主要选自《论语》《老子》《庄子》《荀子》《左传》，主要参考钟发远的《〈论语〉连动结构研究》、张耿光的《〈庄子〉连动结构研究》、于峻嵘的《〈荀子〉连谓式考察》、魏兆惠的《上古汉语连动式研究》等研究成果，这一时期连动式的情况可整理为表 5-3。

表 5-3 春秋时期的连动式

	结构类型	语义类型	例句	动词
春秋战国时期的连动式	V1 + V2 V1O1 + V2 V1 + V2O2 V1O1 + V2O2	解说（言语动作-言语内容）	子贡问曰："乡人皆好之，何如？" 邦人称之曰君夫人 曾子有疾，召门人弟子曰	言语动词 运动动词 行为动词 关系动词 状态动词 感知动词 情态动词
		时间先后	摄齐升堂，鞠躬如也	
		方式/动作-目的	夏，晋里克、荀息帅师会虞师孔子时其亡也，而往拜之	
		原因-结果	客击伤策 弗克而还	
		动作-补充	晋侯求之不获	
		时间-动作	又曰：鹿死不择音	
		条件-动作	不鼓不成列	
	VP1 而/以/而后 VP2	时间先后	学而时习之，不亦说乎	
		动作/方式-目的	僖公请而葬之 棺而出之	
		动作/原因-结果	射而中之 水火，吾见蹈而死者矣	
		伴随-动作	浴乎沂，风乎舞雩，咏而归	
		转折	馁而弗食	

根据以上文献及我们对《老子》中的连动式的调查，可以发现，与殷商西周时期相比，该时期的连动式表现出以下特点。

第一，类型非常丰富。例如《左传》的结构类型，魏兆惠（2008）归纳出共有 20 种；马立春、徐雯雯（2011）总结为不使用连词的连动式有 22 种，使用连词的有 27 种。其中最突出的一种是由"曰"构成的连动式，尽管在西周时期也开始出现，但是在春秋战国时期的文献中出现频率急剧增加，而且无论是结构类型还是语义类型都丰富多样，"曰"前可以有各种说话的言语行为动作动词，这时候的"曰"的作用完全可以认为是做标句词（complementizer）。

第二，使用连词连接的现象剧增。上述研究文献均注意到，这个时期的连动式不仅数量急剧增加，而且很普遍地使用连词连接，用连词连接的连动句的比例基本都在一半以上。例如根据我们的统计，《老子》使用了34例连动式，使用连词的有28例，其中用"而"的有15例（如"我有三宝，持而保之"），用"以"的有13例（如"天得一以清"）。《老子》中使用连词的连动式约占总数的82.3%，其他文献里的比重也大致相似，例如《孟子》中是74.5%，《论语》中是65%，《庄子》中是80%，《左传》中是79%（魏兆惠，2008：73-74、82）。从使用的连词看，有"而""以""而后"等。

第三，及物动词大多要求带宾语。在殷商西周时期的连动式中，及物动词常常不带宾语，连动式很多是由两个或以上光杆动词构成的，尤其甲骨文中大量出现光杆动词连用现象如"往田""往求""来田"之类的结构，后面不再带宾语。但是在春秋战国时期的连动式里，及物动词的宾语出现的情况非常普遍。根据我们的统计，在《老子》使用的34例连动式中，由光杆动词构成的连动式仅有8例，如：

（15）故或下以取，或下而取（《老子》六十一章）

（16）寂兮寥兮，独立不改（《老子》二十五章）

这8个连动结构中，有6例V2带有否定词，5例V1是不及物动词。

根据钟发远（2005），《论语》约100个连动式中，两动词直陈的极少，带"而"的连动式有65例，"V+而+V宾"式有16例，最多；其次是"V宾+而+V宾"。不带"而"的连动结构，有"V曰"（6例）、"V宾/补曰"（15例），除此之外，剩下最多的是"V宾+V宾"形式。可见，《论语》连动式及物动词需要带宾语几乎可看作句法规则了。

第四，两个动词宾语所指相同的时候，以共享宾语放在V2后的处理方式为主。

在《老子》的连动式中，在34个用例中，共出现了11个动词宾语相同的例子，共采用了四种处理方式。

第一种，"V1 而 V2 之"，第一个动词不带宾语，第二个动词带代词宾语"之"，如《老子》中出现了 4 例：

（17）若使民常畏死，而为奇者，吾得执而杀之，孰敢？（《老子》七十四章）

（18）我有三宝，持而保之（《老子》六十七章）

（19）持而盈之，不如其已。揣而锐之，不可长保（《老子》十六章）

第二种，"V1O1V2 之"，1 例：

（20）使人复结绳而用之（《老子》八十章）

第三种，"V1 之而 V2"，3 例：

（21）视之不见名曰夷，听之不闻名曰希，搏之不得名曰微（《老子》十四章）

第四种，"V1 而 V2"，3 例：

（22）生而不有，为而不恃，长而不宰（《老子》五十一章）

《庄子》中主要使用前两种手段：

"V1 而 V2 之"：洗而视之（《庄子·则阳》）/其妻环而伺之（《庄子·大宗师》）

"V1O 而 V2 之"：脍人肝而餔之（《庄子·盗跖》）

魏兆惠（2008：67）提到，在《左传》中，两个动词共用宾语只能出现在 V2 后面，如：

（23）郑人恶而杀之（《左传·哀公四年》）

（24）射而中之，退入於泥，亦必死矣（《左传·成公十六年》）

由此可见，春秋战国时期的连动式，及物动词常常要求带宾语，如果两个动词共用一个宾语，则宾语要蒙后省。

第五，从动词的语义类型上看，动词与位置的关系出现了倾向性。这个时期，言语动词在连动式中的出现频率很高，例如钟发远（2005）整理《论语》中的连动式发现，不带"而"的连动结构共有 35 例，而其中有 21 例是"言语动词……曰"形式。而趋向动词主要用于 V2，而且常常要求前面有连词连接（魏兆惠，2008：80）。状态动词多用于 V2，且前面多有连词连接。支配动词[①]倾向于用在 V1 位置，如"载伯姬於平阳而行"

[①] 根据魏兆惠（2008），支配动词主要包括操作、依凭、遭受等类。

(《左传·昭公二十九年》),"自御而归"(《左传·襄公二十二年》)。

四 西汉时期的连动式

我们对西汉时期的连动式的调查,主要依据的是王伟业的《〈战国策〉连动结构探究》、魏兆惠的《上古汉语连动式研究》中对《战国策》《史记》连动式的研究,以及章新传等的《从〈史记〉用例看连动式的由来及其发展状态》。《战国策》是由西汉末年刘向整理而成的,其语言风格必然会受到西汉时期语言规则的影响,因此可作为兼有战国与西汉语言特色的材料,"《史记》的语言充分体现了西汉时期的特色"(魏兆惠,2008:83),结合这两部文献中的语言情况,可以看到连动式在西汉时期的发展状况。

从王伟业(2011)和魏兆惠(2008)对西汉时期连动式的考察,可以看到,这个时期,连动式表现出来的特点有以下几个方面。

第一,连词的使用频率迅速下降。根据王伟业(2011)的统计,《战国策》共使用3410个连动式,其中无连词的有1557例,占连动句总数的46%;有连词的有1853例,占54%。对照前文所述春秋战国时期有连词的连动式在整个句式中占有的65%、74.5%、79%、80%、82.3%,可以发现连词的必要性显然受到了极大的削弱。而根据魏兆惠(2008)对《史记》的统计,在13618个连动式中,无连词的有11949个,占总数的87.7%,相较于春秋战国时期,这个比例可以说是颠覆性的。连词使用数量减少是因为连动式几个动词之间的联系更加紧密,以至于语义关系和语法关系发生变化,并导致动结式、动趋式产生。

第二,使用的连词仍然以"而""以"为多见,但也出现了其他方式。根据王伟业(2011),《战国策》中连词"而"1400例,占所有带连词连动结构的76%;"以"423例,占22%;"则"18例,占1%;"而以"6例,"且"5例,"尚"1例。而根据魏兆惠(2008),《史记》中使用连词的连动式中,"而"是主要的连词,用例占6.1%;"以"占5.6%;另外还有"且"(0.6%)和1例"而后"。

第三,连动式中的次要动词开始虚化为介词。西汉时期介词如"按""从""乘""对""给""临""及""即""将""就""据""凭""顺""受""随""替""同""为""向""依""以""因""用""沿""于"

"与""由""在""至""自""遵"等,不仅可以引进时间、处所、人物关系,还可以引进原因、目的、工具、被动等,这些介词大多是从连动结构 V1 + N + V2 的句法环境中产生的(魏兆惠,2006)。

第四,结构类型更加复杂。根据魏兆惠(2008),《史记》连动式的结构类型有 32 种,比《左传》的 20 种增加了 10 种。这种复杂性表现为修饰成分的增加和连用动词数量的增加。动词常常和状语、宾语、补语同时出现,而三个或三个以上连用动词构成的连动式也比较多见。后者主要是与"曰"构成的承接或方式关系(如"释之免冠顿首谢曰"),以及运动动词与其他动词构成的承接或目的关系连动式(如"归而袭破走东胡")。

第五,共用宾语只出现在 V2 后。如:

(25)董安于受言,书而藏之(《史记·扁鹊仓公列传》)

(26)乃延而坐之,问所以取天下者(《史记·郦生陆贾列传》)

(27)然汉王起巴蜀,鞭笞天下,劫掠诸侯,遂诛项羽灭之(同上)

(28)汉诚闻之,掘烧王先人冢,夷灭宗族(同上)

(29)韩信用蒯通计,遂袭破齐(《史记·高祖本纪》)

(30)高祖十二年冬,樊哙军卒追斩豨於灵丘(《史记·韩信卢绾列传》)

(31)太后闻而患之(《史记·吕太后本纪》)

五 小结

从以上分析可以看出,上古时期的连动式发展变化很大,从先秦到西汉有明显不同,表现如下。

关联词从极少到激增到剧降。殷商西周时期以 V + V 为主,中间极少使用关联词;春秋时期,连用动词之间使用关联词的情况激增;西汉时期,连用动词之间使用关联词的情况又急剧下降。

语义、结构类型迅速多样化。殷商西周时期,连用动词的类型比较少,语义类型也比较简单,多为先后动作、动作-目的、方式-动作,主要以运动动词和人事动词为主。春秋、西汉时期,无论是结构类型还是语义类型都迅速增多,状态动词、关系动词、情态动词都能进入连动式。

论元使用从不要求使用到开始明显。殷商西周时期,几个动词之间连用,论元出现总体较少,出现与否比较自由,但是相较而言,V2 带宾语的情况比 V1 更多，如"余来归献禽""尽起而筑之"，兼语可以省略，如"王命死嗣王家"。春秋之后，带宾情况变得复杂多样，V1 不带宾语的情况仍然比较常见，V2 对复指宾语的使用比较具有强制性，构成"V 而 V 之"等类型。

因此，上古时期连动式可以说有三个发展阶段：殷商西周、春秋战国、西汉。在这三个阶段中，殷商西周时期的连动式倾向于并列结构，西汉时期连动式发展成熟，春秋战国时期是一个过渡时期，是并列式连动结构的繁荣阶段，也是向典型的现代意义的连动式转向的转折阶段。

志村良治（1995：16）、沈家煊（2018）将先秦时期的动词连用称为"并列连动结构"，我们赞成这种定位，即在先秦出现的动词连用其本质是并列结构，这一点通过春秋战国时期传世文献中连用动词之间关联词的急剧增多可以看出。连用动词之间的关联词，如"而""以""则""酒"都是顺承连词兼并列连词。之所以在春秋之后急剧增加，是因为要凸显连用动词之间的这种并列、顺承的语义关系。从西汉开始，连动式的结构特征显然发生了很大的变化，最显著的特征就是连用动词之间的关联词的使用急剧降低。关联词的减少，一方面说明连用动词之间的紧密程度大大增加，另一方面也说明连动式的性质发生了转变：已经不再是松散的并列式，连用动词之间不需要关联词语也是一个语义句法的整体，这时候的连动式我们认为是真正的现代意义上的连动式。我们已经看到，春秋时期，动词连用的语义类型与句子结构类型开始倾向于固定化，到西汉时期，关联词语的省略说明这种语义的凝固性已经达到了相当的程度，所以这一时期具备了动结式产生的基础，或许有个别的词语已经成了动结式（蒋绍愚，1999）。

何乐士（1992）认为，汉语语法从《左传》到《史记》完成了第一次句子结构在布局上的重大变化，即从以"动·介宾"为主的语序过渡到以"介宾·动"为主的语序，介词结构从动词后转移到动词前。我们认为，从《左传》时期的连动式到《史记》时期的连动式所发生的重大变化与介词宾语与动词的位置关系的变化，具有非常密切的关系，可以说，都是同一个系统性语序变化在不同项目上的具体表现。

与先秦时期并列式连动式相配合的语言规则如下。

（1）语音的多功能性。先秦语法中，语音的参与比较多，最重要的就是利用语音差异区别词类，周法高在《中国语法札记》中归纳了七类用声调、声母清浊区别词性的现象。另外，西周时期产生了语音造词法（姚振武，2015：20），词类中出现了叠音词、联绵词等类型。

（2）词类"活用"。先秦时期，不及物动词、名词、形容词都可以"活用"为及物动词，带宾语，表达"使……V""以……为""为……V"等意义。

（3）人称代词有"格"系统，如第一人称有"余""我""吾"等，在句中有较为固定的位置。

（4）代词在疑问句、否定句中需要前置。

（5）出现了"主+之+谓""定+之+中""所V"等带有结构助词标志的降级结构（姚振武，2015：20）。

（6）及物动词对宾语尤其是对复指宾语"之"的强制性限制。"先秦的及物动词如果没有特定的条件，一般是不搭配零宾语的。"（魏培泉，2004：348）

以上规则综合起来看，可以发现，上古（先秦）汉语具有"综合性"强的特点（姚振武，2015：20），词的概念中包含很多句法特征，而句型上，句类的转换、句子结构的转换是通过形态标记的。在结构上属于并列式突出的语言，连动式有比较强的并列结构特征。

第三节　中古时期的连动式

东汉到隋唐时期的汉语，多被称为中古汉语，是汉语发展史上的一个重要阶段。这个时期的资料主要有两部分：一部分是本土资料，另一部分是佛教译经。其中，魏晋南北朝时期与唐五代时期的连动式表现出明显的不同，因此下面将就这两个阶段分别进行梳理。

其中，东汉是过渡阶段。根据魏兆惠（2008）对《论衡》连动式的研究，《论衡》中无连词的连动式占87.7%，使用的连词有"而""以""且""而后""然后"，在结构类型和语义类型上与《史记》没有很大的区别。因此，在中古部分，我们主要整理中古早期即魏晋南北朝时期（以《世说新语》《搜神记》为代表）、后期即唐五代时期（以《祖堂集》为代表）的连动式。

一 魏晋南北朝时期的连动式

我们主要以《世说新语》《搜神记》中的连动式为代表,同时参考信旭东(2017)对《百喻经》《洛阳伽蓝记》《颜氏家训》三部著作中连动式的研究成果。根据张瑜(2012)、张振(2013),《世说新语》和《搜神记》中的连动式主要表现为以下特点。

第一,无连词的连动式远多于有连词连动式。《世说新语》共1724例连动式,带连词连动式有203例,占11.8%;《搜神记》中有连动式644例,带连词的163例,占25.3%,相较《史记》有连词的占22.3%,连词在连动式中出现的比率总体上看保持持续下降的趋势。

就所使用的连词来看,"而"和"以"仍然是出现最多的连词,零星出现带有连词"后""而后""且""则"的句子,其中"后"(占《世说新语》总连动式的0.5%)、"则"(占《世说新语》连动式总数的0.1%)是《史记》中没有出现的连词。

第二,从构成来看,仍然保持《史记》以来的结构复杂化趋势,动词带各种附加成分占绝对优势,结构类型也进一步复杂化。例如根据张瑜(2012),《世说新语》中的连动结构类型共有40余种,而《史记》中只有32种。

第三,从动词的类型上看,出现在连动式中的动词仍有:行为动词(人事动词、生活动词、支配动词、赐予动词、伴随动词)、运动动词(位移动词、趋向动词)、状态动词、感知动词、情态动词、言语动词,而存现动词(有、无)、分类动词(似、犹、如、若)不能进入连动。我们看到,这时"有无"类动词仍然是处于定语后置位置,如:

(32)时吏有诈称母病求假(《世说新语·政事第三》)

(33)君径至市,入门数十步,当有一人卖鞭者,便就买还(《搜神记·淳于智一》)

在这两个例子中,"有"的作用不论带不带"者"都是修饰限定前面的名词中心语的。不过根据陶群(2017),在魏晋南北朝时期,"有"字兼语句已经出现,在《贤愚经》《幽明录》中共出现18例,如"景平元年,曲阿有一人病死,见父于天上"(《雷公》),"汉董仲舒尝下帷独咏,忽有客来,风姿音气,殊为不凡"(《狸说经》)。

其中各种类型动词的位置，也仍旧保持着比较固定化的趋势，如"曰"只出现在 V2，其他言语动词大多数出现在 V1，移动动词位置比较灵活，可 V1 也可 V2。

第四，结构类型上，宾语共享式数量激增。根据张振（2013），《搜神记》中有大量的两个动词支配同一个宾语的连动句。共 219 例，在全书 644 个连动语料中占了约 34%，已经是 1/3 的份额。这种句子中，共用的宾语仍然是处于第二个动词后，也就是遵循"承后省"的省略规则，如：

（34）始乃作汤，灌杀之（《搜神记·蛇盛》）

（35）华捉而掷去之（《世说新语·德行第一》）

（36）姑盗杀而食之（《搜神记·乐羊子妻》）

（37）帝默然无言，乃探怀中黄纸诏裂掷之（《世说新语·方正第五》）

（38）小者床头盗酒饮之（《世说新语·言语第二》）

这种情况的出现，与连动结构中动词对宾语的需求有密切关系。根据张振（2013），在《搜神记》的连动式中，带宾语的情况占绝对多数，全书连用的几个动词没有宾语的情况只有 50 例，只占总数的 5.8%。

我们看到，在带宾语的连动句中，复指代词"之"的使用仍然比较多见，或者是由于连动式的前一个动词已经引入，或者是在前面的句子中已经出现过，如：

（39）文王觉，召太公问之（《搜神记·灌坛令》）

（40）从取三升饮之（《搜神记·华佗二》）

（41）因倒著水中而饮之（《世说新语·纰漏第三十四》）

（42）饭粒脱落盘席间，辄拾以噉之（《世说新语·德行第一》）

而连动共享宾语的形式中，后一个动词几乎都是复指代词"之"。但是陶群（2017）提到，在《幽明录》中存在这样一句宾语共享的句子：

（43）停尸十日，气从咽喉如雷鸣，眼开，索水饮，饮讫便起（《幽明录·赵泰》）

第五，从语义类型上看，仍然是连续动作、修饰关系（工具-动作、方式-动作、伴随-动作）、因果关系（动作-结果、原因-结果）、目的关系几大类型。

表 5-4 中古时期的连动式

	结构类型	语义类型	例句	动词
中古早期的连动式	V1 + V2 V1O1 + V2 V1 + V2O2 V1O1 + V2O2	承接	追至	言语动词……曰 运动动词 行为动词 关系动词 状态动词 感知动词 情态动词
		因果	吊省 闻之叹曰	
		目的	往别 歆废书出看	
		修饰	笑曰 跪对曰	
	VP1 而/以/而后/后/则 VP2	承接	了其意，出则自裁 于是受而服之 见而问曰 惭而退 闻而止 拜而后饮 委顿而去	
		结果	大惭而退 大怖而谢之 剖之得簪 射虎得石 怪而留之 恶而杀之	
		方式（伴随）	王公含笑看之 笑而受之 抱树而泣 扶凭而出 抚掌而笑	
		目的	文帝取武帝宫人自侍 归以遗母 就而视之 往吊之	

在这些语义关系中，仍然存在肯定和否定形式共现的情况，如"饮而不拜""笑而不言""秘而不宣""不坐而去"。有的句子已经出现了固定搭配或者说是强调形式，如：

（44）文王固辞不受（《世说新语·文学第四》）

（45）其人贪戏，但饮酒食脯不顾（《搜神记·管辂二》）

这两个例子中的"固……不"和"但……不"已经形成固定结构模式，强调前后部分的同义关系。

第六，动趋式发展成熟，动结式开始出现。

魏兆惠（2006）认为动趋式是在东汉时期形成的，其标志是"动 + 趋 + 施事宾语"结构的出现，如"飞来双白鹄，乃从西北来"（《古辞·相合歌辞十四》）。不过在东汉时期还不多，到魏晋六朝时期大量出现。根据张瑜（2012），《搜神记》中趋向动词已经开始虚化，如：

（46）开卷一尺许即放去（《世说新语·文学第四》）

（47）举手拔去（《世说新语·方正第五》）

例中的"去"已经不再是表达主语发出的位移动作，而是用来补充说明前面动词"放""拔"的结果状态，因此"已经不是一个独立的动词"，而"只是与之连用的动词的附加成分"（张瑜，2012）。

根据赵长才（2000），在魏晋六朝时期确实已经产生了由性质形容词充当补语的动结式，如南朝刘宋时期的语料例（48）中的"盛满"。

（48）诸天玉女，各持金瓶，盛满香汁，列住空中（《过去现在因果经》卷一）

其后在唐五代时期动结式开始大量出现。

二 唐五代时期的连动式

唐五代时期的汉语，有些文献也划为近代汉语。唐五代是古白话成熟期。我们根据唐五代传奇小说、《敦煌变文集》及《祖堂集》的语料来观察中古后期唐五代时期的连动式。唐五代小说，语料主要依据袁闾琨、薛洪勣主编的《唐宋传奇总集（唐五代卷）》（共上下两册）；敦煌变文语料主要为吴福祥《敦煌变文12种语法研究》中附录的"敦煌变文12种"及郭在贻等编《敦煌变文集校注》。《祖堂集》主要依据梁银（2013）的研究。从这些材料可以看到，中古中后期的连动式具有如下特点。

第一，连词的使用进一步减少。根据梁银（2013），《祖堂集》中共有1692例连动式，没有使用连接词的有1618例，占95.63%；用连接词的有74例，占4.37%，连接词只有"而""以"两个。

第二，在动词的语义类型上，出现了"有"字连动式的新形式。《祖堂集》里"有"字连动式出现了4例，"无"字连动式出现了2例，如：

（49）遮王有敕续告四子："若欲姻聘，莫婚他族，宜亲内姓，无令种姓断绝。"（《祖堂集》卷一）

（50）向后若是住山，则无柴得烧；若是住江边，则无水得生（《祖堂集》卷八）

在唐传奇小说中，"有"字兼语式已经很普遍了，如：

（51）忽有一客造门（温庭筠《乾𦠆子·薛弘机》）

（52）有婴儿送红裳诗（李玫《纂异记·杨祯》）

（53）撤户视之，有熊冲人走出（段成式《酉阳杂俎·宁王》）

（54）相王由此上天子，有四百天人来送（萧时和《杜鹏举传》）

在唐传奇中还出现了一例"有"字宾语共享连动式：

（55）崇贤里有小宅出卖，大郎速买之（温庭筠《乾𦠆子·窦义》）

《敦煌变文集》中也出现了"有恩不报，岂成人也！""你寺中有甚钱帛财物,速速搬运出来!"这类的用法,但还不是宾语共享连动式,像例(55)这样的用法还非常少见。

在这一时期,言语动词中的"曰"开始大幅度减少,出现了很多可以代替它的词语,如"云""言""道"等,都可以带直接引语。不过与"曰"不同,这些动词还或多或少地带间接引语,也就是说,言语动词的直接宾语并不局限在对象宾语,而是可以直接带内容宾语,直接引语也不必必须由标句词引出。如:

(56)罗婆说出家有利,不知无利无为(《敦煌变文集》卷二《维摩诘经讲经文》四)

(57)僧东话西话,师唤沙弥:"拽出这个死尸著。"(《祖堂集》卷三)

第三,从结构类型上看,梁滨(2013)指出,在《祖堂集》中出现了很多 V1 + O1 + V2 + O2 式连动句,分析文中例句,这些连动式主要是处置类行为动词,如:

(58)师便索三个锻罗盛水著,讨蚁子便抛放水里(《祖堂集》卷三)

(59)马和尚在一处坐,让和尚将砖去面前石上磨。马师问:"作什摩?"师曰:"磨砖作镜。"(《祖堂集》卷三)

(60)师把柱杖敲丈床三两下云:将这个酬得他摩?(《祖堂集》卷十八)

(61)脱取纳衣来与十三娘著不得(《祖堂集》卷九)

两个动词各有宾语,但是两个动词仍然有共同的论元,这个论元是第一个动词的受事宾语,也是第二个动词的受事或者工具。我们看到,在语料中已经出现了零星共宾句式,如:

(62)至其余千产业,与常住玄安上人经营(温庭筠《干㢲子·窦义》)

(63)却思城外花台礼,不把庭前竹马骑(高军青,2012:148)

但是仍然保留着第二个动词带复指宾语"之"的情况,不过,与前代的情况不同,V1 的宾语常常不再空缺,如:

(64)食讫甚渴,掬泉水饮之(李玫《纂异记·齐君房》)

(65)取衫子验之(温庭筠《干㢲子·陈义郎》)

在这个时期,另一个比较有意思的结构形式是动宾结构带表示时量成分的句子，如：

（66）君房揽镜久之（李玫《纂异记·齐君房》）

（67）斜睨柳生良久（薛调《无双传》）

这种结构在现代汉语中，需要在时量成分之间加一个动词。根据鞠彩萍（2006：197），《祖堂集》出现了重动句的雏形"V又V不C"句式，如：

（68）翠微云："烧亦烧不著，供养亦一任供养。"

（69）更有一般底，锥又锥不动，召又召不应

赵林晓、杨荣祥（2016）也认为重动句的萌芽是在本时期，该文所举例子为《敦煌变文集》的"扫地风吹扫不得"（《敦煌变文校注》卷四）。

另外，这个阶段动趋式和动结式已经成为独立的结构形式，因此句子的复杂度表现为连动式的动词带趋向补语或者结果补语，如：

（70）师展开两手而示（《祖堂集》卷十七）

另一个重要的结构现象就是处置式的出现。曹广顺等（2011）发现在《祖堂集》中已经出现了1例狭义处置式"把"字句：

（71）师便把枕子当面抛之，乃告寂（曹广顺等，2011：427）

而高军青（2012）则在《敦煌变文集》里发现175例处置式，不过，因为这个时期的处置式"正处于初步发展时期"（高军青，2012：95），所以很多时候还同以前的连动一样有复指宾语出现，如：

（72）上来说喻要君之，还把身心细认之（高军青，2012：95）

三　小结

中古时期的语法系统有如下特征。

（1）词汇的复音化（志村良治，1995：13）。词汇复音化的目的是区别同音词，同时复音化所用的手段大多是句法手段，所以可以说，复音化意味着句法向词法的延伸。

（2）"破读"是中古重要语法现象之一（志村良治，1995：15；向熹，2010：293），即用声调来区分动词、名词、形容词，这个现象是"上古到中古汉语词类发展的标志之一"（向熹，2010：293）。不过与上古以声音区别词性不同，中古时期主要是用声调，而这一时期，四声已经形成（向熹，2010：293），区分词性主要靠去声。这种手段逐渐转移到书面语领域。

（3）判断"是"字句的产生。我们认为"是"的产生，使判断句从以并列"……者，……也"来表达的语义关系落实到动词"是"上，一方面表现了从"意合"到"形合"，另一方面表现了功能词"者""也"向单一功能发展。

（4）"把"字句、"被"字句的萌芽。"六朝和唐代的把字式是一种与现代的处置式不同的惯用形"，还"是连动式"（志村良治，1995：18），多为"带有动词性的'把'+宾语+单用动词"形式，如"月下把书看"（贯林《寄乌龙山贾泰处士》）。

（5）使成式（又称动结式）的产生，也是中古时期的特征之一，"代替了以前单音节动词中及物动词的功能"（志村良治，1995：18），并由使成式类推产生动结式（如"吃饱"）。

（6）名词词头词尾广泛应用，成为名词的标志及构词手段；动词时体范畴的产生、动量词广泛使用（向熹，2010：289、346），概数、不定数等表达方式开始产生并广泛应用（向熹，2010：305-307），出现了一系列表达时间、地点、起止、方向、工具、依据、对象、范围等的介词、连词、助词、语气词的种类，其成员也在丰富。

（7）结果补语、趋向补语、动量补语发展成熟，形合复句普遍应用（向熹，2010：547-563）。

从以上中古时期的汉语语法系统可以看出，这一时期汉语的一个特点就是"专司其职"：语音、词汇"多功能"情况大量减少，动词、名词也从综合性转向分析性，只保留概念义，而时体、对象工具等角色、数量等开始由专门的词类负责。句法结构与功能的对应也倾向于固定，例如由"是"字句表达判断、由"得"字句表达状态的补充说明。

在这样的大背景下，这一时期的连动式，一方面是做"加法"，另一方面又在做"减法"。"加法"指的是结构类型、语义类型都在不断地丰富，这种丰富性主要体现在修饰限制补充成分的增加、论元成分的复杂多样、新的连动类型出现；"减法"主要体现在专用的语义结构类型被分离出去，如动趋式、使成式、处置式。

志村良治（1995：21）指出："中古时期处置、被动和使役式的表达，互相关连并共同发展的现象，是很有意义的。"因为处置式是将受事提前，被动句是将施事提前，使成式是将动作和致使结果形成整体，这三者之间其实是互相影响的。其实，连动式与这三者也有密不可分的关系：处置式、使成式都是从连动式中产生的，是特定的语义类型、特定的结构类型相互影响的结果。而其后果，是连动式的成员更加"纯化"：能连用的动词、可以表达的语义关系越来越有倾向性。

在中古时期，"V1＋曰"类连动式也发生了变化，这类结构从春秋时期大量出现，常常形成非常固定的组合，如"对曰""谓……曰"等，V1为言说动词，但是从功能上看，V1言说动词基本上都属于方式动词，只指称行为，而"曰"是内容动词，而且主要引入直接引语[①]。中古这种功能的区分开始动摇，从例（56）、例（57）可以看出，V1言说动词功能开始多样化，可以直接带内容宾语，直接引语也不必必须由标句词引出。标句词V2"曰"的可省略，传达了一个非常重要的信号：标句词在汉语语法系统中开始被弱化。类似的功能词"者""之"也表现出与"曰"同样的趋势。这个现象说明，汉语句子中可以不借助一些功能词来达到小句降级或者嵌套等效果。

第四节　近代汉语的连动式

一　宋元时期的连动式

这一时期的连动式我们主要以《朱子语类》《元典章》《原本老乞大》中的连动式为例进行说明。主要参考资料为李崇兴、祖生利、丁勇的《元代汉语语法研究》，李崇兴、祖生利的《〈元典章·刑部〉语法研究》，以及曹瑞炯的《〈原本老乞大〉语法研究》等。

根据已有研究成果对元代连动式的研究，可以看出，宋元时期的连动式出现了这样一些新发展。

第一，共宾句式已经完全成熟。根据李崇兴等（2009），在南宋时期，就已经出现了比较典型的宾语共享结构，如：

（73）才会译语，便做通事，便随鞑人行打，恣作威福，讨得撒花，讨得物事吃（徐霆疏《黑鞑事略》，南宋）

[①] 可参见汪维辉（2003）关于上古言说动词上古使用情况统计表。

(74) 您两个孩儿偷出小荳,客人处换梨儿吃(《元典章·刑部》卷三)

其中"有"字共宾形式也大量出现。根据我们的统计,《朱子语类》中有 30 例"有 O（可）V",例如:

(75) 又曰:"可欲之谓善",如人有百万贯钱,世界他都不知得,只认有钱使,有屋住,有饭吃,有衣着而已。(北京大学 CCL 古代汉语语料库,http://ccl.pku.edu.cn:8080/ccl_corpus/,\ 10 北宋 \ 语录 \ 朱子语类（简体字版）.txt)

(76) 盖人心至灵,有什么事不知,有什么事不晓,有什么道理不具在这里。(同上)

(77) 成章,是做得成片段,有文理可观。(同上)

肯否类型的连动式中也可以出现共享宾语的形式,如:

(78) 闲着七间僧堂不宿,阿谁教汝孤峰独宿?(《景德传灯录》卷二十)

第二,"V1 着 V2"连动式的出现。

李崇兴等（2009）、曹瑞炯（2014）都指出,现代汉语的"V1 着 V2"连动式是在元代出现的,是在语言接触语言融合的过程中受到蒙古语副动词的影响而产生的一种新的结构类型。如:

(79) 良怒,要殴这老子,为见他年老,遂下去取鞋,跪着进前（《直说通略》卷三）

(80) 俺天子在上林中射雁,雁脚上有裁帛,写着道"苏武在大泽中"(《直说通略》卷三）

(81) 后头一个骑马的贼,带著弓箭跟著（《古本老乞大》）

(82) 为那般,仿效着称冤的人多有（《元典章·刑部》卷一五）

动态助词"着（著）"大约产生于唐代,表动作持续进行。例如,"留着伴幽栖"(白居易《题遗爱寺前溪松》),"骑着满京夸"(《长兴四年中兴殿应圣节讲经文》)。在这些用法中,"着"用来表达动作的体貌。宋元时期"着"是口语中一个重要的助词(李崇兴等,2009:198),构成同时性连动式的情况非常普遍,如"看着娇妆听柳枝"（张先《武陵春》）,"是硬担当着做将去否"（《朱子语类》卷三十五）。但是在元代出现的"V1 着 V2","V1 着"是表示动作的方式,刘一之（2001）也曾经推测,汉语类似"煮着吃"之类的结构可能是受蒙古语的影响。李崇兴等

(2009：196 – 198)、曹瑞炯（2014）具体描写了这种结构的演化机制：这种结构是对蒙古语并列式、联合式副动词结构的结构复制。蒙古语的-ju/-n具有接续作用，表示动作与其他动作之间的同时或先后进行，之间是并列、连动、状谓、动补关系，本身没有体意义，唐宋以来的连动结构中"着"的位置、功能与之相似。在《元典章》《直说通略》等直译体文献中，人们就把"着"字对应蒙古语中的副动词-ju/-n，从而形成"方式－动作"类"V1 着 V2"连动式。例如：

（83）li ti dem bari-ju yabu'ayi jarlig 'ög-bé.
　　　李提点　拿-着　走　的圣旨　给了
　　白话碑文：这李提点把着行的圣旨与来。（一二八〇盩厔县重阳万寿宫圣旨碑，李崇兴等，2009：247）

第三，出现"有"字情态类连动式，即用"有O"来表示后面动词所表示动作产生的条件、可能性或者态度等。在《朱子语类》中我们发现有6种，分别是"有心""有工夫""有道理""有气力""有心情""有时间"，如：

（84）如此立志，自是歇不住，自是尽有工夫可做

（85）为人子者方遭丧祸，使其一一欲纤悉尽如古人制度，有甚么心情去理会

（86）所以必用如此存养者，犹恐其或有时间断故耳

（87）才是心之力，是有气力去做底

（88）有道理杀得他时，即杀之

（89）且如读书，一遍至三遍无心读，四遍至七遍方有心读，八遍又无心，则是三遍以上与八遍，如不曾读相似

在《古本老乞大》中，这样的例子也比较常见，如"俺忙，没功夫去"，"委实无人打火"，"俺房子窄，没处安下，恁别处寻宿去"。

第四，重动结构出现并发展。

根据赵林晓、杨荣祥（2016），《朱子语类》中出现了多种重动结构，如"VOV 不 C""VOV 得 C""VOVC$_量$""VO1VCO2"形式。

"VOV 不 C"格式主要是"VOV 不得"，如：

（90）这般人不惟得於书，胸中如此，做事全做不得（《朱子语类》卷一九）

(91) 且如人<u>过险处过</u>不得，得人扶持将过（《朱子语类》卷二〇）

(92) 后世子孙见它<u>学周公孔子学不成</u>，都冷淡了，故又取一时公卿大夫之显者，缵辑附会以成之（《朱子语类》卷一三七）

"VOV 得 C"的例子，如：

(93) 文振<u>看文义看得好</u>，更宜涵泳（《朱子语类》卷二四）

(94) 见说<u>人做官做得如何</u>，见说好底，自是快活，见说不好底，自是使人意思不好（《朱子语类》卷五九）

(95) 圣人<u>说数说得疏</u>，到康节，说得密了（《朱子语类》卷六七）

"VOVC$_量$"格式如：

(96)（蔡）<u>京作事都作两下</u>：取燕有功，则其子在；无功，则渠不曾主（《朱子语类》卷一三三）

"VO1VCO2"式如：

(97) 俞亨宗云："某<u>做知县只做得五分</u>。"曰："何不连那五分都做了。"（《朱子语类》卷一一二）

(98) 书册中<u>说义理只说得一面</u>（《朱子语类》卷一三）

(99) <u>射鹿射死人</u>（《元典章·刑部》卷四）

二　明清时期的连动式

明清时期的连动式已经非常接近现代汉语连动式了。一方面，宋元时期的各种结构类型在这一时期得到继承，另一方面在连动式的结构复杂性上得到了进一步发展。这部分我们主要以《西游记》的连动式为代表。根据李丽（2014），《西游记》中的连动式主要体现出以下特点。

第一，情态（情感心理）动词数量减少。根据李丽（2014）的统计，《西游记》中使用表示感觉、认知、遗忘等心理活动以及与情绪、态度有关的心理活动动词共有 25 例，占 0.4%，处于 V1 位置的有 10 例，V2 位置的有 15 例，如"大圣欢喜谢恩""睹物思人""怕我走了""大众听言喜悦"等。而根据张娟（2012）的研究，七部中古文献中与情绪、态度有关的行为、活动的称情态动词，共有 30 个，占总数的 1.5%，表示心理感受及生理感觉的感知动词有 62 个，占动词总数的 3.2%。张瑜（2012）也指出，在所统计的动词中与感知思维有关的感知动词、与情绪态度有关的情态动词，都能自由出现在 V1V2 位置上。显然，《西游记》里的连动式对动词的动作性要求更高，与"而"等连词使用的频次变低也有关系。在《西游记》中使用连词（"而""以""则"）的共有 235 例，只占 8.6%（总数 2735）。

第二，各种类型在复杂度和成分的丰富程度上得到进一步发展。《西游记》连动式的结构类型非常多样，李丽（2014）所分出来的结构类型，合计有 203 种，相当复杂多样。类型的多样性，除了与以前文献中一样可以带宾语、补语、状语等附加语，以及动词数量的增多之外，还表现在动词可以重叠上，如"老孙来借扇子使使哩"。

第三，中动结构出现。根据黄冬丽、马贝加（2008），中动句"S + V 起来 + AP/VP"在清代产生，如：

（100）说起来凶得很呢（《三侠五义》二三回）

除了"V 起来"中动句，清代也出现了"V 着"中动句，例如：

（101）他说俺大爷看着壮实，里头是空空的（《醒世姻缘传》，北京大学 CCL 古代汉语语料库）

三 小结

进入近代汉语阶段，可以说，需要出现的连动式的类型几乎都出现了，应该从连动式中分离出去的也几乎都分离出去了。随着共宾句式的成熟，连动式论元共享的省略规则已经固定下来，重动结构、中动结构的成型，使得连动式的准入规则进一步完善。

重动结构显示汉语已经形成了通过光杆动词带宾语的形式引入话题的语法手段，而中动结构说明汉语"V 着"可以表达一个作为方式或者途径的抽象的概念，在句子中具有"高谓语"的性质。

"言语行为动词 + 曰"中的"曰"开始被"道""说"等代替，在现代汉语中，引进直接引语的标句词"说"等前面的言语行为动词常常后带"着"，有的可以出现"地"，如：

商量说——商量着说 呜咽说——呜咽着说 开玩笑说——开着玩笑说

讽刺说——讽刺地说 嘲笑说——嘲笑地说 开玩笑说——开玩笑地说

这说明"言语行为动词 + 标句词"已经具有偏正意味，可称"主从连动式"。"V1 着 V2""坐车去"之类的"方式 - 动作"连动式也是类似结构。可见，发展到现代汉语，连动式开始向主从结构倾斜。

第五节　汉语连动式发展历程的类型学意义

一　连动式的发展历程概观

根据前文对各时代连动式发展过程的梳理，连动式的发展历程可简单总结如下（见图 5-1）。

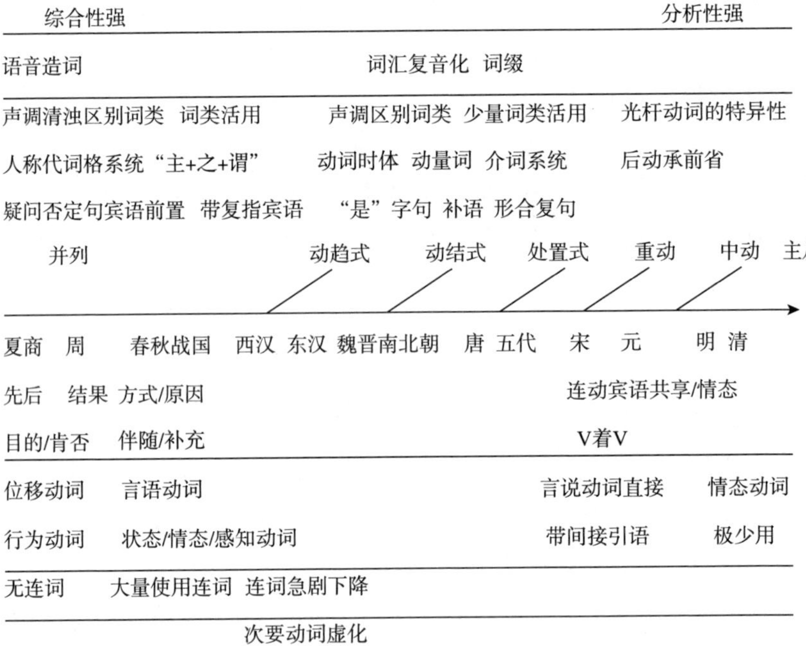

```
综合性强                                              分析性强
语音造词              词汇复音化  词缀
声调清浊区别词类 词类活用   声调区别词类 少量词类活用   光杆动词的特异性
人称代词格系统"主+之+谓"    动词时体 动量词 介词系统    后动承前省
疑问否定句宾语前置 带复指宾语  "是"字句 补语 形合复句
       并列              动趋式   动结式   处置式   重动   中动  主从
────────────────────────────────────────────────────────────────→
 夏商  周  春秋战国   西汉 东汉 魏晋南北朝  唐  五代   宋    元    明 清
 先后  结果  方式/原因                  连动宾语共享/情态
 目的/肯否  伴随/补充                      V着V

 位移动词   言语动词                   言说动词直接    情态动词
 行为动词   状态/情态/感知动词           带间接引语     极少用
 无连词   大量使用连词 连词急剧下降
                     次要动词虚化
```

图 5-1　连动式发展简图

从图 5-1 可以看出，（1）汉语的动词连用结构从上古到现代，经历了从并列连动式向主从连动式发展的过程，典型地表现出连动语言中并列型连动式＞经典型连动式＞主从型连动式的发展轨迹。

（2）连用的动词从最初的只有位移动词和动作行为动词，到可以有情态动词、状态动词（包括形容词）等多种类型，再发展到现代汉语中的对动词动性、带宾能力的限制，出现了一个从少到多再到少的过程。

（3）语义类型从连续动作、目的关系、肯定否定，迅速扩张到原因、条件、结果、伴随、补充等多种类型，然后随着对动词的限制再次收缩。

（4）在发展过程中，连动式作为源头产生出一大批介词、副词，也不断分化出动趋式、动结式、中动式、重动式等格式。

从图5-1中也可以看到，连动式在历时过程中的这些变化，并不是凭空产生的，既有"内因"，也有"外因"的影响。总之，汉语连动式是伴随汉语语言系统的演变而逐步"生长"起来的。

（一）汉语连动式是句型系统不断调整分工的结果

连动式发展的过程，就是汉语句法系统各种结构类型进行分工的过程，我们可以把前面的表4-6扩展为表5-5。

表5-5　现代汉语多动结构的分工总表

结构类型		功能	结构原则		例句
隔开式 V1O1V2（O2）	连动式	连续动作	承前省	动词有界性	煮了吃
	兼语式	致使		V1为使令动词	让你吃
连续式 V1V2（O）	动结式	动作-结果	蒙后省	V2完成状态义	煮熟了
	并列结构	平行事件		结构平行性	煮饭吃饭
VOVC/得C	重动式	因果/程度		动词重复	煮饭煮熟了
V着+AP	中动式	过程-感觉		V着+AP	煮着有点硬
V+O谓	述宾结构	支配		述宾关系，V是谓宾动词	会煮饭
V主+V	主谓结构	话题-说明		主谓关系，V主无界性	煮饭不难
V修V2	状中结构	修饰		唯状动词	尽力地维持

刘丹青（2015）指出，"连动式会向并列和主从两个方向扩展，形成更接近并列或更接近主从的语义关系"，根据各历史时期连动式各小类的出现情况，可以看到存在下面这样一些发展方向。

接近并列：隔开式双动共宾结构语序的确立，肯否联结连动式自始至终存在。

话题化方向："有"字条件句的出现，重动句的产生，中动句的产生，"把"字句的产生，"被"字句的产生。

饰词性方向："V1着V2"的产生，前动的副词化。

体态标记方向：时体助词的产生，动结式的产生，动趋式的产生。

这些方向也同时说明了现代汉语句法系统中各结构类型在组成部分整合程度上的松紧程度不同，如图5-2所示。

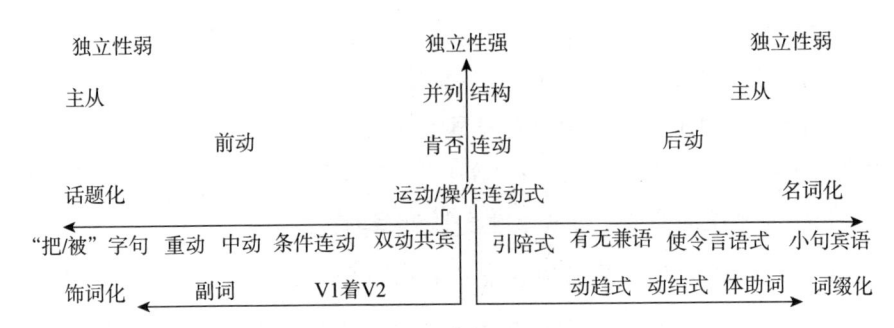

```
独立性弱              独立性强              独立性弱
主从                  并列 结构              主从
       前动          肯否 连动      后动
    话题化          运动/操作连动式          名词化
"把/被"字句 重动 中动 条件连动 双动共宾  引陪式 有无兼语 使令言语式 小句宾语
  饰词化     副词      V1着V2             动趋式 动结式 体助词    词缀化
```

图 5-2　现代汉语结构类型整合度关系

从图 5-2 可以看出，在现代汉语中，一个多动结构，随着两个动词之间动词独立性的高低不同，结构关系的紧密程度就有强弱不同。而在历时演变过程中，连动式就是不断地维持连用动词的相对独立性的过程，如果其中的动词动性降低，发生了语法化，结构性质也就随之发生了变化，成为主从结构。

（二）汉语连动式是与汉语其他规则不断协调的结果

在连动式"生长"的同时，汉语的语法系统经历了这样一些变化。

（1）上古时期的语法是综合性的，向分析性方向发展（姚振武，2015：38）。

（2）上古汉语语音、词汇具有多功能性，语音可以有区别词性的语法功能，词汇也可以"活用"转变词类性质，但是中古之后语音、词汇在语法上发挥作用的情况逐渐消失，而且随着词汇的复音化，句法规则反而向词法规则延伸。

（3）不及物动词、名词、形容词"活用"现象逐渐消失，时体、动量从动词的概念中分离出来、数量从名词的概念中分离出来，"光杆动词"只指称抽象的动程或动作，使用受限，在进入句子的时候需要各种"完句"手段的辅助。

（4）上古汉语有动词带"复指代词"的规则，中古之后逐渐消失。"上古汉语及物动词一般不能落单放在句末"，句末出现及物动词的时候，需要带宾语，"其宾语常常是用代词'之'来回指前文提及的人或物"（朱冠明，2015：275），如"持就火煬之"（《活板》）。这一规则在中古急剧衰落。

（5）"之"的衰落。根据朱冠明（2015），"之"在中古时"急剧衰落"，带来了一系列重要的句法演变，如狭义处置式、隔开式述补结构、新型受事主语句、"被 NV"式被动句、无标记关系小句等的产生都与"之"的衰落有关。在句末的及物动词宾语位置、受事主语句、连动结构、使令句等句法结构中，上古本来都需要用代词"之"的地方，至中古被删略而成了零形式。

（6）"而"等连接词语多功能的单一化。"而"的使用开始于西周时期（姚振武，2015：14），可以标注并列关系、递进关系、顺承关系，可以用在谓词性成分之间，也可以用在名词性成分之间或名词性成分与动词性成分之间；可以用在小句之间，也可以用在句子成分之间，包括用在主谓之间。但在发展过程中，"而"的功能受到限制，尤其在连用动词之间，逐渐消失。

连用动词间"而"字消失，使一批并列的 V + V 结构成为复音词进入词库。根据 Kayne（1994），只有词组的并列而没有词的并列，词汇上的并列是纯粹的语意关系而不是结构关系。"而"等连词的消失，还意味着连用动词或动词结构之间的语义关系更加单纯，动词与动词之间的语义限制更加紧密，从而整个结构的结构关系更加单一事件化，因此不需要借助连词来连接。

从古到今，从动词连用结构中逐渐分离出动趋式、动结式、中动式、重动式，这些结构与连动式之间是什么关系呢？施春宏（2004）在分析动结式的发展过程时指出，隔开式和非隔开式之间没有发展上的因果关系，是特定时期表达相同功能的不同句法配置形式，两者竞争的结果是隔开式最终归并到非隔开式中去。吴福祥（2012）也指出，语序演变多为语序选择，极少严格意义上的语序创新。我们赞成这些看法，认为连动式的发展过程，其实最终是在实现功能与形式的一一对应，将现存的多种动词连用形式再分工的过程。

二 连动式语序与连动语言的语言类型

在汉语连动式的发展过程中，一个非常重要的变化是隔开式与连续式的重新分工：古代汉语中，隔开式与连续式都可以表达"动作 - 结果"和宾语共享结构，而现代汉语中，连续式对应的是动结式，隔开式对应的是共宾结构。这种语序的分工变化，其实对应的是语言类型的变化。

(一) 共宾结构语序类型的变化

宾语共享的结构在现代汉语中是采用隔开式 V1OV2 的形式，而在古汉语中，主要采用的是连续式 V1V2O 形式（如"收养长之"），为了区别起见，前者我们称隔开式共宾结构，后者称连续式共宾结构。

1. 汉语共宾结构的语序类型

从传世文献看，如果两个连用动词共享一个宾语，共享宾语的处理方式主要有三种。

第一种是采取"蒙后省"的省略规则，第一个动词后宾语省略，形成连续式共宾结构，如：

V1V2O：听用我谋，庶无大悔（《诗经·抑》）/遂攻杀成王（《韩非子·内诸说下》）

V1V2 之：牛羊腓字之（《诗经·生民》）

V1 而 V2 之：楚公子元归自郑而处王宫，斗射师谏，则执而梏之（《左传·庄公三十年》）/学而时习之（《论语·学而》）/既召，见而惜之（《世说新语·贤媛》）

第二种是采取末动词携带复指代词宾语的方法，这种结构要求两个动词都带宾语，我们称之为复宾式共宾结构，如：

V1OV2 之：十三年，三晋灭智伯，分其地有之（《史记·周本纪》）/即使吏卒共抱大巫妪投之河中（《史记·滑稽列传》）

V1O 而 V2 之：厘王命曲沃武公为晋君，列为诸侯，於是尽并晋地而有之/隐于首阳山，采薇而食之（《史记·伯夷列传》）

V1O 以 V2 之：治城北楼以居之（《搜神记·度朔君》）

第三种是采取"承前省"的省略规则，前动词后宾语省略，即连续式共宾结构，如：

（102）尔有母遗，繄我独无！（《左传·郑伯克段于鄢》）

（103）卒买鱼烹食，得鱼腹中书（《史记·陈涉世家》）

第一种处理方式两个动词紧邻，是连续式，第二种、第三种两种处理方式，两个动词之间有宾语相隔，属于隔开式。

从发展过程上看，在上古汉语中，第一种和第二种都很常见，但是第三种极少，只有零星用例，因为这个时候第二个动词后常常需要宾语，因此类似下面的处置事件的表达倒非常常见，如：

（104）天子不能以天下与人（《孟子·万章上》）

（105）复以弟子一人投河中（《史记·滑稽列传》）

在这两个例句中，虽然第二个动词"与""投"在形式上都有宾语，但是它们仍然共享受事"天下""一人"，但这只能是一种广义的"共宾"结构。

中古时期第三种类型开始出现，并且得到迅速推广，而前两种处理方式逐渐式微，如：

（106）桓车骑不好著新衣，浴后，妇故送新衣与（《世说新语·贤媛》）

（107）仍留奴自使（任昉《奏弹刘整》）

（108）醉把茱萸仔细看（杜甫《九日蓝田崔氏庄》）

中古时期这种共宾句式的特点是，后动必须是单音节的，宋以后，随着"把"字句的分化，共宾句式也发生了分化：一部分继续以往的广义共宾结构形式，可称之为处置式；一部分继续后动光杆动词形式，可称目的式，即隔开式共宾结构。

隔开式共宾结构产生的过程，与动结式的成熟过程存在交叉。我们知道，在上古汉语中"动作－结果"类语义关系也可以用隔开式表达，如"射之殪""饮酒醉""吹我罗裳开"（《子夜四时歌》）、"宰夫胹熊蹯不熟"（《左传·宣公二年》）、"求牧与刍而不得"（《孟子·公孙丑下》），而在中古时期，随着动趋式、动结式、处置式等结构的成熟，隔开式逐渐退出动作结果的表达，转而使用连续式作为"动作－结果"义的专用表达形式。近代汉语、现代汉语则延续了这种变化，并且将隔开式与双动共宾、连续式与动结式的匹配关系固定下来。

总起来看，连续式与隔开式两种编码方式在汉语中从古至今一直存在，但是其功能有所变化，如：

     上古   现代

连续式：牛羊腓字之（动作先后） 参观访问新基地（并列关系）

    遂攻杀成王（动作－结果） 杀死人（动作－结果）

    皆指目陈胜（并列关系）

因使祖背（使令-结果）

隔开式：尔有母遗（宾语共享）　　有饭吃（宾语共享）

请他来（使令-结果）

上古时期的隔开式和连续式既能表达共宾结构，也能表达"动作-结果"义，但是在中古以后，关系更加紧密的致使性"动作-结果"义专门由连续式表达，形成动结式；而一般的致使结构则继续由隔开式表达，形成兼语式；共宾关系则由于及物动词带宾语等限制的消失以及新的省略规则的产生而主要落在隔开式上；而原来的并列结构则继续维持连续式形象。也就是说，连续式和隔开式在中古前后发生了重新分工，这个重新分工的结果可以简单图示为图5-3。

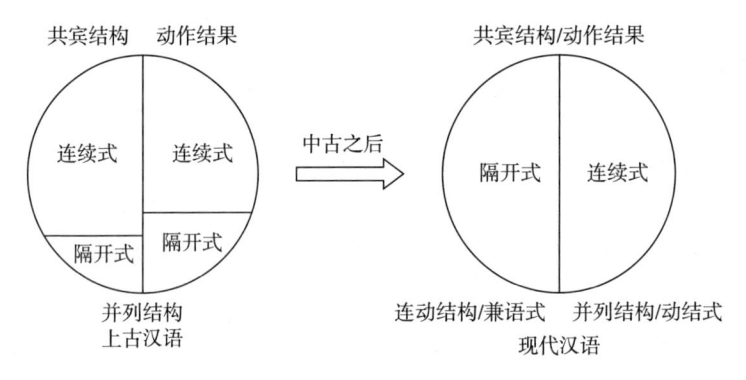

图5-3　连续式与隔开式的重新分工

这个分工过程，显示了上古汉语从综合式（一个形式多功能和一个功能多形式）向分析式（一个形式一个功能）的方向发展的趋势（姚振武，2015）。在这个过程中，虽然隔开或连续的语序没有变化，但是，结构性质和语义关系发生了变化。上古时期的连续式或隔开式都属于并列结构，而现代汉语中，隔开式共宾结构属于连动结构，隔开式"动作-结果"属于兼语式；而连续式共宾结构属于并列结构，连续式"动作-结果"属于动补结构（动结式）。语义与形式发生重组的过程中，与语序、虚词（连词的使用）、语义规则（论元省略）等都有关系。

2. 影响隔开式共宾结构产生的因素

当连用的动词共同支配同一个受事宾语的时候，如果这个宾语在结构中出现，在形式上会出现连续式共宾结构与隔开式共宾结构的不同形式。关于古代的连续式共宾结构，刘清亭、杨尚贵（1998），张博（2000），萧红

(2006)等都有过研究,根据这些研究,古代汉语中连续式成立的条件如下。

(1)单音节动词。

(2)两动词多具有近义或类义关系,如"收养昆弟""共(供)祭先祖"(张博,2000)。

(3)不是近义词类义词,就要受到2个语法制约:一是要加"而",如"赵盾就而视之""玄宗嘉而宥之";二是词类活用。在古汉语的连续式连动结构中,词的活用现象非常普遍,占10%。其中,前动词与宾语构成特殊语义关系的少,后动词与宾语构成特殊语义关系的多。前者现代汉语有遗留,如"扩而大之",后者无(刘清亭、杨尚贵,1998)。

(4)上古汉语及物动词一般要求带宾语,不带宾语是有条件的。多动共宾结构如果删除宾语只能删除前宾语(朱冠明,2015)。

根据这些研究,连续式共宾结构与隔开式共宾结构的区别有二。

第一,共享宾语省略的策略不同,连续式共宾采用的是前动省略的原则,隔开式共宾采用的是后动省略的原则。

第二,古汉语中连续式共宾占优势,现代汉语连动式只采用隔开式共宾结构,前动宾语省略还是后动宾语省略成为区分并列结构和连动结构的标志。

因此从古代汉语到近代汉语,连用动词宾语共享可以说是同一功能的多形式变成一个功能一个形式的代表。在这个过程中,有以下因素发挥了作用。

第一,V2后宾语强制出现的句法限制消失。

古代汉语复指宾语"之"的消失是双动共宾结构出现的一个重要影响因素。

梁银锋(2016:83、88)指出,"上古汉语的句法特点,如果谓语动词是典型的及物动词,后面的受事宾语一般是不能省略的,有时即使语义上不需要,后面也往往有个形式宾语(如'之')来支撑"。"'之'完全是一种句法上的需求,这一特点与上古汉语的语序类型是一种典型的SVO型语序语言密切相关。"

当复指宾语"之"不再强制性使用的时候,多动结构中的最后一个及物动词可以不带宾语。萧红(2006)指出,近代汉语中带"吃"的双动共宾结构例子非常多,占1/3~1/2,是因为"吃"与前一个宾语的语义黏着程度高，听话人可根据常理猜出 V2；同时宾语与动词搭配的固定化造成了不说宾语也能知道的结果。萧红（2006）还注意到，上古中古的 V2 基本上都是已然的，但近代多是未然动作，常常用来表达前一个动作的意图，对 V1 的依附性增强，因此内部结构也比一般连动式紧密。

上古汉语及物动词一般要求带宾语，不带宾语是有条件的（朱冠明，2015）。张赪（2010）指出，唐以前若受事前置，动词后面必须使用复指宾语，这种现象今天在方言中仍然保留，如：

（109）地板揩揩伊（上海话）

（110）门去关咖它（益阳话）

与此相适应的，是前动宾语可省略的规则。我们看到，在上古汉语中，介词的宾语、兼语式的兼语都可以"悬空"，例如，"公子闻与同姓""可从去""君不为妾母放令去耶""因使祖背"，这些例子中，"与""从""令""使"的对象都省略了，没有出现，但句子是合法的，这种情况在现代汉语中几乎不可能出现。

这些句子，在现汉中大多代之以"把"字句。现汉"把"字句的结构特点，无疑体现了对宾语或者名词的有定无定、已知未知特征更加重视，是语用原则起作用。例如：

（111）延长 AB 至 CD，并与 CD 交于一点 E

口语：把 AB 延长到 CD……

古汉语（至少上古）句干及物动词后面必有宾语，不区分宾语是有定还是无定、是已知（旧信息）还是未知（新信息）。

因此，在古汉语论元的省略原则下体现的其实是名词的有定无定新旧信息的属性特征。古汉语用普通名词的形式表达有定、已知信息，不需要形式上的区分：

（112）乃扳邻窗，捉女入，女伏身蛇游而进/遇老妪以绷席抱婴儿授之（试比较：抓起那个女人放进去/遇到一个老妪抱着一个婴儿）

在古代汉语中光杆名词可以随便组句，但是在现代汉语中，就必须附加"那个""一个"之类的成分加以辅助。这说明，从词汇系统上来说，古代汉语中，名词的语义内涵中包含有定无定的语义成分，但现代汉语中普通名词的语义中不再包含这样的内容。从另一个角度，还可以说，古代汉语的句子不要求名词入句时表现出有定无定信息，而现代汉语的句子要求名词入句时显示有定无定的性质。

第二，论元共享的省略规则发生变化。

双动共宾形式的产生，说明论元共享的省略规则发生了变化：古汉语要求承后省略，不同于现汉的承前省略。换句话说，在几个动词拥有同一个论元的时候，古汉语要求几个动词先联合再与宾语构成动宾关系。这种规则跟英语的句法规则是一致的。如：

(113) a. Fred cooked the meat and ate it.
　　　 b. Fred cooked and ate the meat.
　　　 c. Fred cooked the meat to eat.
　　　 d. *Fred cooked the meat and ate.

例（113）a 和 b 是合格的并列结构，c 是合格的主从结构，d 是不合格的结构。b 的前动宾语蒙后省，d 的后动宾语承前省，前者是合格的，后者不合格。可见，在英语中宾语承前省还是蒙后省，需区分联合和主从：并列结构蒙后省，主从结构承前省。

现代汉语也有此区别，不过是在并列结构和连动式之间，如"学习贯彻党中央精神"是并列结构，前动共享宾语蒙后省；"倒了杯水喝"是连动结构，后动宾语承前省。

对于古汉语来说，两种省略规则都存在，但是以前动词蒙后省为主。那么这种现象要么可以解释为动词连用遵从并列结构的规则，要么可以理解为并列结构与偏正结构还没有分化。我们赞成前者，认为上古时期的动词连用，其实是遵循了并列结构的规则，实际上前文也介绍过，上古汉语动词连用结构也被称为并列连动式。发展到现代汉语，两种规则分别对应了两种不同的结构。

与古代"蒙后省"相对应的是 V1 宾语可空缺原则，如"水火，吾见蹈而死者矣，未见蹈仁而死者也"，第一个动词的宾语可以提前，这种提取方式在现代汉语中是不可以的，不能说"毒药，我见过喝了死的，没见过喝了糖水死的"，只能说"我看到喝了毒药死的，没见过喝了糖水死的"。这也是上古汉语连动结构其实是并列结构的例证。

第三，动词之间的连接方式发生变化。

隔开式共宾结构的产生与上古汉语连用动词之间"而"等连接词语的消失也有关系。中古连用动词之间的"而"等连词消失，连用动词结构中的前动词要么变成了动宾结构,要么换成了动补结构,如"见丝麻可衣,取而衣之"(《论衡·自然篇》),"取而衣之"中的"而"消失后,并没有形成"取衣之",而是表达为"取之衣""取来衣"之类的结构。两个动词"取"和"衣"之间仍然需要隔开。所以,从这个角度说,隔开式共宾结构其实也是增加连用动词之间有界性特征的结果。

第四,词类活用现象消失。

张博(2000)指出,连续式共宾结构中,如果连用动词语义上没有近义同义关系,那么其中大多有词类活用现象。如"见说赵王于华屋之下""哀而活之""取而衣之"。其实"活用"是后人从近现代角度观察上古汉语所做的界定,如果从古汉语的角度看,在当时的语法系统中,这些词具有多功能性,本来就有动词用法,但是显然西汉之后这种"多功能"现象消失,不能再带宾语。而这种现象直接导致了动结式的产生,继而影响到共享宾语现象的编码形式。

杨荣祥(2011)认为,上古汉语动词有从综合性向分析性变化的特点。这个变化过程其实也是"活用"现象消失的过程。根据杨伯峻、何乐士(2001),古汉语中通过词类的"活用"可以使动宾结构表现出多种语义功能,但是,随着活用现象的消失,这些关系大多从动宾结构中分离出来,通过介词或者动词从外部表现,例如"环而泣之"要说成"围着他哭泣"。这种情况其实也是前文所述的动词有界性的问题。

(二) 连续式共宾结构历史发展的类型学特征

宾语共享结构从上古汉语到现代汉语的发展,清晰地表现了从并列型语言向主从型语言发展的过程,典型地表现出连动语言中并列型连动式 > 经典型连动式 > 主从型连动式的发展轨迹。在第四章中,我们认为其他连动语言也基本上可以划分为这三种类型。我们看到,汉语连动式与连动语言的相应类型在相关的其他语言特点上也有相似性。

例如勾良苗语属于并列型连动语言,也表现出与上古汉语类似的词法、句法特征。

根据吴芳、刘鸿勇(2014),湘西勾良苗语宾语共享类的连动结构根据动词的类型可分为三类,每一类都有连续式和隔开式两种结构方式。如:

（114） a. m⁵³ ȵai³³ zai²¹⁴ qa²¹⁴.
　　　　你　摘　菜　　炒
　　　b. m⁵³ ȵai³³ qa²¹⁴ zai²¹⁴.
　　　　你　摘　炒　　菜（你摘菜炒。）
（115） a. m⁵³ nəŋ⁵³ lhi³⁵ tʂhə³⁵
　　　　你　吃　饭　饱
　　　b. m⁵³ nəŋ⁵³ tʂhə³⁵ lhi³⁵.
　　　　你　吃　饱　　饭（你把饭吃饱。）
（116） a. m⁵³ ȵo²¹⁴ mpu²¹⁴ tən²¹⁴ qa⁵³.
　　　　你　走　三　　步　　离开
　　　b. m⁵³ ȵo²¹⁴ qa⁵³ mpu²¹⁴ tən²¹⁴.
　　　　你　走　离开　三　　步（你移动三步。）

勾良苗语共宾结构的特点有三个。第一，行为动词采用连续式时，共享宾语可以省略。现代汉语中没有这种情况，不能说"你买抽""你煮吃"。第二，单音节的形容词句法上的及物性，可构成动宾结构，表达一种结果达成的事件。"这些形容词在这种语境下，融合进了一个没有语音形式但是有'达成'意义的轻动词（BECOME）"，"如果说话人想强调通过'吃饭'这个动作，导致'你饱'这个结果，那就需要用到连动结构"（吴芳、刘鸿勇，2014）。第三，位移动词都是常用的，都包含域内论元，V2 有的是典型的及物动词，有的是典型的非宾格动词。如例（116）的意思是"通过走的方式达到'三步之远'的距离"。

勾良苗语的共宾结构和古汉语的情况是类似的，古汉语中也是两种结构并存的形式，跟这种情况相配套的规则是：形容词有用作他动词的活用法，可以后面带宾语，形成连续式，也可以用在隔开式的后项动词位置上，位于共享宾语后。同时，移动动词也能直接带宾语，如"维即出献怀中诗卷"（《唐人小说·王维》），意思是"维即出怀中诗卷且维即献怀中诗卷"，趋向动词带宾语是其使动用法，这是古汉语中常见的语言现象。

因此，采取不同形式的连动式，与语言系统本身有非常重要的关系，连动式结构类型的变化，其背后是语言系统的变化，因此，汉语不同阶段的连动式类型所映射的汉语语言系统的不同类型，对于理解其他连动语言的类型特征，非常有启发意义。

在大多数连动语言中，隔开式 V1OV2 都可以表达因果（致使）或兼语两种语义关系，如：

(117) Èdó 语（Stewart，2001：69）

èsósà kòkó àdésúwà mòsé.

Esosa 养育 Adesuwa 变漂亮

Esosa 把 Adesuwa 养成一个美人。（字面意思：Esosa 养 Adesuwa 很漂亮）

汉语中用隔开式表达处置类的"动作-目的"构式以及致使关系（兼语句），而语义关系更紧密的"动作-结果"使用连续式表达（动结式）。根据以上特征，我们可以把宾语共享结构区分为三个阶段：Èdó 语（通用阶段）＞勾良苗语（混用阶段）＞汉语（分用阶段）。

三 连用动词间的关联词语与连动语言的语言类型

在汉语连动式发展过程中，另一个非常重要的变化是连用动词之间使用连词情况的变化：从殷商甲骨文时期的很少使用连词，到春秋时期大量使用连词，再到西汉时期连词的数量迅速下降，连动式与并列结构、顺承复句区分开来，形成一种独立的句法结构类型。因此，我们认为，连用动词间的连接手段也能表现连动语言的类型特征。

（一）汉语连用动词间连接手段的演变

1. 古代汉语连用动词之间连词的类型

前文已经梳理过，从殷商时期到西周春秋再到两汉，汉语的连动式经过了一个从极少使用连词到连词使用急剧增加再到急剧减少的过程。从使用的连词种类看，各时期连用动词间能使用的连词大致有：

殷商甲骨文：逎

西周金文：以　而　用　言　若

春秋战国时期：而　以　而后　且

西汉时期：而　以　则　而以　且　尚

这些连词大多具有多功能性，都是顺承连词兼并列连词。既能表达并列、顺承关系，也能表达偏正、目的或结果关系。连用动词之间的这些用法是发展而来的，其基本用法是表示并列。例如魏兆惠（2008：95）指出，先秦"且"做连词能连接动词性短语，表示并列或递进关系，不表示连动，如：

(118) 鲍叔、膎戚、隰朋仁知且不蔽（《荀子·解蔽》）

在《左传》中用来连接两个动词，表示"又……又""边……边"同时进行：

(119) 斗且出（《左传·宣公二年》）

(120) 狄应且憎，是用告我（《左传·成公十三年》）

但是《史记》中可以连接前后发生的两个动作，表达动作之间存在承接关系、动作结果关系：

(121) 汉将韩信引兵且东击齐（《史记·田儋列传》）

(122) 孙叔敖病且死（《史记·滑稽列传》）

(123) 杀其骑且尽（《史记·李将军列传》）

发展到现代汉语，"且"不能再出现在连动句中。连动式逐渐发展成熟，形成了属于自己的、不同于并列结构的句法语义规则，从而也真正成长为一种独立的结构类型，"且"之类的连词最终被排斥在连动式之外。

2. 现代汉语连用动词之间的连接手段

现代汉语的连动式，虽然不可以出现连词，但是有时允许副词出现，例如"就""又""再""来""去"。"就""再""才"是表达顺承关系的，其作用是将连用动词之间的先后顺序关系凸显出来，"就"凸显的是紧邻性：两个动作紧接着发生，"再""才"凸显的是先后次序：在前一个动作结束之后，才发生后一个动作。试比较：

开门出去了　开门就出去了　开门再出去/开门才出去

连用动词间出现了这些关联副词之后，显然动词之间的关系并不是更紧密了，而是变松散了。

虚化的"来""去"可用于连用动词之间，也可以用在介词结构和动词之间，其特点是大部分可用可不用，朱德熙（1982）认为"来""去"有时候只起到连接作用，没什么实际意义，但李沛（2011：7-11）指出，有时候这个"来""去"是必须要用的，如：

每个人最好的一面往往需要时间去发掘

＊每个人最好的一面往往需要时间发掘

那小姑娘不时地跑去看

＊那小姑娘不时地跑看

可以发挥自己的个性来/去创造

*可以发挥自己的个性创造

（报纸上充满了关于亚铭的报道，）她都找来看

*（报纸上充满了关于亚铭的报道，）她都找看

（人民掌握国家政权，行使国家权力）必须通过一定的组织形式和制度来实现、来保证

*（人民掌握国家政权，行使国家权力）必须通过一定的组织形式和制度实现、保证

通过这些例子可以看出，至少光杆动词做 V1 时，如果两个动词表达的动作不是同时关系，一般需要添加"来""去"之类的连接性成分。

对于其性质，有的文献称"助词""衬字"，如邢福义（1996）称之为"准结构助词"。梁银峰（2007）认为"来""去"是目的标记，用来强调说话者的主观意愿。有的文献认为是连词，如张国宪、齐沪扬（1986）认为这种"来"是表目的关系的连词，并且有取代目的连词"而""以"的趋势。而刘丹青（2002）认为"来""去"位于介词结构和动词间时，是由前置词和连接词所形成的框式介词，其作用类似于古代汉语中的"以""而"。不论何种性质，"来""去"用在连用动词之间，显然已经只具有结构上的功能了。

除了以上两类连接手段，其实汉语中的"着"在连动式的构成中也起非常重要的作用。刘一之（2001：142）指出："在北京话中，除述宾结构和表结果的述补结构外，一般两个动词不能直接相连，而前一个动词又是表示后一个动词的方状时，中间必须加'着'。"普通话跟北京话情形相似，例如下面的结构去掉"着"都不能成立：

笑着说　　　*笑说

躺着看书　　*躺看书

其实如果 V1 是动宾结构的话，不带"着"的可接受度就高多了，如：

拉着行李箱赶火车　　拉行李箱赶火车

对着镜子笑　　　　　对镜子笑

可见，如果 V1 是光杆动词，且两个动词之间表达的动作是同时发生，或者是方式/工具－手段的关系，那么 V1 常常需要带"着"。

翟彤（2009）曾对表达动作先后发生的典型连动式中动词的使用条件

进行了研究，指出，连动式前后段对动词的要求是不同的：只有趋向动词才能以光杆动词的形式进入连动式前段，否则，必须以非光杆动词的形式出现。非光杆动词形式包括：动词重叠式、带时态助词、带结果/趋向/数量补语、动宾结构、非谓宾动词等；而连动式后段可以出现光杆自主动词、谓宾动词等形式。易朝晖（2003）在进行泰汉连动式比较时发现，与泰语不同，汉语连动式有 V1 重叠和带助词"着"的结构形式，泰语中没有。对这种区别产生的原因，该文认为现代汉语谓语结构要求有界化，而重叠形式和助词"着"都是有界化手段。

我们赞成易朝晖（2003）的解释。同时认为，汉语连动式 V1 对非光杆形式的要求，其实也同样是为了保证 V2 的有界性。一个光杆动词串 V+V，如果没有形式将二者隔开，在汉语中很容易被认为是复合词而不是短语，而无论是带宾语、重叠、体标记（包括"着"）、助词（如虚化的"来""去"）都是为了标明二者的紧密度还没有达到融合为一体的地步，二者是有界的，是隔开的，是词与词之间的关系而不是词素与词素之间的关系。而这点，连动结构是有别于并列结构的。例如连动式的共享宾语承前省，并列结构的共享宾语需要蒙后省。根据吴云芳（2004b），汉语并列结构的特征是平行性：前后项在结构性质、义类等方面存在平行性，连动式不能强调这种平行性，而需要强调其语义相关性及句法上的相对独立性。可见连动结构在宾语的省略原则、谓语的句法要求上都迥异于并列结构。

前文已经证明，现代汉语中相当一些"V1 着 V2"中间可以出现"地"，如"转着圈地喝"（高增霞，2005），表现出向主从结构发展的明显倾向；而"来""去"之类不论其类属如何，其目的性标志的身份是公认的，因此用"来""去"引导的动词结构显然具有目的从句或目的状语的句法性质。因此，可以肯定地说，现代汉语的连动式表现出向主从结构发展的倾向。

3. 小结

以上我们梳理了从古代汉语到现代汉语连用动词间使用连接手段的变化，可以发现，上古时期，连用动词之间是使用连词连接，从中古之后，表示顺承关系的副词可以用在两个动词之间，而现代汉语中，出现在两个动词之间的副词开始向助词方向发展，即形成了这样一个发展趋势：从使用连词连接到使用副词连接再到使用助词连接。连用动词之间连接手段性质上的变化，说明连动式的性质是有变化的，是从并列结构向主从结构发展。因此，汉语连用动词间连接手段的变化也体现了从并列型连动式到经典型连动式再到主从型连动式的发展轨迹。

（二）连动语言中连用动词间连接手段的考察

汉语连用动词之间使用关联词语在历时发展上的类型变化，具有类型学意义。通过调查，我们发现，在连动语言的连用动词之间存在同样的现象和趋势。

1. 连动语言连用动词间连接成分的类型

从语法性质来看，连用动词之间可以使用连词、副词、助词、功能词缀等说明连用动词之间的语义关系，也可以采用动词的式（例如蒙古语的非结束式动词连接形）来体现。

第一类，连词。傈僳语、拉祜语、哈尼语等语言在连用动词之间常使用连词进行连接。傈僳语有标记的连动句，在连动项之间会使用连词 $sŋ^{55}$/ne^{33} 进行连接（李教昌，2018：405）。使用连接标记有两种情况：一是不共用宾语的连动式语义关系比较松散的时候，二是说话人强调先后顺序的时候。"$sŋ^{55}$""ne^{33}"都是表示先后关系的连词，"$sŋ^{55}$"相当于汉语的"才"（李教昌，2018：179），可以用于表达顺承关系、因果关系；"ne^{33}"相当于汉语的"和""跟""同"（李教昌，2018：172），表示并列关系。如：

（124）傈僳语（李教昌，2018：405）

niɛ^{35}ma^{44}　ma^{33}　bɯ^{31}di^{33}nio^{35} sŋ^{55}e^{55}za^{31}tɕua^{55} niɛ^{35}.

鸟　母（提顿）　虫子　叼（连）儿　　喂 进行体

雌鸟在叼虫子喂小鸟。

（125）傈僳语（李教昌，2018：409）

a^{55} phu^{33} tɕhi^{33} mo^{31} dzɯ^{31} ne^{33} ṽ^{35} xa^{35}.

阿　普　跷二郎腿　　（连）坐（持续）

阿普跷着二郎腿坐着。

第二类，副词。矮寨苗语使用的是"ʐa^{35}"（又）、"məŋ^{44}"（去）、"ta^{31}khji^{44}"（才）、"tsɛ^{35}"（再）、"tsŋ$^{35/21}$"（就）等表示承接关系的副

词，有时候这些副词可以连用。例如：

(126) 矮寨苗语（余金枝，2010：240）

a. nəŋ³¹ tɕɛ³¹ l̥e³⁵ ʐa³⁵ meŋ⁴⁴ xu²² tɕɯ⁴⁴.
　　吃　成　饭　又　去　喝　酒

b. ʂei³⁵ tɕɛ³¹ ta³¹ khji⁴⁴ kaŋ²² məŋ³¹.
　　写　成　才　给　你

c. thu²² tɕu⁴⁴ tsɛ³⁵ ɖaŋ⁴⁴.
　　做　完　再　回来

d. ka⁵⁵ tɕɛ³¹ tsɿ³⁵/²¹ nəŋ³¹.
　　炒　成　就　吃

第三类，助词。根据李泽然（2013），哈尼语的连动结构也有宽、窄两种连动结构形式。宽式连动结构插入的成分一般是连词、助词。连词有"zo⁵⁵ nɛ³³"（和）、"a⁵⁵ nɛ³³"（之后）、"thɔ³¹ ŋɔ³³"（就，所以）等，以强调前面的动词。助词是"lɛ³³"。如：

(127) 哈尼语（李泽然，2013）

a⁵⁵ go³³ ju̠³¹ mo̠³¹ lɛ⁵⁵ u̠³¹ li³³ a⁵⁵.
哥哥　睡　想（助）回　去　了

哥哥想睡觉就回去了。

第四类，词缀。Kalam 语中的动词连用，前动词需要带表达先后次序或者同时进行的词尾，例如：

(128) Kalam 语（Givon，1991：153）①

…kikaruk gok　tangiy-ying　　　a-sp-ay　　　　　akan…
小鸡　　　一些　走－SIM/－SS　说－进行时：3 复　Q

（不知道是不是）小鸡边走边弄出声音……

(129) Kalam 语（Givon，1991：155）②

…mon d-angiy-ek　　　　　　　　　　　　yin-imb
木　　拿－点火－RPAST/SEQ/DS：3 单　燃烧－完整体：3 单

……她点燃了木柴……

---

① 缩略形式的意思：SIM：simultaneous；SS：same subject；Q：question。
② 缩略形式的意思：REPAST：remote past；SEQ：sequential；DS：different subject。

第五类，动词变式。

蒙古语是通过动词的变式来组合成连动式的，次要动词有并列式和先行式两种，前者表示动作同时发生，后者表示动作顺次进行。例如：

(130) 蒙古语（德力格尔玛，2007）

gʊnan tʃai-ban   ʊgʊʤʊ   daɡʊsʊɡad   ɔdba.
人名 茶-反身领属 喝.并列式 结束.先行式 走.过去时

古南喝完茶走了。

(131) 蒙古语（德力格尔玛，2007）

ʤigal xuu-ni   ajʊɡad   ʊxilatʃiʤai.
小 男孩-人称领属 害怕.先行式 哭.过去时

小男孩吓哭了。

2. 连动语言连用动词间连接成分的语义类型

从语义上说，用于连用动词之间的连接成分可以分为两大类：表示动作次序的连接成分、表示伴随的连接成分。

表示动作次序的连接手段还可以分两种：一是表示动作先后顺序的，比如先时性词缀或者表达"后""之后"的情况；二是表达事件在时间上紧密发生，例如汉语的"就"其实就是表达临近动作紧接着发生。

在所调查的连动语言中，很多语言同时拥有先后顺序和同时性（伴随）两种语义类型的连接手段。例如在 Eipo 和 Yale 两种语言中，连用动词之间可以插入表示先后次序的词尾（successivity）或者同时性的词尾（simultaneity）：

(132) Eipo 语（Heeschen，2008：143）[①]

bongob-uke   sak-ma-l.
躺-INF.SUC   落-DUR-3SG.PRES

它平着掉下。

(133) Eipo 语（Heeschen，2008：143)[②]

dib-re   tek-ma-l.

---

① 缩略形式的含义：INF：inflective；SUC：succeed；DUR：durative；SG：single；PRES：present。
② 缩略形式的含义：INF：inflective；SIM：simultaneous；DUR：durative；SG：single；PRES：present。

看 – INF. SIM　站 – DUR – 3SG. PRES

他/她站着看。

有些语言中使用专门用于目的关系的关联手段。例如湘西苗语和彝语诺苏话。湘西苗语的连接标记有三个，其中"tsʅ³⁵"（就）是表达承接关系的，但其他两个——"kə⁴⁴"（拿），"məŋ⁴⁴"（去）——还没有完全虚化，主要用于"动作-目的"结构，如：

（134）湘西苗语（余金枝，2017）

a. bɯ⁴⁴ phu²² χɛ³⁵ tu³⁵ nəŋ⁴⁴ kə⁴⁴ tɕi⁴⁴/⁵³ ɕaŋ⁵³ pɯ⁵³.
　　他　说　些　话　这　拿（缀）伤害我们
　　他说这些话来伤害我们。

b. dʑi³⁵　mɛ³¹ nəŋ³¹ thə³⁵ ḷe³⁵ tsʅ³⁵ məŋ⁴⁴ tɕaŋ²² ʐaŋ⁵³.
　　他们　吃　饱　饭　就　去　栽　秧
　　他们吃饱饭就去插秧。

余金枝（2017）指出，趋向动词"məŋ⁴⁴"（去）将前后项连接起来，去掉则不能成句，而趋向动词前的"tsʅ³⁵"（就）是可有可无的，不影响句子的成立和意义。

彝语诺苏话有两个连动标记："ta³³" "si³¹/⁴⁴"（胡素华，2010）。这两个连接标记都用来表达两个动作之间的先后顺序，前者兼有方式义，后者兼表目的义。如：

（135）彝语诺苏话（胡素华，2010）

a. a⁵⁵ ka³³ ʐe³¹ ʐo⁵⁵ fu³³ ta³³ dzɯ³³ ndʐɔ³³.
　　阿呷　洋芋　烧（连动）吃　持续进行体
　　阿呷在烧洋芋吃。

b. tshʅ³³ po³¹ ti³³ ma³³ ʐo³³ si³¹ ŋi³³ o⁴⁴.
　　他　板凳　量词　拿（连动）坐　直陈式
　　他拿了个板凳坐。

3. 小结

如果将上古汉语和现代汉语的连接手段也考虑进来，动词间使用的连接手段可总结为表5-6。

表5-6 连动语言连用动词间使用的连接手段

	连词		副词	助词	附缀/体标记		
	并列	之后			紧邻	先行	同时
上古汉语	而	以……					
现代汉语			就	来 去 着			
哈尼语	zo⁵⁵ nɛ³³ 和 zo⁵⁵ 和	a⁵⁵ nɛ³³ nɔ⁵⁵ xhɔ³³ thɔ⁵⁵ ŋɔ³³ 就/所以		lɛ⁵⁵			
哈尼卡多话		nɛ³³		thɔ³¹ 着			
载瓦语		mu⁵¹ lui⁵⁵					
矮寨苗语			ʐa³⁵ 又 mən⁴⁴ 去 tsɿ³⁵/²¹ 就				
邦朵拉祜语	lɛ³³						
银村仫佬语		pəi¹ 去 taŋ¹ 来					
下坳壮语		leːu¹³	ɕiu¹³ 就				
傈僳语	ne³³ 因为		sɿ⁵⁵ 才				
彝语诺苏话				si³¹/⁴⁴ 放	ta³³		
Moi				pana 去			
Miskitu					-i		
Sumu					-i		
Northern Paiute					-i		
Eipo						+	+
Yale						+	+
Kalam						-iy	-ying
蒙古语						+	+

其中，蒙古语能否划为连动语言是可以讨论的，因为在蒙古语中，连用的几个动词其实是有主从之分的，除了句末动词之外的其他动词，都明确是以各种非结束式动词连接形出现的；同样通过例（132）、例（133）也可以看出，Eipo 语的连用动词所携带的并不仅仅是动作的先后次序，还有非限定动词的语法意义，所以这些语言中的连用动词其实已经通过动词的变式体现出语法上的主从关系了，只能说属于复杂谓语。

而连用动词之间使用连词的情况，连词词性本身，说明该语言的连用动词其实至少本质上属于并列结构。

由上，根据连用动词之间的连接手段，这些连动语言的连动式在句法性质上至少可以划为三类：并列型连动式、主从型连动式和处于二者之间的典型的连动式。

（三）小结

汉语在历史上有从并列向主从发展的趋势（如姚振武，2015：22）。古代汉语连动式在西汉之后发生了很大的变化，连用动词之间不再依赖连词的连接，而语义关系连接紧密的"动作－结果"连动式发展为动结式从连动结构中分离出去。可见，语义关系紧密的连动式从较为松散的并列式中分离、语义关系更加紧密的连动式（动结式）从连动式中分离的过程，在汉语中不断上演。而放眼世界上的连动语言，像 Eipo、Yale、Miskitu、Sumu、Northern Paiute 等语言中的连动式中其实都是降级谓语结构，类似于英语的不定式、动名词等；而像哈尼语、载瓦语之类的语言需要借助连词将连用动词连接起来，类似于上古汉语的并列连动式。从古代汉语到现代汉语，在连动式的连接手段的使用上，表现出一个比较明显的从并列到主从的发展倾向。而从连动语言连用动词间使用连接手段的性质，也能够得出这样一个发展链条：使用连词连接的连动语言 > 使用副词连接的连动语言 > 使用助词连接的连动语言 > 使用词缀或体标记连接的连动语言。换句话说，即并列式连动语言 > 典型的连动语言 > 主从式连动语言。

四 影响汉语连动式的语言系统特征及其类型学意义

连动式的发展过程，是在整个大的汉语语法系统下进行的，我们认为，连动式的发展是一个在语法系统发展大环境下的有机生长过程。通过前文连动式历史发展过程的梳理，可以看出影响连动式发展的因素主要有：从综合性到分析性特征的演变、动词的有界性与名词的有定性、组合手段占优势的原则。

（一）综合性向分析性发展的趋势

姚振武（2015：22）指出，上古汉语是综合性的，这种特征在历时发展过程中发生了变化。

蒋绍愚（2006）指出，汉语的词汇从古到今表现出一种"从综合到分析"的演变趋势。

"综合"和"分析"是与语言类型相关的术语。以上两个论断中"综合"和"分析"的含义是不同的。

姚振武（2015）的"综合"指的是语法的综合性，即相关成分之间界限不十分清楚，一类成分兼有其他类别的功能，或可转化为其他类别。"上古汉语综合性的主要表现是'一种形式多种功能'和'多种形式一种功能'现象。"前者如"饮马西河"（动词＋使动对象＋处所）、"晋灵公饮赵盾酒"（动词＋使动对象＋受事）。这两个句子都是"V＋N1＋N2"，同类词顺次排列而没有任何形式标记，但语义类型不同。再如"而"的使用环境广泛，不但可以用来连接两个并列结构，还能介于偏正两个成分之间，如"古者十一而税""尽心力而为之"。还有一些特殊功能，如用在主题结构中，表条件，如"管仲而知礼，孰不知礼！"作为轻声垫字，如"何事而不达？"后者如数量短语可在名词前也可在名词后，如"右方四牒竹器""麦十斗"。处所介词短语（如"施于中谷""于天下乃八十一分居其一分耳"）、工具介词短语（如"直以绳""以戈逐子犯"）也都有动词前、后两种位置，后来逐渐留下在动词前一种。语法的"综合性"向"分析性"方向发展，可以理解为语法向形式与功能的一一对应方向发展，成分之间、类型之间界限分明。

蒋绍愚（2006）所说的"综合"指的是词汇义概念化程度高，例如古代"起""作""兴"都包含着"身体向上"的概念要素，"瞻""顾"都包含"方式"义，"沐""洗"的区别在于其"对象"不同，"跋""涉"区别在于动作的"背景"不同。"综合性"向"分析性"发展，指的是综合性强的词汇向外剥离其概念要素的过程，或者说，词汇的概念化方式发生了变化，有些语义要素不再被概念化进词义中。例如"起""作""兴""身体向上"的概念要素在现代汉语中都被分离出来用"起来"来表达，而该意义从词汇表达变成了结构表达如"站起来"（蒋绍愚，2006）。再如"沐""洗"的区分消失，"沐"不再有"洗头发"的意思，"洗"也不单指"洗脚"，现在通用一个"洗"，然后各种有关"洗"的活动用"洗＋对象"来表现。上古时期第一人称有丰富的"格系统"，其实也可以看作词汇概念化综合性的体现：代词在词化时将格范畴也吸收进来，在综合性向分析性发展的过程中，代词的格范畴被分离出去，不再有不同位置的区分。

因此，虽然语法的综合性和词汇的综合性说的不是一回事，但是二者的确是密切相关的：词汇的综合性强弱会直接影响语法层面句子的表达方式。所以这种趋势结合在一起，就是汉语的语言系统在历时过程中表现出从综合性强到综合性弱、从分析性强到分析性弱的特点。

上古时期的连动式其实性质是并列的关系，在动词连用这个结构上，负载了很多语义关系，如连续动作、动作－目的、动作－结果、致使－结果、工具－动作、动作－趋向、原因－结果、条件－结果、事件－状态等，是一个多功能结构；而同样表达几个动词有共同的宾语，如果这个宾语O出现，可以有V1V2O/之、V1 而/以 V2O/之、V1OV2O/之、V1O 而/以 V2O/之、V1OV2、V1O 而 V2 等多种表现形式，但是到现代汉语，这个宾语只有一种位置即V1OV2，做到了形式和功能的对应。

从前文的分析可以看出，连动式的宾语共享连动式从连续式向隔开式的转变、词类活用现象的消失、连用动词间"而"的消失、动结式中动重动句式的出现等，都是汉语语言系统从"综合"到"分析"的具体体现。实际上连动式本身的发展，也是语法综合性减弱的表现：连动式发展的结果是和动词性并列结构区分开来。动词连用在先秦汉语中大部分需要有"而"等词语连接，而之后，对"而"等连接词的依赖迅速降低，共享宾语省略原则也从"蒙后省"改变为"承前省"，形成了完全不同的一个结构类型。

（二）动词的有界性和名词的有定性

"有界"和"无界"是人们在感知动作的时间上、事物在空间上是否有完整性的认知概念，同时也会影响语言的编码形式。沈家煊（1995）指出："对连续事件的叙述总是一个事件接着一个事件，事件与事件之间要有界线。"连动式是用一个单一小句描述多个子事件，因此在事件的有界性特征上表现得非常有特点：每个连用的动词结构既要表现出独立性，又要相互交叉融合，因此常常表现为有限的有界性（高增霞，2007）。从历史发展的角度看，现代汉语连动式的这种特征，也是在历史发展过程中逐渐形成的，表现为连动式的发展伴随着动词的体貌特征、数量特征、结果状态、起止点、论元等特征的分离及形式化倾向，以及动词的数量、有定性、个体性等特征的分离和形式化倾向。

1. 动词有界性特征的形式化

与英语等语言相比，现代汉语句子中动词没有限定性特征，但是对有界性特征有一定的要求。例如不能说"张三死"，必须说成"张三死了"；不能说"盛碗里鱼"，要说成"盛碗里一条鱼"。"了""一条"等成分是用来帮助句子的动词"死""盛"所表达的动作、状态具有有界性的。

现代汉语句子对动词的这种要求与古代汉语是不一样的。张赪（2010：294）指出，古代汉语中动词可以表达完成，如"比干剖"，但是现代汉语就不可以，必须通过加宾语、补语、"着""了""过"、重叠等方式，说成"比干（被）剖心""比干（被）剖开心"等。

上古汉语的动词在概念意义上有一定的综合性，其后逐渐向分析性方向发展，表现为：动结式的产生，使动作的结果状态由专门的结构成分来表达；动趋式的出现，使动作的趋向、终点等由专门的结构成分表达；"了""着""过"体标记的产生，使动作的体貌特征由专门的功能成分表达；动量词的出现，使动词需要借助量词才能计数（张赪，2010：294）；动词对复指宾语的要求逐渐消失，要求共享宾语由前动词引出，或者由介词专门引出。这些变化都说明，动词的终结性特征、体貌特征、量特征、论元要求等特征都从动词的概念义中离析出来，由专门的结构或者功能成分来表现，因此现代汉语中的光杆动词在入句时非常受限。

汉语句子对谓语部分的有界性要求，其实不仅仅表现在现代汉语中，古代汉语中也有要求。例如张博（2000）指出，古代汉语中连续式共宾结构要成立，如果语义上没有近义或类义关系，就要符合两个语法规则的限制：或者是加"而"，或者是其中有词类活动。"而"具有"二次陈述"的作用（杨荣祥，2011），可以使所在的成分获取充足的"陈述功能"；而词类活用也使"不及物动词"也具有带宾能力。而宾语的出现确立了其陈述性，也就是具有了有界性。

现代汉语连动结构中的这种有界性又是有限的，"种瓜吃"是连动结构，如果说成"种瓜吃瓜"就不再是连动结构，原因之一是两个动词都带有相同的宾语，增强了两者的平行性，所以是并列短语而不是连动结构。所以连用动词组合表现出的是"有限的有界性"。

可以说，英语句子谓语部分的限定性，是由一个动词负载所有的时体信息达到的，而汉语句子谓语部分的有界性，是由多个动词相互制约体现出来的。

石毓智、李讷（2001：162）指出，古汉语句子中动宾结构之后存在一个 X 位置，可以允许很多成分出现，如"谈琴书愈妙""唤江郎觉""绕树三匝了""行之十年""放之山下"，这个 X 位置是与前面 VO 结构相平行的、具有相对独立性的第二个谓词成分。而现代汉语中动宾之后这个 X 位置消失了，上面各例，分别用动补结构、重动结构来表现：

谈琴书愈妙：谈琴书谈得越发好了

唤江郎觉：把江郎唤醒

绕树三匝了：绕树转了三匝

行之十年：实行这项政策实行了十年/这项政策实行了十年

放之山下：把它放到山下

对于这种情况，石毓智、李讷（2001：166）解释为 X 位置是使谓语动词有界化的手段，V 和 X 都是无界的，现在 VX 成为一个有界的单位。这种变化"使得有界性成分不仅是一种表意手段，而且常常是一种完句的手段"。

我们认为，在现代汉语中 X 部分作为动作的结果状态、终点、时间、处所，是动词的有界特征，必须依附在动词上，因此在现代汉语中必须表现为动词结构。而论元为光杆动词的有界性特征的手段，例如 VO 复合词，大多为不及物动词，或者离合词，只有在一些特殊语体下，才会出现 VO 带宾的情况。再如古汉语中连用动词的后动要求有宾语，现代汉语则不可以：

皆蹑而观之（袁郊《甘泽谣·陶岘》）：都放轻脚步去看

出芋啖之（袁郊《甘泽谣·陶岘》）：拿出芋头吃

所间下者，二尺作围束之（《温庭筠《干䉊子·窦乂》）：间下的枝条，二尺一个束起来

成欲并之为击球之所（《温庭筠《干䉊子·窦乂》）：李成想把它们合并起来做击球场

这说明现代汉语连动式中动词的有界性是有限的。

2. 名词有定性特征的形式化

从上古汉语到现代汉语，光杆名词的语义特征也发生了一些变化，最

重要的是指称的有定性特征有形式化倾向。

首先是量词的出现。现代汉语中，数词必须与量词结合构成数量结构才能修饰名词，而不能直接修饰名词，这说明，从古代汉语到现代汉语，"汉语名词从可以直接计数变为不可以直接计数"（张赪，2010：294）。根据张赪（2012：231），量词是从汉魏时期才发展起来的，最开始是分类功能，用形状等为名词进行分类，其后量词分类功能弱化，而个体化功能加强，并进一步发展出离散化功能，量词的作用不再是对事物进行分类，更主要的是使量词后的成分个体化、离散化，构成一个完整的结构。

名词"不可以直接计数"，说明"汉语光杆名词的语义特征发生了变化"（张赪，2010：294）。我们认为，这个语义特征就是名词指称的"离散性"特征。在上古汉语中，名词的概念义中包含"个体性"或"离散性"特征，而随着量词的出现与发展，这种语义范畴从名词的概念义中离析出来，由量词负载。

量词的出现，使光杆名词在指称上不再有固定的指称。例如"360图书馆"中对"刻舟求剑"故事的讲解，我们可以对照其古文和今译（http://www.360doc.com/content/19/0529/07/276037_838890606.shtml）：

楚人有涉江者，其剑自舟中坠于水，遽契其舟曰："是吾剑之所从坠。"舟止，从其所契者入水求之。（《吕氏春秋·察今》）

译文：楚国有<u>个</u>渡江的人，他的剑从船中掉到水里。他急忙<u>在船边用剑在掉下剑的地方做了记号</u>，说："这儿是我的剑掉下去的地方。"船停了，（这个楚国人）从他刻记号的地方下水寻找剑。

在原文中，"从其所契者入水求之"前面省略的主语是"楚人"，但翻译成现代汉语，必须说成指量名短语"这个楚人"，"楚人"本身不能表达定指。同样，"有涉江者"中"涉江者"可以限定"楚人"，但是翻译成现代汉语需要加上量词"个"，"渡江的人"不能限定"楚人"是哪一个。

现代汉语中，"数量名"结构和"名+们"结构在名词的有定性特征上是对立的，例如"三个同学"是不定指的，但"同学们"是定指的。"们"与数量结构在有定性上形成矛盾，因此不能说"三个同学们"。当然这种分工是现在汉语普通话中才确定下来的，在方言以及古代汉语中，"量词+名词"表定指，还有"数量名+们"的组合，如"兄弟自带了三二百个孩儿们杀将去"(《水浒传》四十二回,北京大学 CCL 古代汉语语料库)。现代汉语普通话中,显然量词与"们"在有定性上的对立更为稳固。

其次是名词与动词语序与新旧信息的对应性倾向。在现代汉语中,光杆名词位于动词前或后,会影响其有定性的理解,例如"来客人了","客人"是不定指的,"客人来了"中的"客人"是定指的。在动词后出现的名词负载着新信息,在动词前出现的名词负载着旧信息,这种语用原则已经成为汉语的语法原则。换句话说,在动词后面的名词性短语常常需要一个不定指形式,而在动词前面出现的名词性短语,常常需要定指形式。因此,我们看到上文例子中,在 X 位置上的内容要么需要增加一个动词,要么需要采用"把"字结构,区别在于 O 的定指与否。例如"谈琴书愈妙"(谈琴书谈得越发好了),"琴书"没有特定的指称,所以保留在动词后,而"唤江郎觉"(把江郎唤醒)中的"江郎"是定指名词,因此需要把"把"放在动词前。前文"刻舟求剑"小故事中,"契其舟"在译文中翻译为"在船边用剑在掉下剑的地方做了记号","其舟"是定指的,在译文中需要提到动词前面的位置也是这个道理。

古汉语的"此/斯""是""彼""夫""其""之"都发展出定指功能,张赪(2010:294)称之为"指代代词的冠词化",但是在现代汉语中始终没有发展出定冠词,我们认为,这是名词位置与新旧信息的有效关联使得定冠词的出现缺乏动力造成的。

志村良治(1995:21)也指出,"把""被"有某些共同点,"把"宾"被"主都限于已知的事物,"中古时期处置、被动和使役式的表达,互相关连并共同发展的现象,是很有意义的"。这种意义,我们认为其中之一在于两个介词都是将有定的、已知的宾语前置于动词,使得名词的有定性与其与动词的位置保持一致。

(三) 汉语连动式成长的土壤给连动语言语言类型研究的启示

1. 连动语言的分析型特征

彭国珍等(2013)指出,当前连动式研究中,关于连动结构和语言类型之间的关系目前"还不是特别清楚"。尽管学界提出过多种可能和连动结构相关的类型学特点,但这些假设都还是假设,未形成定论。

其中一个最有影响的假设是,连动式的形成与连动语言的分析型特征有关系，例如 Baker（1989）和 Stewart（2001）认为连动结构只出现在没有时态屈折变化的语言中。刘丹青（2015）也指出汉语和周边存在连动式的语言都是缺乏屈折变化的语言，但语言事实说明部分有连动结构的语言也有时态屈折变化，但目前"尚无法回答动词连用的特点和分析型语言的共性特点是否高度相关"（彭国珍等，2013：328）。

我们认为，分析型语言的特征，并不仅仅是时态屈折变化，而且是与动词的限定性特征、名词的有定性特征、复合词的复合手段、句法的组合手段等一系列特征有关的特征束。因为这些特征之间存在互联互动关系，从前文汉语连动式的发展过程与汉语言系统各范畴的密切关联，已经非常清楚地表现出来了。因此，仅仅从时态屈折变化方面去区分分析型语言还是综合型语言，是有偏颇的，不利于对语言类型的客观分析。

汉语连动式历时发展的过程，完全可以证明连动式的存在与分析型语言类型特征密切相关。

在汉语中，动词的限定性特征不突出，但是有界性特征得到充分的体现。以英汉两种语言来说，在英语的句子组织手段上，在需要表达多个动作的时候，要求有一个动词带有明确的限定性特征，而其他动词都要表现出非限定性特征，而没有语义上的轻重区别。蒙古语、日语、韩语等也是如此，除了一个动词放在句子的末尾部分带有全套的语法标志，其他的动词都必须通过助词来说明其与这个主要动词之间的语义关系，而不能携带其他语法标记。汉语采用的是另一种处理方法，不把其中一个动词的语法地位凌驾于其他动词之上，而只是将几个动词按照语义上的关联并联在一起，在保证其一定的动词特性的基础上进行压缩整合。其他连动语言都是如此，有些语言也具有丰富的时体人称等丰富的屈折变化形式（例如 Eipo 语等），但其目的并不是使其中一个动词成为句法中心，而是保证每个动词的动性，体现动词的词类特征，不是区分句子中动词的限定性，而是保证句子中动词的有界性。

汉语连动式发展过程中所伴随的名词有定性特征的形式化倾向，对连动式的影响是具有类型学意义的。Foley 和 Olson（1985：54-55）指出，在 Twi 语和 Anyi 语中，假如被涉及物是非限定的，双及物动词可以带三个论元，但如果被涉及物是限定的，就必须用动词"拿"。如：

（136）Twi 语（Foley & Olson，1985：54-55）

a. ɔ-maa me siká bí.

　他－给　我　钱　一些

　他给我一些钱。（不定）

b. *ɔ-maa me siká nó.

　他－给　我　钱　限定词

　*他给我那钱。（有定）

c. ɔ-de　sika nó　　maa me.

　他－拿　钱　限定词　给　我

　他拿那钱给我了。（有定）

(137) Anyi 语 (Foley & Olson, 1985: 54 – 55)

a. Kòfí mã̀　　　kàsí bùlúkú.

　人名　给.惯常体　人名　书

　Kofi 给 Kasi 一本书。（不定）

b. *Kòfí mã̀　　　kàsí bùlúkú-ɔ̃̀.

　人名　给.惯常体　人名　书－限定词

　*Kofi 给 Kasi 那书。（有定）

c. Kòfí　fà bùlúkú-ɔ̃̀　　fà-ˈmã̀　　　Kàsí.

　人名 拿 书－限定词　拿－给.惯常体 人名

　Kofi 给 Kasi 那书。（有定）

这两种语言的例子也很清楚地体现了连动式与名词的有定性之间的互动关系。

汉语语法中，组合手段占优势，这一点，从词法到句法都是一贯的，在词法上表现为复合词占优势，在句法上是连动结构、流水句占优势。这其实也是分析型语言的特征之一。Wächi（2005）在世界语言范围内考察了词汇中复合机制的使用情况，指出现代日耳曼语言等缺乏复合机制；马里语、印地语等很少使用复合机制；越南语、藏语等大量使用复合机制。这一表现虽然与宏观的地域影响有关，但是，与语言的分析性特征也不无关系。我们看到，在像 Kalam 语之类的连动语言中，常常具有采用使用有限的词根利用复合手段产生大量复合词的特征。

汉语连动式发展过程中，汉语言系统体现出从综合型向分析型语言类型转变的特征，这一特征伴随动词的有界性特征、名词的有定性特征、词法句法上的组合手段占优势等一系列的变化，对于连动语言的分析型语言特征是一个非常有力的验证。

2. 对连动语言类型特征研究的方法学启示

目前在连动式与连动语言的语言类型的研究中，常常存在分歧，无论是对汉语连动式的研究，还是其他语言连动式的研究，都是如此，我们在第一章中已经有所说明。我们认为，产生这种现象的原因，是在研究方法上存在瑕疵：一味用静态的眼光进行描写，自然会陷于纷繁复杂的表象中无法自拔。我们认为，对连动式及连动语言类型的研究，应该结合历时系统发展和语言接触的视角进行观察。

连动式研究的历时系统发展的眼光指的是应该用历时发展的眼光将连动式放在语言系统的发展变化中来研究。通过对汉语连动式发展过程的梳理，可以看到，汉语连动式是汉语语法规则自动选择下生长起来的。从上古汉语中并列结构性质的动词连用结构，发展到西汉时期逐渐脱离了连词的动词连用结构，汉语真正的连动式其实可以说是从无到有，而在其后的发展过程中，汉语连动式逐渐拥有了自己的句法规则，同其他句法结构类型区分开来，形成现代汉语中的显赫范畴。而在静态的语言平面，仍然反映了历时发展过程的轨迹。这种变化是成系统的，语言系统中的各领域是相互联系的。例如上古汉语中语音特征具有区别意义的作用，随着语音手段越来越受局限，汉语系统开始发展语序手段、词汇手段、句法手段来适应语言表达的丰富性、周密性的要求。所以连动式的发展并不是孤立的。Aikhenvald（2006：34）在理论上设想，不对称型连动式的次要动词会发生语法化，对称型连动式在语义上会不断习语（idiomatic）化，其结果都是使对称型连动式最终消失，最终"去连动化"（deserialization）。不过就目前汉语的情况看，在汉语连动式发展过程中虽然一直伴随着大量的语法化和习语化方向，但是现代汉语中连动式仍然是显赫范畴，我们认为这跟汉语分析型语言的类型特征还处于成熟阶段，没有发生类型上的根本转变有关系。对于连动语言是否会进一步"去连动化"，我们认为，关键是整个语言系统中的其他领域的手段是否都相应地发生了向综合型方向发展的变化，而不是由连动式本身的语法化和词汇化现象决定的。

连动式研究的语言接触眼光指的是在连动式的研究中，应该关注语言接触的因素。从汉语连动式的发展情况看，连动式的发展过程中经历了汉语史上两个外来影响较多的时期：汉魏南北朝和元代前后。这两个时期汉语本身的规则都受到较大程度的冲击，尤其是元代，由于蒙古语的统治地位，形成了一种"使用汉语的词汇和蒙古语的语法"的混合语。方式类"V1着V2"是元代受蒙古语影响而产生的：将蒙古语中的副动词标记直译为"着"，从而形成了汉语"煮着吃"之类的方式类连动结构。根据曹广顺、遇笑容（2006：145），元白话（蒙古汉语）的产生不是一种语言影响另一种语言的发展，而是一种语言的语法体系逐渐去替代另一种语言的体系，是使用一种语言（汉语）的语音词汇，同时在相当程度上使用另一种语言（蒙古语）的语法。即使如此，"V1着V2"自产生以来在汉语中得到迅速发展，而且改变了汉语伴随类连动式的结构形式。这种结构在后世继续保留下来并得到发展，是因为"着"字在元以前就已经发展为一个助词，表示正在进行的动作状态，"V着VP"的格式也已经出现，而方式与动作之间是同时、伴随关系，从上古汉语一直有而且也是方式在前动作在后的顺序，在这诸多因素影响下，蒙古汉语的方式类"V1着V2"就发展壮大起来，而且影响了同时、伴随类连动式都需要在V1处加"着"才可以。例如古汉语中的"笑曰""抱树而泣"现在都要说成"笑着说""抱着树哭泣"，而不能说"笑说""抱树哭泣"。吴福祥（2009）对中国南方四十余种民族语言动宾补语序的调查显示，原本应该是VOC结构的语序，现在发生了很大变化，大多数语言有VOC、VCO两种语序并存的现象，而且部分语言只使用VCO语序，这种变化是受汉语的影响发生了语序重组，是语言接触的结果。

不过，语言接触对语言造成影响是有条件的，只有那些符合本语言系统规则或发展方向的，才有可能被借用。例如，虽然汉语连动式的发展过程中受到了语言接触的影响，但这些影响都是符合汉语本身的发展规律的。例如方式连动式"V着V"之前，已经存在伴随动作类型的"V着V"结构，从伴随动作发展到方式也是一种普遍寻找的语法化路径。另外，曹广顺、遇笑容（2006：145）在研究中古时期处置式时指出，在连动式中省略相同的宾语，是汉代汉语发展的趋势，汉语自身的规律是省略前面的保留后面的，但梵文巴利文都是有形态的语言，宾语的位置并不重要，而在佛经这样的书面文献里，宾语基本上是放在动词前面的，这样在翻译过程中连动式省略的时候，就出现了 VOV 这样特殊的格式，这种格式不是汉语固有的，也不是梵文巴利文的，它是汉语自身发展中，在梵文巴利文等影响下出现的特殊变体，是在其影响下发展的结果。

第六节　本章小结

关于古代汉语连动式的研究，已经有非常丰富的研究成果，本章试图在已有研究的基础上，从上古到现代，对连动式的发展过程进行梳理，从历时发展的角度来思考，为什么汉语选择了连动式。

研究发现，从上古汉语连动式到近现代汉语连动式，典型地表现出连动语言从并列型连动式到经典型连动式再到主从型连动式的发展轨迹。

在这个发展过程中，汉语语法系统经历了语音、词汇多功能现象的消失，体助词的产生，宾语省略规则的变化，"之""而"等功能的衰落，动趋式、动结式、中动式、重动式等结构类型从连动结构中分离等变化。说明连动式的"生长"是伴随着汉语语法系统从综合型到分析型方向发展、名词的有定性、动词的有界性特征的句法化、组合手段占优势的趋势产生，在句法系统各结构形式重新分工之后在汉语语法系统中稳定下来的。

历史发展过程也显示，连动式逐渐拥有了区别于其他结构类型的句法语义规则，形成了一种稳定的独立的句法结构类型。这对认识其他连动语言中连动式的特点也有一定的借鉴意义。

通过汉语连动式发展过程中隔开式与连续式两种语序类型进行了重新分工的现象去观察连动语言中的连动式，可以将连动语言划分为并列型连动语言、经典型连动语言、主从型连动语言三种类型；从连用动词间连接手段的使用从很少到丰富再到消失的现象去观察连动语言的连动式，可以将连动语言划分为使用连词连接的连动语言、使用副词连接的连动语言、使用助词连接的连动语言、使用词缀或体标记连接的连动语言，而这些类型之间还构成一种发展倾向。

汉语连动式是在汉语语言系统发生了从综合型向分析型变化的大环境中产生的，汉语连动式的出现及繁荣，与动词的有界性、名词的有定性、组合手段占优势等多领域的规则有互联互动的关系。而这些特征在集体上体现出分析型的语言类型特征。因此，汉语连动式历时发展的案例，可以很好地证明连动语言的分析型类型特征。同时也提示我们，在连动式及连动语言类型特征的研究中，应该从历时系统的角度和语言接触的角度，而不能单纯静态地、孤立地进行分析。

第六章
汉语连动式的词汇化

连动语言的研究结果证实,连动式具有很强的词汇化倾向:会把整个连动式看作一个单一的词汇项目。蒋绍愚(2007)指出,"同一个概念可以用词表达,也可以用大于词的语言单位(词组甚至句子)表达,……前者是某些概念要素进入了一个词的词义结构之中,这就是'词化'"。这里所说的"词化"即"词汇化"(lexicalization)。词汇化这个概念有共时、历时两个层面的含义:从共时层面看,就是概念义与词的形式相结合的过程;从历时层面看,就是一个非词的短语或句法结构逐渐固化,形成单个词语的发展过程。汉语连动结构的词汇化表现为两个方向:一是词汇化为复合词;二是词汇化为成语、惯用语、俗语或习用语,或者一些固定的框架。汉语连动式的特征使之极易进一步结构凝缩,发生语法化或者词汇化。有关在汉语连动式语境中产生语法化的现象已经有很多研究成果,本章主要观察汉语连动式的词汇化,以说明连动式的整合特点。

第一节 连动语言中连动式的词汇化现象及研究

Durie(1997)指出,连动语言中一个具有普遍性的规律是,在某些特定的动词组合上表现出极强的词汇化趋势。就我们看到的连动语言研究资料看,很多连动语言中存在词汇化现象。就结果层面看,以连动的形式构成的词汇项目表现为由动词词根与动词词根构成的连动复合词和凝固成特定意义的固定结构两种类型。

一 连动复合词

连动复合词指的是由两个或多个动词词根组合成的、表达一个比较凝固性的意义的连用动词串。

连动复合词的形成一般是用一个事件的代表性环节来指称这个动作。由于某事件类型常常由特定的一些动词组合来表达，这些定型了的动词组合常常最终成为一个词汇项目。例如在 Kalam 语中"yn ag"的意思是"发动引擎"，而不是动词项表面的"点燃+发出声响"。在发动引擎时，人们常常做这样的系列动作：先点燃，再发出声响，然后汽车引擎就被发动了。人们就用"发动引擎（或点火）"这个过程中的典型环节——点燃+发出声响——来代表发动引擎这个事件，久而久之，"yn ag"的意思就成了"发动引擎"。这样的例子还有很多，如：

Kalam 语（Pawley, 2008：189）
  ag fi（发出声响–接收）'问' d ap–（得到–来）'带来'

Sranan 语（Durie, 1997：323）
  bro kiri（吹–杀）'熄灭' kwinsi puru（挤–移动）'提取，榨出'

Yorùbá 语（Durie, 1997：323）
  rí gbà（看–拿）'收到' pa run（击–撞）'破坏'

Alamblak 语（Durie, 1997：323）
  tu-fēnah（扔–到达）'投掷' fak-yirona（得到–感觉.疼痛）'阵痛'

Akan 语（Durie, 1997：324）
  kā hwe（触及–看）'感觉' sɔ hwe（全神贯注于某事–看）'品尝'

Upper Necaxa Totonac 语（Berk, 2011：78, 83）
  laʔša ka:lakamín（生气–面对说话人）'吵架'
  ni:maʔšteẹ（死–离开）'使守寡'

Khwe 语（Aikhevald & Dixon eds., 2006：121）
  mũũ–a–á（看–知道）'理解，认出' djéréka-ra-djào（惩罚–工作）'做苦役'
  ≠x'óá-rá-tɛ́（出去–站）'去方便''释放'
  n//gɛ́–ɛ́–kyaáréku（产生–返回）'吵架'
  tcxóm-a-≠úu（扯下–收集）'收集野果'

二 语义凝固的固定结构

这种动词串所表达的意义不能从动词的意义简单相加就能够理解,而是已经凝固了一种固定的意义,因此可以称之为固定结构。这种结构常常具有浓厚的文化色彩,具有独特的民族特色。例如:

(1a) Triana 语 (Aikhenvald,2006:193)

āpia kesani-wani　　　　du-thaku-se　　　　di-wha deːɾu-pidana.

猪　味道-分类词.集合 3 单阴-鼻子-方位 3 单阴-落 3 单阴.得+卡住-遥远.过去时.报道体

(字面意思:野猪的味道落-得卡住她的鼻子里)

(1b) 汉语:她闻到了野猪的味道。/一股野猪的气味冲进她的鼻子。

(1c) 英语:she felt the smell of wild pigs.

(1d) Kalam 语 (Pawley,2008:187)

ñb nŋ(消费/吃　收到)尝 pk nŋ(轻推　收到)通过接触感觉

在这些例子中,Triana 语用味道"落到"某人的鼻子并且"获得-卡住"在某人的鼻子里表示这种味道被"闻到"的过程,在汉语中用"闻""嗅",在英语中用"smell"(如:The dog had smelt a rabbit.)、"feel",在 Kalam 语言中我们虽然没有找到直接的对译方式,但是表示感觉的动作,常常是用"过程+收到"的方式来表达。可见,不同的语言有不同的表达方式,具有鲜明的民族特色。

固定短语的形成,一种情况是用固定的动词串来指称生活中的某一特定事件。例如:

(2) Triana 语 (Aikhenvald & Dixon eds.,2006:193)

dima　　di-hña　di-emhani '长时间打猎或钓鱼'

3 单睡　3 单吃　3 单行走

(3) Upper Necaxa Totonac 语 (Berk,2011:100)

naktaa̱ ʔɬapatamáːɬ　　　naktáma̱

na-ik-ta-a̱ ʔ-ɬapá-ta-máːɬ　　nak=táma̱

将来时-1 单.主语-去致使体[①]-头-盖-去致使体-躺 处所=床

[①] "去致使体"译自"decausive"。

我要蒙头大睡。

在这些例子中，这些语言中的动词串都有固定的意义，例如 Triana 语用"睡""吃""行走"三个动作来指称在户外连续几天打猎或捕鱼这种事情，不能单纯只将这几个动词的意义理解为其所表达的几个连续动作，而应该理解为一件事情。也就是说，这几个连续动作已经概念化了。Upper Necaxa Totonac 语中用"盖头－躺床上"两个连续动作表达睡觉这件事情，也不能单纯理解为几个连续的动作。

另一种情况是用一个动词串来表达一种特定的文化现象。例如：

（4）Tariana 语（Aikhenvald，2006：182）

nese-nuku　　　　ka-wana　　　　ka-hña ñamu

然后－话题．非人的　关系标记－叫　关系标记－吃　邪恶．灵魂

yawi　　alia　　na-yā-nhi-pidana

美洲豹　存在　3 复－留－前－遥远的．过去时．报道体

Then there (in the jungle) were shouting ghost, evil spirit, jaguar.

据 Aikhenvald（2006：193）解释，"ka-wana ka-hña"字面意思是"那个喊叫的　那个吃的"是一个文化词语，专门指那些吃人的鬼，这些鬼能发出可怕的喊声。"yawi di-hña"（字面意思：成为美洲豹－吃），描写的是高等萨满人能变成美洲豹的神通。这个句子所描述的事情，如果用汉语说，可能是"丛林里有变成美洲豹边吃人边发出可怕叫声的巫师出没"。可以看出，如果不理解当地的文化特色将难以理解所讲述的内容。

可见，这些文化事件在使用连动式表达的时候，有的是采用"典故"形成的，有的是采用隐喻形成的。对于采用隐喻机制的固定连动短语来说，由于人类认知模式中可能存在一致的隐喻模式，因此，尽管每种连动语言中的习惯用语都各有自己独特的典型形象，但是仍然能发现相同的连动式词汇化现象，例如：

（5）Sranan 语（Miiysken & Veenstra，1994：235）

no teki baskita tyari watra

勿　拿　篮子　携带　水

不要用篮子打水

与 Sranan 语这个例子完全一样的，汉语有"竹篮打水"的俗语，这是

一个很有意思的现象。也许如果我们掌握的材料足够丰富，还能够找出更多这样的语言现象。

三 连动语言连动式词汇化的动因和后果

在已有对连动语言连动式词汇化现象的研究中，除了描写以连动复合词为代表的词汇化现象之外，还有一些文献提到了连动式词汇化的动因和后果。主要代表是 Aikhenvald（2006）。该文指出，连动式所表达的是"单一事件"，因此很容易发生词汇化。也就是说，连动式语义表达的整体性是发生词汇化的主要原因。

Aikhenvald（2006）根据组成连动式的成分的内部语义关系，将连动语言中的连动式分为对称型连动式和不对称型连动式，并且指出，这两种类型的连动式具有不同的发展方向：不对称型连动式的次要动词会发生语法化，最终取消不对称型连动式；而对称型连动式在语义上会不断习语化（idiomatic），其结果是使对称型连动式最终消失。语法化和词汇化的最终结果，是使该连动语言最终"去连动化"（Aikhenvald，2006：34）。

对于这些结论，我们不完全赞成。就汉语的情况来看，不对称型连动式和对称型连动式都有相当程度的词汇化。在古代汉语中，"动作-结果"关系的连动式最终演变为动结式，"动作-趋向"关系的连动式最终演变为动趋式，次要动词虽然在语义地位和语法功能上都有所减弱，而且最终从连动结构中独立出去，但是，一方面并没有使汉语连动式中的不对称型连动式完全取消，另一方面，动结式和动趋式也有相当一部分进入词库，次要动词并没有最终语法化为功能成分。

而汉语中的复合词，也确实有很多连动类型，根据蒋雪（2011：41），从上古到中古、近代再到现代汉语，连动型复合词呈现出增长的趋势，尤其是在当代，连动型复合词增加得很快。正如张小平（2008：296）指出的，"连动型构词虽然过去也有，但新词中却醒目地增加，尤其是双音节连动构词"。不过，在整个汉语词汇系统中，连动型复合词还是属于"少数派"，蒋雪（2011）所统计的《现代汉语词典》收录的连动型复合词共有 306 个，相对于整个汉语词汇，这个数字显然不大。而且就其所列举的《现代汉语词典》（第五版）的新增连动复合词（"报领""报送""编发"

"查堵""查截""查控""查扣""核批""核收""核销""摘抄""摘发""搜获""搜救")而言,都不是由前期相应的连动式词汇化而来的,而是利用连动手段造词的结果。这种现象,不仅不能说明已有连动式会因为词汇化而减少,反而说明,连动手段是在现代汉语中占优势的语法手段,已经从句法层面延伸到词法层面。因此,我们认为连动式的词汇化,并不会最终使对称型连动式消失。

四 对汉语连动式词汇化的研究

和其他连动语言一样,汉语连动结构的词汇化结果也有两个：复合词和固定短语。

一些连动语言研究文献中提到了汉语连动式的词汇化,Matthews（2006：79）在谈到广东话的词汇化时只提到了两个例子："tai2 sung3 sik6 faan6"（睇餸食饭）和"ze3 dou1 saat3 jan4"（借刀杀人）,但是更多的文献是将动结式看作动-动复合词,例如 Lord（1975）、Durie（1997）、Pawley（2008）等。

在汉语研究中,一般将动结式、动趋式看作动补结构,不认为是复合词,其判断依据是：动结式和动趋式之间可以插入"得""不"等,如：

洗净——→洗得净/洗不净　　拿来——→拿得来/拿不来

当其中不能插入"得/不"的时候,就被认为是一个复合词,如：

提高——→*提得高/提不高　　进来→进得来/进不来

不过趋向动词做复合动词语素的时候,仍然可以有限插入。

Agheyisi（1986）在论证 Edo 语的复合词时采用了位置分布标准,发现当一个成分是以完全动词或者同动词出现的时候,其位置与作为一个词缀成分出现的位置不同,如：

gbe（v.）'击打（hit）' > -gbe（affix）

自由动词：òzó gbē azàɽi̍（Ozo-打-Azari）

　　　　　òzó yā erá̄ gbe àzàɽi̍（Ozo-用-木棍-打-Azari）

同动词（co-verb）：òzó bī ɛkhù gbè àzàɽi（Ozo-推-门-撞-Azari）

动词词缀：ɛ̄ xù bigbe gbè àzàɽi（门-关闭-撞-Azari）

从这个角度看,汉语的动结式、动趋式确实比较靠近复合词,因为在历时发展过程中，动结式、动趋式都经历了从隔开式到连续式的发展过程，其位置发生了变化。但是我们传统上只认为收录到词典中的动结式、动趋式为复合词，而大量没有收录到词典里的动结式和动趋式都被认为是动补结构。在我们看来，连续式动结式和动趋式可以看作准复合词，位于向复合词发展的过程中。在本章我们不将其作为词汇化的研究对象。

就目前我们掌握到的连动文献来说，虽然很多文献提到连动式具有词汇化发展的倾向、某些连动语言中存在大量连动复合词，但是这些研究大多只限于提出这个现象，除了个别文献对复合词进行分类（如 Pawley，2008）之外，没有更加细致的研究，比如对连动式的词汇化机制、词汇化历时发展过程等问题，都没有研究。我们希望在本章能够对汉语连动式词汇化问题进行初步的深入探讨。

第二节　现代汉语连动型复合词

一　连动型复合词与其他类型的区分

"当一个特定的语义成分和一个特定的语素经常性地结合在一起的时候，我们就说，这里发生了词汇化。"（Talmy，1985：37）连动式的词汇化即一个特定的意义最终与一个连动形式相结合。与所有词汇化过程一样，连动式的词汇化首先表现为语义的不可分割性，例如"跟进（某事件）"不是"跟着进（某事件）"，而是"追踪关注（某事件）"的意思；"走访"不是"走然后访"，而是"拜访、访问"的意思。这些组合在语义上已经不可再分析，不能用动词组合义去理解整个组合的意义，因此已经词汇化了。

词与词组的区别，一般认为是其意义的凝固性、整体性、不可分割性：词的意义不能由其组成成分的意义简单相加而成。不过词义的透明度有高有低，不能"一刀切"。比如"听写"的词义透明度就比"裁缝"的词义透明度高；"提高"被作为一个词项列入《现代汉语词典》，而"升高"没有。为了避免判断上的分歧，我们对于连动式复合词的认定，以《现代汉语词典》为准。

与其他连动语言中连动式的词汇化相同，在现代汉语中，以词汇的身份出现的连动式有复合词和固定短语两种类型。

需要注意的是，对于汉语的连动式复合词，国内外所指并不相同。Durie（1997）、Aikhenvald（2006）等所说的汉语连动式复合词，指的都是类似于"饿死""打死"之类的动结式。而国内现代汉语研究者所谓的连动式复合词，指的是"听写""病退"之类的连动方式复合词。本章所使用的"复合词"指的是后者。

从动结式（如"升高"）到动结式复合词（如"提高"），其实是结构进一步凝缩的过程，我们认为只有程度上的差异，而没有质的改变；但是从"动作-结果"连动式（如古汉语的"煮之熟"）到动结式，其中并不仅仅是结构的整合或凝缩，还涉及动词性质的变化及论元配置方式的变化（见第五章），发生了质的变化，因此，我们认为，汉语研究中，将动结式排除在连动式之外，是非常值得肯定的做法。

连动式和兼语式唯一的区别在于动词的施事发生了变化，因此，在使用的动词类型上有明显的区分，如兼语式的前动词一般是命令类、陪伴类等，与连动式很少有交叉（除了"有"）。尽管传统的方法是将其分开研究，但也有学者认为还是应该将兼语式看作连动式更合适（如刘街生，2011）。而在复合词中，连动式复合词和兼语式复合词唯一的差别是动词语素成员的特定的语义类型，如"请教"。由于有动词类型上的差异，所以本书中所研究的"连动式"是与"兼语式"分开的，在复合词研究中我们也同样不涉及兼语式复合词。

二　现代汉语连动型复合词的事件类型

根据连动型复合词所表达的事件类型，我们发现，在现代汉语连动型复合词中，出现频率较高的是以下一些类型。

（一）以发现为目的的事件

相当一批连动复合词是以描写"发现"事件中的阶段性动作来表达这个事件的，这样的动词语素有"查""测""核""搜"等测试性行为以及"触"等感觉类行为：

辨：辨认　辨识　分辨

测：测报　测定　测绘　测控　测验　检测　推测

查：查办　查抄　查处　查对　查封　查考　查获　查禁　查究　查收　存查　稽查　检查　追查
触：触动　触摸
核：核发　核减　核批　核收　核销　核准
检：检点　检定　检获　检索　检讨　检修
考：考订　考核　考评　考验　考证
搜：搜捕　搜刮　搜集　搜缴　搜救　搜括　搜罗　搜剿　搜掠

（二）以获得为目的的事件

表达获得的过程、结果的过程环节或阶段，如：
获：起获　斩获　收获　拿获　检获　查获　捕获　破获　截获　缉获　抄获　抓获　搜获　侦获
求：谋求　征求　寻求　请求
还：讨还　偿还　退还

（三）运动事件

表达一个位移或趋向事件，包括运动或趋向过程中的环节或阶段：
出：出奔　出访　出击　出猎　出卖　出示　出使　出仕　出售　出逃　出巢　出行　出巡　出演　出游　出展　出战　出诊　出征　出走
进：进攻　进击　进见　进占　进驻
回：回拜　回访　回跌　回击　回升　回流　回落　回聘　回迁　回收　回填　回响　回叙　回旋　回应　回游　回涨
入：入住　入主
留：留传　留待　留聘　留任　留守　留驻　留宿
奔：奔赴
走：走读　走访　走马观花　走着瞧
逃：逃避　逃离　逃匿

（四）转移运输事件

使事物的位置发生移动，在这个过程中的几个环节，例如：
传：传抄　传递　传观　传看　传送　传闻　传销　传阅
运：托运　运销　搬运
送：扭送　派送　推送　输送　呈送　断送　葬送　放送　护送

奉送　传送　押送　播送　配送　陪送　抄送　发送　拿送

割：割接　割据　割弃　割让　割舍

抛：抛弃　抛洒　抛撒　抛射　抛售　抛砖引玉

编：编发　编遣　编发　编校　编录　编审

摘：摘编　摘抄　摘登　摘发　摘录

采：采买　采购　采写　采集

抽：抽测　抽查　抽考　抽验　抽印

提：提纯　提留　提请　提任　提审　提议

配：配给　配平　配售　配置　配制

调：调适　调整　调配

派：派驻

收：收编　收藏　收存　收抚　收看　收听　收审　收养　收治

汇：汇报　汇合　汇集　汇拢　汇映　汇展

聚：聚餐　聚合　聚积　聚集　聚歼　聚居　聚拢

囤积　屯集　集藏　借用　捐建　拆洗

（五）人际交往事件

包括身体姿态、人际交往、社会活动的环节或阶段，如：

坐：坐等　坐待　坐地分赃　坐化　坐怀不乱　坐井观天　坐山观虎斗　坐视　坐以待毙　坐诊　坐镇

立：立等　立候　立射

腾退　腾跃　跳跃

陪：陪练　陪聊　陪审　陪侍　陪葬　陪住

办：办复　开办　主办　采办　置办　拿办　协办　包办

展：展播　展出　展示　展演　展售　展评　展映

招领　招降　扮演　病休　病退　离休　评聘　悔改　拜别　拜辞

（六）与其他语言连动复合词语义类型的比较

一些文献如 Ingram（2006）、Pawley（2008）等都描写到所研究的连动语言（Dumo、Kalam）中有丰富的连动式复合词，其中 Pawley（2008）对 Kalam 语中常见的一些连动型复合词的语义类型进行了描写。将现代汉语连动型复合词的语义类型与之相比，可以发现，有一些相同的语义类型,说明在连动语言中,有一些事件类型倾向于使用连动表达。

根据 Pawley（2008）,Kalam 语的连动型复合词在语义类型上有因果关系（cause-effect）类型、探测发现（test or discover）类型、移动路线（movement along a path）类型、运输（transport）类型、操纵－姿态（manipulative-positioning）类型、传递－联系（transfer and connection）类型、过程（process）类型、食物获取（food-getting）类型。

  因果关系：pug sug-（吹 灭）'吹灭' su wk-（咬 碎）'咬碎'
      tb pag-（切 破碎）'切碎' pk sug-（击刺 灭）'刺灭'
  探测发现：ag nŋ-（说 收到）'询问要求'
      ay nŋ-（手放 收到）'试是否合适'
      ap nŋ-（来 收到）'来访'
      d nŋ-（触碰 收到）'（有意）触摸感觉'
  移动路线：am jak-（去 到达）'抵达'
      ju ap-（撤回 来）'出来,出现'
      kbi am-（离弃 去）'放弃,舍弃'
      saŋd am-（离开视线 去）'从视线中消失'
  运输：d ap-（得 来）'携带' am d ap-（去 得 来）'取回'
    d am-（得 去）'拿' dad tag-（运送 走开）'运送,驾（车）'
  操纵－姿态：d ay-（得 放）'整理'
      d tbk-（握 夹住）'抓牢,紧握'
      tb blok-（切 分散）'切分'
      wsk ask-（解开 自由）'释放'
  转移－联系：d ñ-（得 转移）'交出,私下给'
      ju ñ-（撤回 转移）'归还'
      ñag ñ-（射 转移）'（缝纫或钉扣子时）固定连接起来'
      tk ñ-（写 转移）'写信'
  过程：yn ag-（燃烧 说）'噼里啪啦地烧' yn kum-（燃烧 死）'烧死'
    wlek yap-（滑落 倒）'（松了的东西）滑落'
    añŋ pug pug kum-（呼吸 吹 吹 故障）'喘息'
  食物获取：ad ñŋ-（煮 吃）'在土罐里煮吃'
      pik ñŋ-（杀 吃）'杀猎物吃'

ym ñŋ-（种　吃）'种庄稼吃'

ju ñŋ-（撤回　吃）'拔（植物）吃'

可见，现代汉语与 Kalam 语在表示因果关系、探测发现事件、运输事件、运动事件等类型上，出现了较多使用连动复合词的现象。Ingram（2006：221）也列举了一些 Dumo 语中的连动复合词，如：

pehng mohng（击　使坐）'坐下'　　pehng si（击　击，刺）'纵向劈开'

bo bloe（把持　为）'坚持，依靠'　bo blur（把持　等）'照顾'

bo lu（把持　来）'携带'　　　　　bo blu（把持　推）'推'

可以看到，这些词语所表达的语义类型也基本上是操纵、运输类型，这说明，在不同的连动语言中，运动事件、运输事件、操纵处置事件，比较容易被处理为单一事件，形成连动型复合词。而且，在这些事件中，常常围绕某几个高频动作形成一系列的复合词。

三　现代汉语连动型复合词的语义模式

从连动型复合词中两个词根之间的语义关系来看，现代汉语连动型复合词的语义模式有以下几种类型。

（一）序列关系

动词词根所表达的语义具有时间先后关系，分别表示一个事件中的两个环节或两个阶段，如"扮演""报考""报销""播放""裁缝""插播""查办""撤换""承包""抽调""割让""剪贴""接管""截获""进驻""认领""听写""提供""投靠""推知""迎候""追击"，等等。

在连动型复合词中，动词词根之间是先后关系的占大多数。这些复合词，大部分透明度很高，词汇化程度比较低，如"听写""追击"等，但有的透明度很低，词汇化程度较高，如"裁缝"已经改变了词性。

除了"裁缝"之外，其他复合词的句法功能与词根的句法功能基本保持一致：

查案件　办案件　查办案件

进上海　驻上海　进驻上海

听五个单词　写五个单词　听写五个单词

追一股残敌　击一股残敌　追击一股残敌

（二）目的关系

动词词根所表达的动作在时间上具有先后关系，在语义关系上具有目的关系，如"出诊""出征""出逃""抽测""抽查""聚餐""陪练""陪聊""借用"，等等。

具有目的关系的双动复合词，大多词汇化程度较高，复合词的功能与词根的功能并不完全一致。例如：

出医院　诊病人　　＊出诊医院　　　＊出诊病人
陪孩子　练跳高　　＊陪练孩子　　　＊陪练跳高
抽样品　测样品质量　?抽测样品　　抽测样品质量

（三）因果关系

动词词根所表达的动作在时间上具有先后关系，在语义关系上有原因和结果的关系，如"病休""病退""溃逃""悔改""逃离""逃匿"，等等。

这些复合词在词汇化程度上较低，其带论元的能力常常是各词根所在论元的整合，例如：

老人病了　老人（从岗位上）退了　老人（从岗位上）病退了
敌军溃了　敌军（从战场）逃了　　敌军（从战场）溃逃了
他逃了　　他离了现场　　　　　　他逃离了现场
他悔了　　他改了错误　　　　　　＊他悔改了错误

（四）结果关系

动词词根所表达的动作在时间上具有先后关系，在语义关系上有动作和结果的关系，这种"动作－结果"关系不同于原因－结果关系，因为动作和结果之间具有一种致使关系，如"夺取""攻取""起获""收获""夺得""取得"，等等。

这些复合词与词根的语法功能上比较一致，例如：

夺城堡　取城堡　夺取城堡
起文物　获文物　起获文物
取成绩　得成绩　取得成绩

（五）方式关系

动词词根所表达的动作在时间上具有先后关系，在语义关系上前动具有修饰限制后动的作用，表达后动所需要的方式、方法、路径等语义内容，如"汇映""汇展""坐等""坐视""立候""立射""扭送""派送"，等等。

这些复合词词汇化程度大多比较高，复合词的句法功能常常不能从词根的功能推知，有些与后动的句法功能保持一致，例如：

他立着　　他射靶子　　*他立射靶子
汇电影　　映电影　　　*汇映电影
扭小偷　送小偷　送派出所　扭送派出所　*扭送小偷派出所
坐着　等结果　坐等结果

（六）小结

在连动型复合词的两个词根之间，语义上都有先后时间关系，但是有些复合词的词根还可以进一步分辨出原因－结果、动作－结果、修饰关系、目的关系。其中方式关系、目的关系、因果关系只是观察的侧重点不同：侧重于结果部分，是目的关系；侧重于达到目的的方式、方法或路径，是方式关系；侧重于两者之间的逻辑关系，则是因果关系。

还可以发现，连动型复合词的语义类型与事件类型有很大的相关性，两个词根具有目的、方式关系的复合词常常是运动事件、发现事件等，而获得事件常常形成结果关系复合词。

第三节　现代汉语连动型俗语

现代汉语中存在大量的由连动式表达的意义比较凝固的固定结构、俗语。为了分析有哪些连动式形成了意义比较固定的俗语，我们以曹聪孙编撰的《中国俗语典》（1991）为对象，搜集、分析了其中的连动式俗语，并与其他语言中的连动式俗语进行比较。

一　连动型俗语的结构及类型

《中国俗语典》在选择条目上采用"口语通俗性、广泛适应性和完整述谓性"的原则，力求"有早年出处"（曹聪孙，1991：说明），比较有利于本章对于连动结构词汇化的说明。在该辞典所收录的俗语中，属于连动结构的共有 83 条。①

(一)《中国俗语典》中连动型俗语的结构类型

从结构类型上看，这 83 条俗语中，主要是先后序列动作 V1OV2O 结构，其次是同时性的"V 着 V"格式，最后是共宾结构、V1OV2、V1V2 等。

首先，V1O1V2O2 结构，共 46 条。

从 V1O1 与 V2 之间的关系看，V1O1 与 V2O1 之间是紧接着发生关系的有 20 条："拔了萝卜带出泥""拔了萝卜栽上葱——一茬比一茬辣""拨开云雾见青天""摁倒葫芦起了瓢""打开天窗说亮话""丢下耙儿弄扫帚""放下屠刀立地成佛""逢庚则变遇甲方晴""逢山开路遇水搭桥""关上门过日子""今日脱靴上炕，明日难保得穿""开口告人难""临阵磨枪""上了楼就撤梯""念了经就打和尚""舍命陪君子""伸手不见五指""脱了裤子放屁""望梅止渴""画饼充饥"。

O1 是 V2 的工具、条件、依据的有 18 条："拆东墙补西墙""常将冷眼观螃蟹看你横行到几时""逢人只说三分话""没有闲钱补笊篱""买咸鱼放生""拿酒盖了脸""拿软的当鼻子头""拿野猪还愿""顺手牵羊将计就计""挟天子令诸侯""有钱买马没钱置鞍""读书破万卷下笔如有神""只有撑船就岸哪有撑岸就船""照葫芦画瓢""矮子看戏随人道好""随人说短长""看人下菜碟""因风吹火用力不多"。

V1O1 与 V2O1 之间是同时关系的有 8 条："闭门深藏舌，安身处处乐""闭门造车""穿青衣抱黑柱""孔明挥泪斩马谡""慢橹摇船捉醉鱼""牵瘸驴上窟窿桥""挂羊头卖狗肉""坐山观虎斗"。

其次，"V 着 V"结构，共 15 条："闭着眼睛捉麻雀""吃着碗里看着锅里""当着矬人别说短话""放着河水不洗船""放着鹅毛不知轻顶着磨盘不知重""跟着好人学好人""含着骨头露着肉""昧着惺惺使胡涂""拿着官盐当私盐卖""拿着黄牛当马骑""拿着金碗要饭""守着多大碗吃多大的饭""站着说话不腰疼""照着葫芦画瓢""睁着眼做合着眼受"。

最后，共宾结构"V1OV2"，共 16 条，有 3 条与"V 着 V"结构套

---

① 像带"而"的俗语如"不得其门而入""乘兴而来败兴而归"，以及兼语式如"放虎归山""磨得鸭嘴尖鸡嘴不值钱"不计算在内。

用:"八哥啄柿子——拣软的吃""给人小鞋穿""给个棒槌就当针认""黑心人倒有马儿骑""拣高枝儿飞""留得青山在不愁没柴烧""拿鸡蛋往石头上碰""弄了个鱼头来拆""惹虱子头上搔""推倒了油瓶不扶""有天理倒没饭吃""打掉牙往肚里咽""求生不得求死不能""拿着官盐当私盐卖""拿着黄牛当马骑""拿着金碗要饭吃"。

V1O1V2 结构,共 8 条:"闭门家中坐祸从天上来""打破砂锅问到底""点根香怕出烟儿放把火烧也罢了""观棋不语真君子""路见不平拔刀相助""米贵增钱买无钱饿死人""巧妻常伴拙夫眠""撒泡尿自己照照"。

V1V2 结构,1 条:"宁可无了有不可有了无"。

总起来看,汉语连动型俗语,基本上采用隔开式,由光杆动词构成的连续式极少,这是因为后者所能传递的信息很不丰富,而且如果光杆动词连用的话,很容易被处理为复合词。

(二)《中国俗语典》中连动型俗语的语义类型

从连动型俗语动词/动词短语之间的语义关系看,主要有以下类型:

强调紧接着发生的顺承关系,如"拔了萝卜带出泥""拔了萝卜栽上葱——一茬比一茬辣""拨开云雾见青天""摁倒葫芦起了瓢""跟着好人学好人""放下屠刀立地成佛""宁可无了有不可有了无",等等。

强调使用的工具、方法、方式与动作之间的关系:"闭着眼睛捉麻雀""当着矬人别说短话""挂羊头卖狗肉""孔明挥泪斩马谡""路见不平拔刀相助""慢橹摇船捉醉鱼""撒泡尿自己照照""拆东墙补西墙",等等。

强调对事物的处理与目的的关系:"八哥啄柿子——拣软的吃""给人小鞋穿""拣高枝儿飞""看人下菜碟""拿鸡蛋往石头上碰""拿酒盖了脸""拿软的当鼻子头""拿野猪还愿""拿着黄牛当马骑""弄了个鱼头来拆""拿着官盐当私盐卖""只有撑船就岸哪有撑岸就船",等等。

强调转折、对照关系,如"放着河水不洗船""放着鹅毛不知轻顶着磨盘不知重""守着米囤饿死""昧着惺惺使胡涂",等等。

从事件类型上看,连动型俗语中出现频率较高的事件有以下几种。

处置-操作事件,主要动词所表达的是人自主发出的动作,通过人的动作对对象施加影响,如"拔了萝卜栽上葱""拨开云雾见青天""摁倒葫芦起来瓢/按下葫芦浮起瓢""打开天窗说亮话""丢下耙儿弄扫帚"

"关上门过日子""开口告人难""临阵磨枪""上了楼就撤梯""念了经就打和尚""伸手不见五指""脱了裤子放屁""拆东墙补西墙""买咸鱼放生""拿酒盖了脸""照葫芦画瓢/照着葫芦画瓢""巧妻常伴拙夫眠""撒泡尿自己照照""打破砂锅问到底""点根香怕出烟儿放把火烧也罢了""路见不平拔刀相助""观棋不语真君子""只有撑船就岸哪有撑岸就船",等等。

消耗领属事件,主要动词是买卖、吃喝等消费行为或有无等领属事件:"没有闲钱补笊篱""挂羊头卖狗肉""有钱买马没钱置鞍""吃着碗里看着锅里""拿着官盐当私盐卖""守着多大碗吃多大的饭""有天理倒没饭吃""米贵增钱买无钱饿死人""黑心人倒有马儿骑""留得青山在不愁没柴烧""宁可无了有不可有了无",等等。

人际交往事件,主要动词表达的是人的身体姿态、言语行为,如"站着说话不腰疼""常将冷眼观螃蟹看你横行到几时""坐山观虎斗""含着骨头露着肉""舍命陪君子""逢人只说三分话""矮子看戏随人道好""随人说短长""看人下菜碟""闭门家中坐祸从天上来",等等。

从俗语中动词所表达的事件类型看,最多的是个人的处置操作事件,其次是消耗领属事件,再次是身体姿态、言语行为等事件。这些事件类型显然与复合词不同,连动型俗语中缺少以发现为目的的事件、运动事件、运输事件等事件类型。这种情况说明,类似于感觉、测查与发现目的、运动与目的、运输与目的之间的关系更加紧密,更容易被看作一个整体事件,而个人的处置操作、消耗、领属、身体姿态、言语行为等各环节之间的关系,相比之下,稍显松散,凝固化的概率也因此会有所下降。

二 与其他语言连动型俗语的比较

俗语言简意赅,寓意深刻,是生活中智慧和经验的总结,口传心授,具有一定的教育意义。不同的语言使用的语言形式虽然不同,但是在表达的意义上有一定的相似性。因此,我们看到,即使是不同语种、没有地缘关系的两种语言中也很容易发现寓意相似甚至表达也完全相同的例子。例如土耳其语的"suyun akintisina gitmek"(水-流-顺-放)相当于汉语的"顺水放船","gözü açık gitmek"(眼睛-不闭-去世)相当于汉语的"死不瞑目"(Aylin Yilmaz, 2017)。对于有语言接触的语言,这种相似性就更多一些。我们注意到汉语与壮语在用连动式表达的俗语中具有相似的表达方式并进行了比较，可见表6-1。

表6-1 汉壮语义相同的连动型俗语

壮语（李金芸，2016）	汉语
gven dou moeb ma（关-门-打-狗）	关门打狗
mnj yiengz benz faex（抱-羊-爬-树）	搬石头上山
aeu youz daeuj ceuj ve vaiz（拿-油-来-炒-蹄-牛）	脱裤子放屁
deng vunz cing boek（被-人-打-牛鼻绳）	被人牵着鼻子走
gaj gaeq hawj gaeng yawj（杀-鸡-给-猴子-看） gaj ma dai hawj ma lix yawj（杀-狗-死-给-狗-活-看）	杀鸡给猴看 敲山震虎
naengh gwnz ciengz yawj max doxdik（骑-墙-观-马-斗）	坐山观虎斗
ndaq duzgaeq, baeh duznyaen（骂-鸡-讽-狸猫）	指桑骂槐
gaeb dinz coq dungqvaq（捉-黄蜂-放-裤裆） gip maet haeuj dungqvaq（捡-跳蚤-放-裤裆） gip sip haeuj rwz（捡-虱子-放-耳朵）	扮猪吃老虎 拿鸡蛋碰石头 惹虱子头上搔
iet din hawj vaiz caij（伸-脚-给-牛-踩）	抱着老虎/拉着虎尾喊救命 买咸鱼放生 自讨苦吃
guh hong liux cix gaj vaiz daeg（犁完田就杀耕牛） dwk caeg liux cix gaj bouxciengj（打完贼就杀猛将）	上了楼就撤梯 念完经就打和尚 过河拆桥/卸磨杀驴
daengz giuz roengz max, gvaq dah duet haiz（逢-桥-下-马，过-河-脱-鞋）	逢山开路遇水搭桥 到什么山上唱什么歌
phit^7 ru^2 rop^8 ru^2 ŋu^2（逃-洞-蛙-见-洞-蛇）（蒲春春，2008）	按下葫芦浮起瓢
tup^8 ku^1 fo:ŋ^1 ye:k^7（砸-鼎锅-补-炒菜锅）（蒲春春，2008）	拆东墙补西墙

通过表6-1可以看出，这些寓意相似的表达，在表达形式上，只是选取的典型形象有所不同，在几个动词连用的顺序上，几乎是完全相同的。这一现象应该归功于连动式所遵循的时间象似性原则：各连动语言中的连用动词一般都是按照时间先后顺序排列，因此在结构形式上，体现出惊人的一致性。

由于连动语言在语序排列上的这种特性，我们可以发现，多种连动语言中会出现相似性极高的俗语表达，例如：

汉语：拆东墙补西墙

壮语：tup⁸ku¹foːŋ¹ ɣeːk⁷（砸－鼎锅－补－炒菜锅）
岱侬语：sɛ³na³phuŋ¹laŋ¹（撕－前襟－补－后襟）（蒲春春，2008）
汉语：过河拆桥/卸磨杀驴/上楼撤梯/念完经打和尚
壮语：guh hong liux cix gajvaiz daeg（犁完田就杀耕牛）
　　　dwk caeg liux cix gaj bouxciengj（打完贼就杀猛将）
越南语：ăn cháo đái bát（吃－粥－尿－碗）
　　　　ăn mật trả gùng（吃－甜蜜－还－辣姜）
汉语：架上高射炮打蚊子
壮语：fa¹kim¹kom⁵kaːŋ¹mei⁵'（用）金盖盖醋缸'
岱侬语：khaːi¹vaːi²zɯ⁴kai⁵ '卖牛买鸡'
泰语：ki chang chub tak ka tan '骑大象捕蚂蚱'（桂朴成，2009）

通过以上例子可以看出，连动语言中用连动式表达的俗语，在寓意相同的时候，所使用的句子在形式上基本上是相似的，一般是将某个事件中的两个或几个典型的动作或阶段提取出来按照时间顺序排列而成。

从连用动词之间的语义关系上看，表6-1所列汉壮语两种语言在俗语表达上，也表现出同样的对紧接着发生的顺承关系、动作所采用的工具方法方式、处理事物的目的、过程中的转折或对照关系等的强调。

例如壮语的"guh hong liux cix gaj vaizdaeg"（犁完田就杀耕牛）、越南语的"ăn cháo đái bát"（喝完粥尿人碗里）都是通过叙述紧接着发生的两个活动来构造一个典型事件来体现"忘恩负义"的品性。汉语的"拆东墙补西墙"与壮语的"tup⁸ku¹foːŋ¹ ɣeːk⁷"（砸鼎锅补炒菜锅）、岱侬语的"sɛ³na³phuŋ¹laŋ¹"（撕前襟补后襟）通过凸显事件中所使用的材料、方法构造了一个不能解决实际问题的愚蠢做法的典型事件。而汉语的"杀鸡骇猴"在壮语中有完全相同的表达，凸显了行为方式与目的的关系。再如越南语的俗语"Mồng chín tháng chín không mưa, mẹ con bán cả cày bừa mà ăn."（日－九－月－九－没－雨，我－妈－卖－耒－耜－来－吃）意思是"九月九不下雨，家长就得卖锄头耙子吃饭了"。通过"mẹ con bán cả cày bừa mà ăn"构造了一个为达到某种目的（"吃"）而做出的行为方式（"卖耒耜"），以此说明"年成不好"。可见，各种连动语言在使用连动式表达某寓意时，所能够采用的语义模式是有限的，因此也是有很多相同点的。

三 小结

通过观察现代汉语连动型复合词和连动型俗语（固定短语），可以发现，现代汉语中能够用连动的手段来表达的单一事件类型有所不同：通过复合词的方式来表达的事件类型有发现事件、获得事件、运动事件、运输转移事件、人际交往事件等，但是发现事件、运动事件、运输转移事件在连动型俗语中不太常见。尽管如此，在连用动词之间的语义关系模式上，两者都采用了序列动作紧接着发生的承接关系、动作－目的关系、方式/方法/手段－动作关系、动作－结果等语义模式。

通过与其他连动语言相比较，可以发现，在复合词和俗语所表达的语义类型上，不同的连动语言都非常相似，而由于连用动词对时间象似性原则的遵循，连动语言的连动型复合词和俗语在语言形式上表现得非常相像，都是采用一个事件的几个典型环节或阶段按照先后顺序组合而成。

连动型复合词和俗语还有一个非常突出的特征，即常常以某一个要素形成一系列词汇，例如复合词中汉语的"回~""~得"和 Kalam 语的"d-"（得）、"nŋ-"（收到）等，俗语中汉语的"吃"和越南语的"ăn"等。

不同的语言在复合词和俗语中的显著差异在于所提取的典型环节、典型形象不同。例如汉语、越南语、泰语在表达"大材小用"这个意义上，所使用的典型形象分别是"高射炮－蚊子""金盖－醋缸""大象－蚂蚱"。这些典型形象或者典型环节是塑造连动式文化特性的根本原因。

第四节 汉语连动结构词汇化的历时考察

从历时发展的角度看，汉语连动结构的词汇化表现为两个方向：一是词汇化为复合词；二是词汇化为成语、惯用语、俗语或习用语，或者是一些固定的框架。尽管词汇是离散的，类推性较低，所以词汇化较难出现很强的规律性，但是由于某种类型的事件常常模式化地用某种连动式表达，或者说，特定语义类型的动词组合往往表达特定类型的事件，因此，在词汇化上还是存在一些规律性的，主要表现在容易发生词汇化的结构类型以及在词汇化中所使用的方法有一定的倾向性上。容易发生词汇化的连动式类型有:"动作-结果"连动式、"原因/方式-动作"连动式、"动作-目的"连动式、序列动作连动式、肯否联结连动式。

一 "动作-结果"的词汇化

在所有发生词汇化现象的连动语言中,都能看到"动作-结果"连动式的词汇化。可以说,"动作-结果"连动式是最容易发生词汇化的连动式类型。前文已经提到,很多研究者将汉语的动结式看作复合词,但是国内研究者一般不这样认为,而只是将已经被收录进词典的、透明度更低的"动作-结果"V+V组合看作复合词。这些复合词一般被认为是补充式复合词,例如"提高""战胜""看见""放松"等。其中有一些词已经形成了比较固定的框架,具有较强的类推性,如:

~成:促成　达成　合成　组成　构成　形成

~掉:丢掉　干掉　失掉　忘掉

~得:记得　懂得　见得　获得　落得　赢得　博得　取得

~取:夺取　汲取　考取　猎取　窃取　摄取　索取　提取　听取　选取　榨取　争取

有些补充式复合词是古代汉语的连动结构词汇化的结果,例如"战胜"和"争取"。

(一)"战胜"的词汇化

储泽祥、智红霞(2012)考察了"战胜"的词汇化过程。春秋时期文献中"战"和"胜"可以出现在有连词连接的有标连动句中:

(6) 夏后伯启与有扈战於甘泽而不胜(《吕氏春秋·先己》,春秋)

(7) 天将亡吴矣,则使君王战而胜(《吕氏春秋·知化》,春秋)

到两汉时期,"战而胜"中的连词"而"消失:

(8) 武王以甲子日战胜,纣以甲子日战负(《论衡·诘术》,东汉)

这一时期"战胜"后如果有宾语,一般是"胜"的宾语,而到了近代汉语时期,"战胜"之间的融合度进一步提高,"战胜"可以作为一个整体带宾语,"战胜"已经词汇化了。例如:

(9) 于是战胜了塔塔儿,遂至兀勒灰河(《元朝秘史》,明)

在"战胜"的词汇化过程中,一个非常重要的变化是,"战胜"可以整体带宾语。我们看到，在《吕氏春秋》和《论衡》的例子中，"站"和"胜"用在连动式中时，要么其中一个带处所宾语，要么就不再带宾语，但是，当二者语义融合形成一个复合词的时候，就可以整体带宾语。带宾能力的变化是发生了词汇化的标志。

（二）"争取"的词汇化

"争取"在古代是一个词组，"取"是"拿"的意思，所以中间可以有连词"而"，如：

（10）昔秦失其政，天下群雄争而取之，兼智勇者卒受其归（《三国志》，西晋）

在这个例子中，"争"和"取"各有自己的宾语，但是连用的时候，只有后一个动词带宾语，前面的动词宾语蒙后省略，否则必须各自带各自的宾语，说成"争之而取之"。

古汉语中"争取"经常连用，多用来表示"争着取"的意思。主语一般是表示多人的概念，如下面各例中的"人""豪杰""西凉兵""曹军"。"取"表达的是一个具体的动作，宾语都是具体的事物。在下面的例（11）中，宾语"小""大"表面上是形容词，但实际上是"小的害""大的利"的省略形式，还是比较具体的事物。

（11）人之情，于害之中争取小焉，于利之中争取大焉（《淮南子》，西汉）

（12）秦之败也，豪杰皆争取金玉，而任氏独窖仓粟（《史记》，西汉）

（13）西凉兵见之，都回身争取牛马，无心追赶，曹操因此得脱（《三国演义》，明）

（14）马匹军器，丢满道上。曹军皆争取。操急鸣金收军（《三国演义》，明）

在现代汉语中，"争取"已经成为一个词，并被收录到词典中，解释为：

【争取】（1）力求获得：~时间｜~主动｜~彻底的胜利。（2）力求实现：~入党｜~提前完成计划。

可以看到，当"争取"是一个复合词的时候，带宾能力也发生了变化：宾语必须是抽象名词，或者是谓词性短语，不能说"争取牛马""争取金玉"，"取"也不能理解为实在意义的"拿"。

（三）"动作-结果"连动结构词汇化的类型学特征

"动作-结果"类连动结构词汇化为复合词的现象在连动语言中是一

个普遍性的语言现象。据何彦诚（2011b），红丰仡佬语连动结构的第二个动词是"完结"或"结果"义动词的时候，经常发生词汇化。例如由 paŋ^{13}（获得，得到）组成的 tɕo^{43} paŋ^{13}（学得）、由 ʔaŋ^{43}（住，有）组成的 tio^{55} ʔaŋ^{43}（生有）都已经词汇化了：

（15） tɕo^{43} paŋ^{13} qhɛ^{13} vu^{31} sʅ^{55} xie^{43}

　　　学　得　手艺　什么

　　　学会了什么本领

（16） ʔaŋ^{43} tɪ^{43} guai^{31} nɛ^{55}, tio^{55} ʔaŋ^{43} sʅ^{55} li^{13} gau^{43}

　　　住　三　年　话题　生　有　一　孩子　叙事语气

　　　住了三年之后就生了一个孩子

Lord（1975）也曾经研究了 Igbo 语的结果关系 V + V 复合词，指出"动作－结果"关系在类似现代汉语和 Igbo 语中是必须以语法形式来表现的，而其他语义关系需要听话人根据语境进行语用推理得到，而没有进入语法系统。该文比较了 Igbo、Yoruba 和汉语中"动作－结果"关系及其他关系的不同表现形式，见表6-2。

表6-2　Lord（1975）关于"动作－结果"语言表现形式的研究

	"动作－结果"关系	需要语用推理的其他关系
Igbo	V-V 复合词	结果从句（consecutive）
Yoruba	连动结构	并列小句（coordinate）
现代汉语	V-V 复合词	连动结构

实际上，Aikhenvald（2006）对 Tariana 语、Pawley（2008）对 Kalam 语、Beck（2011）对 Upper Necaxa Teribe 语中复合词的描写，其中大部分也是"动作－结果"关系。因此，可以说，在连动语言中，"动作－结果"关系的连动式是最容易发生词汇化的。换句话说，"动作－结果"关系在连动语言中比较倾向于使用语法关系体现，而不需要进行语用推理（Lord，1975）。

二　"原因/方式－动作"的词汇化

汉语连动结构中第一个动词是表示第二个动词所表达动作的原因、方式、背景等方面的语义时，这样的连动结构经常词汇化为一个偏正式复合词，例如"坐视""坐看""坐等""兼有""具有"等。

（一）"兼有"的词汇化

《现代汉语词典》中收录了像"具有""领有""拥有""享有""占有"等一系列"V有"结构的词，前面的V表示"有"的原因，或者指明"有"的方式从而限定了"有"的类型。董祥冬（2009）曾考查了"兼有"的词汇化过程。"兼有"在秦汉时期属于连动结构，如：

（17）窃观孝武皇帝，功德皆兼而有焉（《汉书》）

（18）惟秦王兼有天下，立名为皇帝，乃抚东土，至于琅邪（《史记》）

"功德皆兼而有焉"是说"功"和"德"两者都占据着，从而拥有两者。这应该是"兼"最初的含义：覆盖二者。"兼有天下"还可以说成"兼而有天下"，表示"经过兼并拥有天下"的意思。由于连动结构中动词之间连接词的消失，两个动词直接连用，语义联系更加紧密，语义地位上也发生了变化，"兼有"在魏晋时期已经类似偏正式复合词，在语义上偏向"有"，"兼"是对"有"的描述，表示"有"的情态方式：

（19）时人道阮思旷：骨气不及右军，……思致不如渊源，而兼有诸人之美（《世说新语》）

（20）都尉令长并共患之，然气厉不息，共请求人家生婢子，兼有罪家女养之，至八月朝，祭送蛇穴口，蛇出吞啮之（《搜神记》）

在例（19）中，前面说到阮思旷骨气、思致等不如人的地方，但是别人美的地方他又"兼有"，这里的"兼"不可以理解为"兼并"或者"合并"，而应该理解为"共同"。例（20）"兼有罪家女"中"有"与"罪家女"的领属关系更为凸显，而"兼"与其语义关系更加弱化。"兼"主要同"有"发生关系，表示"有"的内容是追加到前面小句上的，语义重心在"有"上面，同时二者不能随意拆分扩展，不能说成"兼而有罪家女养之"，"兼"是用来修饰"有"的，"兼有"已经非常接近复合词。

（二）"坐视"的词汇化

《现代汉语词典》中也收录了一系列"坐V"词汇，意为"坐着……"，如"坐等""坐待""坐视""坐诊""坐困""坐误""坐吃山空""坐而论道""坐观成败""坐享其成""坐以待毙""坐山观虎斗"，等等。

"坐"为其后的 V 提供了背景、方式。"坐视"意思是"坐着看",这个序列早在战国时期就出现了:

(21) 明日坐,视美珥之所在而劝王以为夫人(《韩非子》,战国)

(22) 公子庆父、公子牙通乎夫人以胁公,季子起而治之,则不得与于国政,坐而视之则亲亲(《公羊传》,战国)

(23) 绍桀之后,纂纣之余,法度废,礼乐亏,安坐而视天下民之死,无为乎?(《法言》,西汉)

例(21)"坐"和"视"分属两个小句,但是连得很紧,说明生活中这两个动作常接连发生。例(22)、例(23)"坐"和"视"之间有"而"连接,"坐"可以有自己的修饰语"安","视"也可以有自己的宾语"天下民之死"。南朝及之后的文献中"坐视"中间的"而"消失:

(24) 或谓和峤曰:"卿何以坐视元裒败而不救?"(《世说新语》,南朝)

(25) 明公居近关重镇,君父幽辱月余,坐视凶逆,而忘勤王之举,仆所未谕也(《旧五代史》,北宋)

在这两个例子中,"坐视"已经有了比较凝固的意义和用法,形成一个复合词了。

(三)"V1 着 V2"的熟语化

"V1 着"主要是表示后面主要行为 V2 的伴随动作或状态,属于方式范畴。在语义上,V1 修饰限制 V2,并为 V2 进行分类,因此"V1 着 V2"的语义很容易凝固下来,发生词汇化。现代汉语中存在很多"V1 着 V2"形式的惯用语,其意义已经比较固定,有的已经收入词典。例如"闹着玩"在现代汉语词典里有三个义项:1)做游戏;2)用言语或行动戏弄人;3)用轻率的态度来对待人或事情。第一个义项上"闹着玩"的词义透明度还是很高的,在第三个义项上,词义就比较隐晦了,词化程度比较高。例如:

(26) 狗躺在一旁,用脚爪和蝴蝶闹着玩。

(27) 你要是不会游泳,就别到深的地方去游,这可不是闹着玩的。

"~着玩"是一个比较能产的惯用语格式,如看着玩、听着玩、喝着玩、打着玩、拿着玩、说着玩、吹着玩、弄着玩、做着玩,等等。例如:

(28) 比如那扇子原是扇的,你要撕着玩也可以使得,只是不可生气时拿他出气。

（29）那板儿……，且当球踢着玩去，也就不要佛手了。

（30）宝玉道："我们学着玩，若这么讲究起来，那就难了。"

（31）好，一下儿掉在冰窟窿里，说着玩儿的呢！

（32）人家不是被你弄着玩的，我也不好说出口。

这些连动结构语义都比较单一，而且也不好从词汇本身去理解，虽然没有收录到词典中，但也像一个词一样被作为整体使用。"V1 着 V2"还可以形成一些俗语，如"摸着石头过河""看着碗里的想着锅里的""骑着驴找驴""睁着眼睛说瞎话"，等等。

三　"动作-目的"的词汇化

在汉语中，一些"动作-目的"的组合经常高频使用，也常常会发生词汇化：即使不明确说出"目的"，人们也知道，这些"目的"就成了不言自明的内容，最终可以脱离其形式而附着在"动作"上，最终发生词汇化。这种词汇化的结果常常是动宾式复合词。

《现代汉语词典》（第 7 版）中，下面这些词都以复合词的身份出现：

【闭口】合上嘴不讲话，也指不发表意见：～不言。(71[①])

【动笔】用笔写或画（多指开始写或画）：好久没～了｜～之前，先要想一想。(312)

【动兵】出动军队打仗。(312)

【动身】起程，出发：行李都打好了，明天早上就～。(313)

【动手】①开始做：早点～早点完。②用手接触：展览品请勿～。③指打人：两人说着说着就动起手来了。(313)

【动嘴】指说话：别光～，快干活！(328)

【卷铺盖】借指被解雇或辞职，离开工作地点。(710)

【伸手】①指向别人或组织要（东西、荣誉等）：有困难我们自己解决，不向国家～。(1158)

【洗手】①比喻盗贼等改邪归正。②比喻不再干某种职业：～改行。(1405)

---

① 词典页码，下同。

【张嘴】①把嘴张开，多指说话：你一～，我就知道你要说什么。②指向人借贷或有所请求：向人～，怪难为情的。(1649)

从这些词的释义中可以看出，这些词的意义中包含一个自身之外的动作义，例如"动笔"的意思是"动笔写/画"，"动手"的意思是"动手做"，"伸手"的意思是"伸手要"。那么，另一个动作的意义是怎么来的？显然不是从这些词本身发展来的，而是由于这个动词与后面的动词经常一起使用，以至于即使不说后面的动词，光说前面的动词，人们也能自然想到整体的意义。根据上文第三章第二节可以知道，"伸手"的词汇化过程就是在连动式"伸手要"的基础上产生的。

四 序列动作的词汇化

连动结构的前后两个动词语义地位相当，表示先后发生的系列动作，这种连动结构经常词汇化为联合式或连动式复合词，"回顾""引申""追杀""收养"等都经历了这样一个词汇化过程。

（一）"回顾"的词汇化

"回顾"在六朝时期的文献中意思是"回头看"，"回"和"顾"组成连动结构：

(33) 回顾，见二沙门来入祠中（《搜神后记》）

(34) 此人上马去，回顾尹儿曰："明日当更来。"（《搜神后记》）

唐代文献中，"回顾"前面可出现副词修饰，说明两个词语义关系更加紧密：

(35) 川明屡回顾，因思万夫子（《李白诗全集·早过漆林渡寄万巨》）

(36) 三飞四回顾，欲去复相瞻（《李白诗全集·秋浦感主人归燕寄内》）

(37) 举翅不回顾，随风四散飞（《白居易诗全集·燕诗示刘叟》）

"四回顾"指的是四次"回顾"，四次回头看。到五代文献中，"回顾"后面还能出现表示"看"的词语，说明"回头看"的意思已经有所损耗，变得不透明了：

(38) 皇后重梳蝉鬟，载画蛾眉，正梳装之次，镜内忽见一人，回顾而觑，原是圣人，从坐而起。（《敦煌变文选·韩擒虎话本》）

(39) 青提夫人一个手，托住狱门回顾盼。（《敦煌变文选·破魔变文》）

现代汉语中"回顾"已经成为一个词，可以带补语，宾语也可以是抽象名词，不是能"看"的了：

（40）除了老戏迷们还时不时像前朝的遗臣，回顾起她昔日的丰采，对她感兴趣的人是越来越少了。（《皇城根》）

（二）"引申"的词汇化

"引申"的"申"在文献中有时为"信"有时为"伸"。"引"本义是"拉开"，"申"的意思是"伸展、展开"。如：

（41）引而信之，欲其直也（《周礼》）

（42）八卦而小成，引而伸之，触类而长之，天下之能事毕矣（《周易·系辞上传》）

（43）家人惊怖，亦以既尔，遂引申其足（《三国志》）

现代汉语中"引申"指的是"（字、词）由原义产生新义"，词义透明度已经很低了：

（44）父亲总是就事论事的（地）随便应他几句，并未由此引申借题发挥。（王朔《我是你爸爸》）

（45）我只是由此引申一个道理，与武桥探讨探讨。（池莉《你以为你是谁》）

表示序列动作的连动结构词汇化的结果比较多见于成语，如"拔苗助长""抱头鼠窜""负荆请罪""对症下药""借刀杀人""临渊羡鱼""破门而入""抛砖引玉"，等等。还会形成一些俗语，如"看人下菜碟""卷铺盖走人""花钱买罪受"等。发生在后的动作经常是发生在前的动作的目的，构成"动作－目的"连动结构，这种连动结构也常常惯用语化，例如"自讨苦吃""找气受"等内部结构已经非常紧密，意义也抽象化了。

五 肯否联结式连动结构的词汇化

由"肯定－否定"形式构成的肯否联结式连动结构，如"坐着不动""拉着不放"等，肯定、否定部分之间存在一种现象、解释的关系，表现了一种逻辑上的先后顺序。这是一种强调句式，强调一种超出预期的异常行为（高增霞，2005）。

由于两部分的内容相同，整个结构的意义比较单纯，比较容易词汇化成并列式或连动式成语,例如"畅通无阻""从容不迫""有条不紊""并行不悖""洗手不干",等等;或者连动型熟语,如"放着好日子不过""揪住(小辫子)不放"等。

以"并行不悖"的词汇化为例。在先秦文献中,"并行"和"不悖"之间有连词连接,如下面的第(46)例;在明代文献中,两者之间的连词消失,被当作一个词使用,如例(47):

(46)万物并育而不相害,道并行而不相悖(《礼记》)

(47)问:"二条在学者则当并行不悖否?"(《朱子语类》)

从以上几种语义类型的词汇化情况可以看出,一部分连动结构的词汇化是成系统的,可类推的,有一定的能产性。这种能产性一方面与汉语使用者的认知心理有关系,例如"坐V"会引申出"光坐着,不干该干的""只坐着不作为"的意思,从而影响了一系列词的形成;另一方面也与连动格式有关系,例如肯定否定连在一起的连动结构意义经常会凝固下来,发生词汇化。

六 汉语连动结构词汇化的动因和演化路径

(一) 汉语连动结构词汇化的动因

我们认为,上述汉语连动结构容易发生词汇化,有三个动因:一是形式上的紧邻性,二是所表达事件具有认知上的整体性,三是所表达的语义具有凝合性。

在前述几个词汇化过程中,常见的一个环节是连用动词之间"而"的消失。由于上古汉语中几个动词的共享宾语遵循蒙后省的原则,所以"而"的消失,就使连动结构中几个动词前后相连,紧密地靠在一起,为词汇化奠定了形式上的基础。

这个形式基础是非常重要的,我们看到,尽管"动作-结果"连动式是非常容易发生词汇化的,但是如果采用隔开式,就不可能理解为复合词。例如现在一些南方方言中还保留着隔开式的表达方式,如"洗衣服干净"之类的表达,这种情况下是很难出现词汇化现象的。在汉语发展史上,动结式是在一定条件下"动作-结果"序列放弃了隔开式的形式,固定为连续式,从而使一些补充式复合词成为可能。其实,即使在上古时期，就有复音词的存在，其中一部分复音词的产生得益于两个光杆动词的组合被频繁使用。因此，在讨论词汇化的时候，形式这个物质基础是不可忽略的。

如果说动词的连用为连动结构的词汇化提供了形式基础，那么连动结构语义表达上的认知上的整体性和语义的凝合性，为连动结构的词汇化提供了语义条件。这一点，也是其他连动式研究者所注意到的。

"认知上的整体性"指的是一个连用结构描写在概念上的一个单一事件，这个事件常常是由有时间先后关系的不同动作组合而成的，因此几个连用动词在语义上密切相关，具有"语义上的凝合性"。如果一个连动句的某个动作序列在认知上不被作为一个整体，内部几个动作之间没有语义上、认知上的关联，那么这个连动句常常不可接受。例如下文所举 Yorùbá 语的例子"吃了睡"是可接受的，"吃了返回"就不可接受，虽然语法上并没有问题。这是因为"吃"与"睡"有认知上的关联，而"吃"与"返回"就缺乏这种"默认"的关联性。

(48) Yorùbá 语（Lord，1993：305）

　　a. ó jẹun sùn '他吃了睡' b. *ó jẹun padà ' *他吃了返回'
　　　　他 吃 睡　　　　　　　他 吃 返回

所以，几个动词能够连用，就说明说话人认为它们在语义上是密切相连的，是一个"单一事件"。

不过"认知上的整体性"与"语义上的凝合性"并不是同一个东西，前者是后者的条件，后者是在前者基础上发展而来的。

一些文献注意到连动结构的文化性：连动结构中的连用动词结构表达的是概念经验上的一个整体事件或行为，其中的几个子事件或行为的组合是概念化了的、符合习俗的，因文化而异，可以说连动结构是一种文化结构（何彦诚，2011a）。连动结构在可接受性上的文化性，正是"认知上的整体性"的表现。例如在老挝语中 lanaat 是一种类似于中国的古琴或扬琴的传统乐器，老挝语中一般说"坐着敲"lanaat，但不能说"站着敲"，更不能说"躺着敲"（例 49）；在白苗语中，吹芦笙和跳舞被认为是一个"单一事件"，而听音乐和跳舞就不被认为是一个"单一事件"（例 50），这是不同文化对事件整体认知不同造成的。

(49) 老挝语（李可胜，2016）

nang¹ tii³ lanaat⁴ （坐－击－lanaat）

（？）juùùn¹ tii³ lanaat⁴ （？站－击－lanaat）

（？？）nòòn² tii³ lanaat⁴ （？？躺－击－lanaat）

(50) White Hmong 语（Durie, 1997：329）

nws dhia tshov qeej（他－跳舞－吹－芦笙）

＊nws dhia mloog nkauj（他－跳舞－听－音乐）

但是，既然是人类，那么在认知上还是有相同的地方的，就好像民族不同，但对"真善美"的追求是相同的。对于连动结构来说，尽管在某些句子的可接受度上不同的语言会有差异，但还要看到很多连动式在多种语言中都存在，例如"做－饭－吃""用－笔－写字""洗－干净"之类的序列。因此，我们看到，在不同的语言中会有不同的词汇化现象，例如汉语、Kalam 语、红丰仡佬语中表示获得义的动词都容易作为语素进入复合词，是因为动作与其结果容易被整体认知。

语义的凝合性是在认知整体性的基础上产生的。当几个动作或活动被认为是一个整体的时候，它们的组合体也就与这个整体的意义关联起来，形成一个组合的整体义。当这个整体义与各组成部分之间的意义之间存在组合关系的时候，其形式是一个结构；当这种组合关系消失的时候，就可以说发生了词汇化。例如"争取"在词汇化之后，其意义就不再是由"争"和"取"组合而成，需要整体记忆。但是，这个需要整体记忆的"争取"的意义是在最初的组合义基础上产生的，正因为最初的组合义构成了一个相对独立的单位，才有可能进一步发展为整合程度更高的语义单位。也正是由于词汇化后的整体义的凝合性足够强，基本上可以脱离组成部分的语义组合，才形成了不同语言中寓意相同的俗语，例如汉语的"上了楼撤梯"和壮语的"guh hong liux cix gajvaiz daeg"（犁完田就杀牛）、越南语的"ăn cháo đái bát"（喝完粥尿人碗里），事件的形象不同，但是寓意相同。

因此，我们认为，形式上的紧邻、认知上的整体、语义上的凝合，是促成连动结构词汇化的动因，三者缺一不可。

连动结构在形式上是几个动词连用，在语义上描写概念上的单一事件，因此具有明显的词汇化倾向，这种词汇化倾向具有很强的民族性。现代汉语中，很多词语，包括成语、俗语、词语的框架是连动结构凝固而来的。其中,"动作-结果"类、"原因/方式-动作"类、序列动作类、肯否联结类连动结构表现出规律性的词汇化特征,具有一定的类推性。当然,本章对语义小类词汇化规律的提炼还是比较粗糙的,具体有哪些规律,还需要进一步探讨。

(二) 汉语连动结构词汇化的演化路径

就连动式的词汇化过程来看,我们认为主要有三种路径,分别是凝合、删合、缩合。

凝合:从历时角度上看,有些连动式本身逐渐凝固为一个词汇成分,这个过程我们称之为"凝合"。"凝合"的特征是:词汇化前的形式与词汇化后的形式在成员的数目、结构上都没有发生任何变化,即连动式 AB 词汇化为词汇项目 AB。大部分连动式是通过这一路径,经过重新分析,完成了词汇化的,例如"坐视""战胜""争取""引申""~着玩"等都经历了凝合的过程。

删合:有的连动式 AB 在历时过程中形成了倾向性的语义表达,即使不说 B,结构 A 也能表达这个语义,其后结构 A 凝固为词汇项目 A,这一过程我们称之为"删合"。删合的特征是词汇化前的连动结构项目与词汇化后的词汇项目在成员的数目、形式上都发生了变化:连动式 AB 词汇化为词汇项目 A。例如"伸手""张嘴""动笔""闭口"等都是经过删合阶段最终发生词汇化的。

缩合:有的连动式 AxBy 在历时过程中发生了缩合现象,结构中的某些成分被简缩,这个过程我们称之为"缩合"。"缩合"的特征是:词汇化前的形式与词汇化后的形式在成员的数目上发生了变化,即连动式 AxBy 词汇化为词汇项目 AB。例如"引而申之"缩合为"引申"。"战胜""争取"等在词汇化过程中都经历了省缩掉中间的关联词语"而"的过程。缩合过程常常与凝合过程紧接着发生。

就一些连动型俗语的来源看,还有一种"补合"现象:在原来形式的基础上增加补充了一个动词结构,原来的意义并没有改变,但是结构形式发生了变化,这一形式与意义的组配过程,是通过补充而来的,所以被称为"补合",即从语言项目 A 变为词汇项目 AB。例如"凯旋"最初的说法是"奏着得胜乐曲回来"即"胜利归来"的意思,明朝程允升《幼学琼林·武职》：战胜而回，谓之凯旋；战败而走，谓之败北。因此"凯旋"本也属于连动形式，既有"胜利"义也有"归来"义（储泽祥、王寅，2009）。所以有一段时期人们认为"凯旋而归"之类的说法是错误的，但是这种错误用法现在已经为人们所接受。根据在北京大学 CCL 语料库搜索的结果，在"古代汉语"语料库中，"凯旋"共出现450次，其中"凯旋而归"5例，"凯旋回～"2例，"胜利凯旋"1例，这几例都是出现在清末小说《东周列国志》《醒世姻缘传》《彭公案》，以及民国小说《古今情海》中：

（51）且说晋师凯旋而归，参见晋襄公，呈上先轸的遗表。（清《东周列国志》）

（52）凯旋回到城里，还都到了晁家宅上。（清《醒世姻缘传》）

（53）官军前去征伐，胜利凯旋。（民国《古今情海》）

而在"现代汉语"语料库中，"凯旋"共1266条，除去261条"凯旋门"，出现了73例"凯旋归来"、47例"凯旋而归"、35例"凯旋回～"、18例"胜利凯旋"，其他还有"凯旋班师""班师凯旋"5例，"凯旋返"2例，"凯旋来"2例等，说明"凯旋归来""胜利凯旋"之类的用法已经具有相当的接受度。

"凯旋"现在被使用成"凯旋归来""胜利凯旋"的现象，在一些文献中被认为是"冗余""赘余"，其原因是"凯旋"由于使用者的知识欠缺而实际上语义褪色，为了使语义显化而为之增补意义成分，实际上这些意义是"凯旋"本来已有的概念义的一部分。类似于"凯旋归来""胜利凯旋"这样的通过增加补充连用动词项而形成的连动结构，还有"畅通无阻""出门在外"等。

第五节 个案分析："放着……不……"的构式化

词汇化的结果也可能是一些"话语套子"：比较固定的构式。在现代汉语中，"放着……不……"（例如"放着好日子不过""放着书不读"）已经成为一个比较多产、语义比较固定的框架。吕叔湘早在主编《现代汉语八百词》时就已经注意到这一格式的凝固性和功能的稳固性，将其作为一个项目收入。张新建（2008）也将其作为一个常用格式收入。刘静敏

(2013)将其码化为"放着+NP+不+VP",首次论证了其构式身份,认为该格式具有熟语化倾向,将其定性为"词汇上半固定的图式性构式",并与宗守云、张素玲(2014)都对该句式的使用和来源都进行了细致描写。可见,目前对于该构式的意义、用法、来源等已经有比较充分的研究,但是在具体问题上,比如该构式的构式义,意见并不一致,还值得再探讨。本节语料,除特别说明的之外,均来自北京大学 CCL 语料库和参考文献。

一 "放着……不……"的构式属性

"放着……不……"并不是一个完全凝固化的结构,在篇章中,有多种变化形式,请看下面的例子:

(54)即使如此,总不能就这样放着不管吧?

(55)惹不起说:"放着面你不吃,我不能伺候你到天黑!"

(56)心想:放着清闲不清闲,这不是找罪受吗?

(57)谁个那么傻,放着河水不洗脚,故意往烂泥坑里跳?

(58)我学堂里放着现成的共产党,你不去搜索,却跑到这冈头坑底来索什么?

在使用过程中,"放着"与"不 V"之间可以插入施事,因此也可以停顿形成两个小句;"放着"的宾语一般是"不 V"的共享宾语,但也可以不是动宾关系。"放着……不……"形式上的这种复杂表现,说明它没有完全词化,刘静敏(2013)称之为"几乎固化"。

尽管形式并未完全固化,但是"放着……不……"的语义已经整体化了。这表现在以下两个方面。

第一,有些"放着 NP 不 VP"中 NP 与 VP 具有句法语义关系。有的 VP 与 NP 是支配关系,如"放着钱不挣"中的"挣"和"钱",有的 VP 与 NP 是动作与处所、时间等关系,如"放着大量宜林荒山不造林"中的"造林"与"荒山"、"放着礼拜天不休息"中的"休息"与"礼拜天"(宗守云、张素玲,2014)。

第二,有些"放着 NP 不 VP"中所传递的信息不能将 NP 与 VP 分开理解,只能将它们组合起来去理解,例如"放着书不读"并不是没有发生具体的"阅读书籍",而是读书或上学的机会;"放着白大褂不穿",指的不是具体的"穿上白大褂",而是"当医生";"放着好好的服装厂不干","干服装厂"指的是"去服装厂工作"。

第三,否定部分"不……"必须在语义上与肯定部分相关联,否则不成立。例如,离开具体语境单纯地看,可以说"放着面不吃"但是不能说"放着面不跳";可以说"放着河水不洗脚",但是不能说"放着河水不爬山",因为"面"与"吃"有关系,但和"跳"无关;"河水"与"洗脚"有关系,但是和"爬山"无关。

所以,不管形式上"不……"与"放着……"是否中间有间隔,其语义联系是固定的,已经形成一个语义整体。

由于"放着……不……"无论形式和语义都已经有比较高的凝固性,所以可以称之为构式。

二 "放着……不……"的构式义

(一)已有观点

在该构式的构式义上,目前有这样几种看法。

吕叔湘主编(1999):表示应该做的事情没有做,反而做了不该做的事。

冯春田(2001):表示该做的事情偏不做,该出现的情况反而不出现。

张新建(2008):表示某种状态十分正常或条件十分优越,却要放弃。有时含有惋惜或责备的意味。

刘静敏(2013):它表示说话者对出现的事件结果并不期望,并由此引发出"不解、不满、惋惜"等主观评价。

宗守云、张素玲(2014):其命题意义是,反映了施动者对社会固有模式的违背,在可选的情况下,施动者放弃社会固有模式中的高价值行为,而选择社会固有模式中的低价值行为。其情态意义是,反映了言说者对施动者违背社会固有模式的行为所持有的认同或不认同的主观态度。

以上对"放着……不……"构式义的归纳,在两个方面产生了分歧:是否需要包括后续句的意义?是否需要包括情态(或评价、语气)意义?吕叔湘(1999),以及宗守云、张素玲(2014)的定义中除了"放着……不……"本身的意义("该做的事情没有做""施动者放弃社会固有模式中的高价值行为"），还包含了其后续句的意义（"做了不该做的事""选择社会固有模式中的低价值行为"）。吕叔湘（1999）、冯春田（2001）没有概括该构式的情绪色彩义，刘静敏（2013）、宗守云和张素玲（2014）则明确指出了该构式的情绪色彩义。

（二）构式义中是否应该包括后续转折小句的句义？

我们认为，后续转折小句并不是该构式的必有成分，其意义也并不是该构式意义的组成部分，不应该被包括在构式义中。

首先，从形式上说，后续转折小句并不是该构式的必有组成部分。

宗守云、张素玲（2014）认为该句式"由三个部分构成：施动者，'放着 NP 不 VP'，后续转折小句"。所谓后续转折小句，指的是类似"放着大路不走走小路"中"走小路"这种常常与"放着……不……"伴随出现的小句，此种小句与"放着……不……"在语义上常常有转折关系，因此在其前常有"反而、而、却、偏、偏偏"等词语出现。

该文把后续转折小句作为该句式的一个固定组成部分，我们认为这种处理是不恰当的。第一，从操作过程上说，作者在将构式码化为"放着 NP 不 VP"的过程中没有将转折小句部分码化进来，却声称其为构式的一个组成部分，是有瑕疵的。当然，在码化过程中，并不是所有的成分都需要表示出来，但前提是需要证明该语义成分蕴含在构式中，例如该文所指出的"施动者"就不需要码化，因为构式中的"放"是个二价动词，无论出现不出现，其语义结构中一定有"施动者"这个语义槽，所以不需要在构式中码化出来。但是后续转折小句与构式或构式中的哪个组成部分的语义有蕴含关系，论文中没有证明，读者也不得而知。

第二，从实际语料来看，后续转折小句也确实不是"放着……不……"必有的一部分。

"放着……不……"在使用过程中确实一般不单独成句，如刘静敏（2013）所说，可以看成一个黏着成分，在篇章中，前后常常需要伴随有其他成分。其中，后面伴随的成分常常是转折性小句，但这种转折性小句形式并不一致，如下面的例（59）中的转折后续句是肯定陈述小句形式，例（60）是反问小句形式，例（61）是复句形式：

（59）放着共产党员你不跟，偏偏跟上个判了十年刑的！

（60）放着好好的日子不过，干吗要来招惹这个同类呢？

（61）倘若你们把我李闯王的好心当成驴肝肺，面前一套，背后一套，放着阳关大道不走，自走绝路，打算暗投官军，背叛义军，到那时休怨我闯王无情，把你们斩尽杀绝，一个不留。

除了后续句是转折性小句外，"放着……不……"还可以后续评价、议论性小句，或者警告性小句，如：

（62）我放着2米多的身高优势不去用，那岂不是太无聊了，太浪费了。

（63）放着如此美景不用，真不知道升官发财到底是为了什么，俗人呀。

（64）惹不起说："放着面你不吃，我不能伺候你到天黑！"

在篇章中，"放着……不……"还可以作为句子的一部分参与构成一个单句，如：

（66）虽然差别只有一点点，但是总比放着不管要好。不过，或许这只是自我满足的做法罢了。

（67）有人说他是那种放着现成的财路却不知道走的憨牛，而更多的人称他是青海湖畔的一粒闪光石子。

可见，"放着……不……"后出现后续转折小句的情况虽然多见，但并不是全部，后续转折小句并没有成为"放着……不……"的固定组成部分，所以不应该认为其为"放着……不……"构式中的一个组成部分。

既然后续转折小句从形式上说并不是"放着……不……"的必有成分，那么，其语义内容也不是"放着……不……"的必有组成部分。

从篇章上看，带有后续转折句的"放着……不……"结构，说话人的意图是说明施动者做出了选择，在选择图式中，选择了某选项，意味着舍弃了另一个或另一些选项，但只有在非此即彼的情况下，"弃"和"留"之间才是蕴含关系，所以，后续转折小句所表达的内容并不一定蕴含在前行小句"放着……不……"中，如"放着共产党员你不跟"与"偏偏跟上个判了十年刑的"并不存在蕴含关系，没有选择共产党员作结婚对象，并不一定意味着选择囚犯作结婚对象。

篇章中没有带后续转折小句的"放着……不……"，说话人使用"放着……不……"只是单纯说明某种情形没有出现。

因此，尽管"放着……不……"带"反而""但是""偏"等形式转折后续句的情况比较多见，但是其后续句并没有与该结构构成凝固性的结构，因此，不应该将后续句的意义概括在构式义中。

（三）构式义是否应该包括情绪义？

同样，我们也不认为语气或情态或评价意义是该构式义的一部分。一方面，正如刘静敏（2013）所指出的："单纯从语气上看，上述各例表示的语气并不完全一致。"当说话人用"放着……不……"把自己觉得可以做的事情没做或者可以出现的情况没有出现点出来的时候，其意图可以是表达批评、不解或懊悔，也可以是表达赞扬、褒奖，例如：

（68）可她放着福气不享，呆在金岭头照顾老人。

（69）一位崭露头角的青年科技人才，放着大城市舒适的生活条件不要，居然来到一家偏僻的乡镇企业工作，其原因很简单……

（70）谁有勇气熬到最后总能有意想不到的收获——看来他放着大机关不去，自有独到的主见。

（71）家奎放着大官不做，能留城市不留，一心为着大伙谋福利，跟他干，准没错！

上述例子，就其出现的语境而言，说话人对所陈述的对象是赞同的、表扬的。宗守云、张素玲（2014）在概括该式的构式义时也认为言说者对施动者持有"认同或不认同的主观态度"，也就是说，说话人使用该构式时态度并不是单一的。

鉴于该构式在使用上表现出来的主观情绪并不单一，我们认为，说话人的主观情绪与该句式并没有完全配对，所以在概括构式义的时候不需要概括进来。但是，由于说话人认为该出现的结果或情况没有出现，说话人往往比较倾向于责备、惋惜等态度，因此可以采用张新建（2008）的做法，在概括构式义的时候，将这种常见的语气色彩提示出来。

（四）构式义是否应该违背"社会固有模式"？

宗守云、张素玲（2014）在概括该式的构式义时强调了"社会固有模式"，我们认为这种概括是比较片面的，不能覆盖所有的情况。

所谓"社会固有模式"，根据宗守云、张素玲（2014），指的是"对人或事物所持有的简单性看法"，"是人类普遍的、不可避免的认知方式"，它反映的是一种原型效应,是社会的"正常期望"。可见,作为社会固有模式应该具有普遍性、典型性。在语料中,有的"放着……不……"的语义基底确实存在某种"社会固有模式",如"放着大城市舒适的生活条件不要""放着大把的钱不赚"中体现的"大城市比小城市更值得选择""赚钱越多越好"。这一观点能很好地解释为什么可以说"放着福不享,偏要受苦",但一般不说"放着苦不受,偏要享福"。但是有的"放着……不……"所表达的语义内容并不好用"违背社会固有模式"来解释。

第一,有的句子中无法为"放着……不……"找到对应的社会固有模式。例如"有人说他是那种放着现成的财路却不知道走的憨牛","有路知道走"和"有路不知道走"中并不存在一个固有模式,所以不能说"有路不知道走"是对某种社会固定模式的违背。再如下面的例子,同样一个"放着好好的日子不过",在不同的语境中,会有不同的后续句,什么是"好好的日子",什么是"好好的日子好好地过",怎么做就违背了这个固定模式,恐怕一千个句子会有一千种解释。

(72) 真不明白那些汉奸王八蛋为什么放着好好的日子不过,付出了人格的代价,最佳的结局不就是跑到那个连烙饼卷葱都不会吃的傻子国吗?

(73) 在绝望的关头,它开始悔恨和痛恨它的主人,这一切都是为了什么啊?放着好好的日子不过,干吗要来招惹这个同类呢?

(74) 他常说一个好好的读书人,一门心思钻营科举,去做一个什么官,简直是作茧自缚,放着好好的日子不过,去找天下最大的不自在,……

(75) 1979年,天津广播电视大学第一次公开招生,已近不惑之年的郑荣臣报了名。他的举动,立即引起一片议论:"唉,真不知足,放着好好的日子不过,何苦找罪受!"

第二,句子所体现的是说话人的主观好恶,其评价标准并非有普遍性的社会固定模式。例如:

(76) 看完沈从文的书法,辛之先生从书桌上拿起一把茶壶,慢慢啜饮着。这是一把造型古朴的紫砂壶,……我看这把茶壶气度不凡,……他的壶,价值据说和一辆夏利轿车差不多。而曹辛之却并不怎么当一回事,就这样很随便地拿在手里喝茶,还不时揭开壶盖往里倒开水,壶盖和壶身轻轻磕碰,发出叮叮之声。倒是我有点为他着急了,忍不住提醒他:"你小心一点，不要把这茶壶打碎了。"辛之先生笑道："朋友送的，我也喜欢，当然要用，放着不用就没意思了。"听他这一说，我觉得自己很俗气，辛之先生确实有大艺术家的气度。

在例（76）中，说话人曹辛之先生不赞成的"放着不用"，正是"我"所持有的带有普遍性的大多数人的观点（"俗气"），即"社会固有模式"。

可见，对于"放着……不……"构式而言，"违背社会固有模式"不具有概括性。

（五）我们的观点

我们认为，"放着……不……"是一个预设触发语，陈述了一个违反预期的情形。

第一，"放着……不……"陈述一个违反预期的情形。

从结构类型上看，"放着……不……"属于肯否联结式连动结构。肯否联结句式的特点是，用肯定和否定形式传达同一个信息，或者说肯定部分和否定部分具有相互解释的作用。根据高增霞（2005），这种句式的作用是指出当事人有意发生一种逸出预期的动作行为。作为肯否联结句式的一种，"放着……不……"也是指出一种不符合预期的异常行为，是对预设的一种违背。

"放着……不……"陈述的是一个事实，其内容可以用"这"或者"这样"等词语替代，如例（77）中"这动作"指代的就是前文"放着……不……，却……"的内容。同样在例（78）中，也可以在后续句的主语位置上补充上"这"来代替前面的"放着退休的清闲日子不过"：

（77）肖济东离职后，没有到南方也没有到哪家独资或合资企业去挣大钱，却当起了出租车司机。放着好好的大学教师不做，却去做司机佬儿，这动作让认识肖济东的人一律恼火，尤其是他的大学同事。

（78）有人不理解放着退休的清闲日子不过，究竟图个啥？

"放着……不……"所陈述事实的异常性，相关文献早已注意到了，比如"放着……不……"经常构成反问句、转折复句，经常与"偏偏""却""居然""不理解"等词语共现，等等。此处不再赘述。

第二，"放着……不……"是一个预设触发语。那么，为什么"放着……不……"陈述的事实具有异常性呢？原因就在于，"放着……不……"是一个预设触发语，可以激活一种预设。例如：

（79）甲：我吃了一个馒头。

乙：放着窝头你不吃！

丙：你没吃窝头。（自拟例句）

乙和丙的话都是指出了甲没有吃窝头的事实，但是，丙的话只是客观、单纯地指出这个事实，而乙的话却含有"你不该不吃窝头"的会话含义，之所以如此，是因为"放着……不……"激活了一个预设：窝头更值得吃。这个预设还隐含着一个预期行为的判断：能吃窝头的话就应该吃窝头。"放着……不……"构式陈述的事实恰恰违反了这个判断：在有窝头的情况下没有吃窝头。因此"放着……不……"表达的内容是在可以或者能够做某事情的时候没做某事情的事实。看下面的例子：

（80）对目前科技素质很低的国民来说，<u>有电影院这么好的科普场所不利用</u>，放着科教片没人放实在是可惜。

（81）家奎<u>放着大官不做</u>，<u>能留城市不留</u>，一心为着大伙谋福利，跟他干，准没错！

（82）自己能看得到，摸得着的，<u>放着不搞</u>，非要去"理解历史"，是拿历史当儿戏，为自己赚卖点。

例（80）中与"放着……不……"陈述事实相并列的是"有……不……"，例（81）中与"放着……不……"陈述事实相并列的是"能……不……"，可见"放着……不……"的"放着"部分表现的是"有"某种有利条件、"能"做某种事情的可能性。例（82）"放着……不……"本身就有"能看得到摸得着的"的意思。实际上，相当一部分"放着NP不VP"的"放着"确实是表示一种条件或可能性的存在，如"放着书不读"，指的是"有读书（上学）的机会"；"放着白大褂不穿"，指的是"有穿白大褂的机会"（能够当医生）；"放着好好的服装厂不干"，指的是"有去服装厂工作的机会"（能去服装厂当工人）；"放着洋房不住"，指的是"有住洋房的机会"（能住在洋房里）。因此"放着……不……"表现的是对"有条件就应该做……"这一预期行为的违背。

以上，我们看到，"放着……不……"构式存在一个预设：VP + NP 更值得。这个预设包含一个论断：如果存在 VP + NP 的可能性，就应该进行

VP + NP。而"放着……不……"所陈述的事实,就是对该预期行为的违背。至于这个预设,是社会常规,还是个人见解,没有一定之规。因此"放着窝头你不吃"和"放着馒头你不吃"都是成立的,只不过前者说话人预设"窝头更值得吃",后者说话人预设"馒头更值得吃"。

第三,"放着……不……"既是强调句型,又是焦点句式。

Levinson 列出了 13 类核心预设触发语:定指描写、叙实动词、含义动词、状态变化动词、表示重复的词、判断动词、时间从句、分裂句、带重音成分的隐性分裂句、比较和对比、非限制性关系从句、违反实际的条件句、疑问句(Levinson,1986:31-32)。蓝纯(1999)总结了 9 类常见的现代汉语预设触发语:转指描写、事实动词、状态变化动词、重述词、时间状语从句、强调句型、对比结构、与事实相悖的条件从句和问句。"放着……不……"之所以是预设触发语,是因为它既是一个强调句型,又是焦点句式。

肯否联结句式的肯定部分和否定形式具有相互解释的作用,传达的是同一个信息,因此肯否联结句式是一种强调句式,通过肯定、否定表达的叠加达到强化的目的。"放着 NP 不 VP"也是如此,这一句式强化的是当事人(或施动者)将 NP 放着,没有做出 VP 的处置。例如"放着窝头不吃",肯定部分指出当事人对窝头做出了"放着"的处理,否定部分指出当事人对窝头做出了"不吃"的处理,"放着"和"不吃"所指的是当事人发生的同一个行为。再如"放着河水不洗脚",肯定部分说明当事人对"河水"的处理是"放着",否定部分说明当事人对"河水"的处理是"不洗脚",即没有用它来洗脚。

但是,根据朱斌(2000),"然否对照"反映了人们"先立后破"的思维习惯,而"否然对照"反映了人们"先破后立"的思维习惯,相对于"然否对照","否然对照"是相对更具有优势的序列。通过"否定+肯定"结构,在摆事实的基础上先否定后肯定,可收到很好的强调效果,因此也是很多语言中都存在的强调手段。例如下面两个英语句子,就使用了这样的强调手段:

There were so many errors in the performance that the result was not a tragedy, but a comedy.

All the boys and girls shouted and quarrelled. It was not a party; it was a farce.

由于先肯定、再否定的强调力度不够大，而且肯否部分联合起来只传递了一个信息，尤其是再加上后文将提到的，"放着……不……"陈述的是背景信息，因此单独使用这一结构常常不足以充分体现说话人的意图、表达说话人的情感，所以说话人常常会在其后追加转折后续小句，使整个结构构成一个"然否"序列。这也就可以解释为什么在语料中"放着……不……+转折后续小句"的组合如此多见了。

"放着……不……"也是一个焦点句式。"放着……不……"是对预设的否定。例如"放着窝头不吃"描写的事实是：在能吃窝头的情况下，没有吃。这就否定了由预设而衍生的判断"能吃窝头就应该吃窝头"。张伯江、方梅（1996）指出，说话人对一个判断做出否定的时候，这个否定判断本身就是焦点。因此，"放着……不……"由于否定了所判断的预期行为，形成了焦点句式。

可见，"放着 NP 不 VP"的焦点是条件和结果的不合规造成的。因此句式中条件部分常常被过分渲染，也就是 NP 常常有非常突出的修饰成分以渲染条件的优越性和极大的可能性，以与"不 VP"部分构成反差，如下面两例：

（83）干嘛放着堂堂的科长不当

（84）一位崭露头角的青年科技人才，放着大城市舒适的生活条件不要，……

而很多时候"放着"的作用常常是突出这个条件的存在，将 VP 的宾语 NP 提前，并使之成为焦点。我们看到如果使这种 NP 恢复到 VP 宾语的位置上，这种修饰成分往往是不容易插入的，如：

放着好好的日子不过——→ * 不过好好的日子

干嘛放着堂堂的科长不当——→ * 干嘛不当堂堂的科长

放着如此简单有效的方法不用——→ ? 不用如此简单有效的方法

谁让你放着国外的好日子不过——→ ? 谁让你不过国外的好日子

当然，当 NP 的修饰成分足够吸引人们的注意力、成为焦点时，"放着"甚至可以省略，例如"好好的日子不过"完全成立，但是"日子不过"就不是焦点句。省略"放着"的例子还有：

（85）家人和丈夫知道后没有一个人同意我冒险办网站，说什么放着那么好的工作不干,偏偏要办什么乱七八糟的垃圾网站,那么高的工资不拿,出什么洋相。

(86) 方宏从街上买回了一摞快餐面,拽着姚沁薇天天关起门来吃面,放着三请四邀的宴席他不去,满城的风景他无心观赏,没吃一顿好饭。

不仅条件部分是焦点信息,"放着"由于与预期中的"V"构成了对比,因此也成了焦点信息,例如"有的人一双手好好的放着不用,偏要用口、用脚、用肩腮去写,这不是哗众取宠又是什么?",其中"放着"显然就是说话人强调的对象。

刘静敏(2013)也指出这是一个焦点凸显结构,认为这是一个对比焦点结构,其成功实现对比焦点凸显的手段有三个:一是灵活调动语序,让支配关涉的对象居前,动词居后;二是尽量拉长焦点的长度,使之占据更有利的句法位置;三是利用重音。这种观点是有瑕疵的。其之所以将其定性为焦点结构,是只针对带有后续转折小句的"放着……不……,(却)……"结构而言的,对于不带后续转折小句的情况,如"放着面你不吃,我不能伺候你到天黑!"就无法解释。但是支配关涉对象居前,并不一定会形成焦点,例如在一般情况下"做饭吃""买书看"就不是对比焦点结构。

"放着……不……"之所以既是强调结构又是焦点结构,还有一个原因是,它是将背景信息前景化的一种手段。

方梅(2005)指出,在一个叙事语篇中,构成事件主线的信息是前景信息,围绕事件的主干进行铺排、衬托或评价的信息是背景信息。已经叙述过的旧信息常常作为背景信息出现。我们看到,"放着……不……"出现的场合都是评价,因此常常带有强烈的主观情绪色彩,其叙述的事实,也是已经发生的,是旧信息,从前文例(77)能很清楚地看出来:"肖济东离职后,没有到南方也没有到哪家独资或合资企业去挣大钱,却当起了出租车司机。放着好好的大学教师不做,却去做司机佬儿,这动作让认识肖济东的人一律恼火,尤其是他的大学同事。"在这个例句中,"放着……不……"的内容就是把前面讲的故事内容重新讲了一遍。

再如下例:

(87) 只是,家中的游艇反正放着不用,我们何不利用,好过租用别人的!

这句话所陈述的事实虽然不是前文叙述过程中讲到过的,但对于说话人来说是一个既有事实,说话人通过"放着……不……"结构将这个信息重新激活,使之重新回到人们的视野中。

因此,说话人使用"放着……不……"的目的是把已知信息再明确点出来,使该信息重新回到叙述主线上,以使听话人/阅读者重新注意这个事实,因此,"放着……不……"是将背景信息前景化的一种手段。

(六) 结论

综合以上对"放着……不……"构式的分析和理解,我们认为该构式的构式义可以归纳为:在条件非常有利或可能性极大的情况下,放弃做更值得做的事情。

通俗地说,就是"明明有条件做价值更高的事情却选择放弃"。

看一个界定好坏的标准是,是否有区分性。本章所归纳的这个结构义,强调了有利条件的存在性和当事人做出的"放弃处理"行为两个要点。如果概括为"某种状态十分正常或条件十分优越,却要放弃",就无法体现跟"明明……,却……"之类句式的不同;如果概括为"应该做的事情没有做",就不能与"却""反而"等构成的句子区别开来。下面我们具体说明。

"明明"之类的副词也常常强调一个既有事实,通过突出事实的显然存在,表达讶异、否定、批评、谴责等态度(欧倩,2007)。如:

(88) 明明可以靠脸,却偏偏靠才华

(89) 明明是草莓饮料,非得取个洋名"士多啤梨"

(90) 明明按规定可以办的事,偏要老百姓托关系、找门路,跑上好几趟

与"明明"一样,"放着……不……"也是强调一个事实存在的明显性,"放着好好的书不读"即"明明可以读书","放着河水不洗脚"即"明明有(洗脚用的)河水"。但显然"明明"小句突出的是事实的确定性、明显性,以这个实际存在的事实,来反衬另一事实的异常或不合情理,其表达的意思只相当于"放着……不……"的"放着…"部分。而"放着……不……"强调的是在显然存在某种可能的条件下当事人故意放弃,没有做出相应的结果行为。"明明"所在的小句常常是"知道""有""能""可以"等表达性质、判断等的句子(如例88~例90),而"放

着……不……"往往是叙述行为的句子。下面的例（91），如果用"放着……不……"表达，需要改为例（92）的说法，从中可以很清楚地看出这两者的区别：

（91）既然明明有疗效显著、价格实惠的药品现成地摆着，医院却为何非得给患者开他们自己生产的、价格昂贵的药品不可呢？

（92）医院为何现成放着疗效显著、价格实惠的药品不开，却非得给患者开他们自己生产的、价格昂贵的药品不可呢？

例（91）"明明"小句表达的内容相当于"放着……"，在使用"放着……不……"结构时，需要补充"不 VP"部分，而"不 VP"的内容正是选择了后续转折小句内容相对应的"弃"的内容。也就是说，"明明"小句只是强调了某种有利条件或极大可能的存在，但是"放着……不……"除了强调某种有利条件或极大可能的存在，还强调了放弃了应该做的行为（"开药"）。因此"明明"和"放着……不……"都可以强调事实的显然存在，但是"放着……不……"强调的是当事人对该事实存在的条件下没有进行相应的处置。这是因为，"放着 NP 不 VP"可以激活一个预设：VPNP 是更值得的。在例（92）中，存在、预设"开疗效显著、价格实惠的药更好"。因此，像例（89）、例（90）无法用"放着……不……"来表达。

与"放着……不……"相同，"却""反而""但是"等也表达出乎意料的情绪，陈述一个反预期的结果。但是"反而""但是"等表达的是事件与事件之间的语义背离关系，而"放着……不……"表达的是单一事件，表达的是极有可能出现的高价值事件没有发生，因此两部分之间不能插入"反而""但是"。

与其他连动结构一样，"放着……不……"的两部分中间也可以出现"却"，这说明"放着……不……"是反预期行为的一种。但是通过比较A、B 两组可以看到，只有当句子强调修饰语"现成的"时候，"放着书不看"才能单说，这说明，"放着……不……"构式强调的是"有条件""条件很充分的前提下"，"放"几乎消失了动作性，而"买"无论在何种情况下，动作性都是很强的。"买了书却不看"是"买书"的行为和未发生预期行为"看"之间的关系，而"放着书不看"是已经具备了看书的可能性（有现成的书）和未发生预期行为"看书"之间的关系。如果在构式义中只归纳为"该做的事情没有做",就不能区分这种差别。

A	B
他买了书不看。	*他放着书不看。
他买了现成的书不看。	他放着现成的书不看。
他买了现成的书却不看。	他放着现成的书却不看。
他买了很多/一本书看。	*他放着很多/一本书不看。
他买了很多/一本书却不看	*他放着很多/一本书却不看。

三 "放着……不……"的构式化

"任何格式,只要其形式或功能的某一方面不能通过其构成成分或其他已确认存在的构式预知,就被确认为一个构式。"(Goldberg,2006:5)构式化就是研究新的形式－意义对的符号形成过程或者构式的演变过程。在现代汉语中,"放着……不……"(如"放着好日子不过""放着清闲不清闲")已经成为形式和用法都具有相当程度的凝固化的框架。刘静敏(2013)以及宗守云、张素玲(2014)等都认定其已经成为构式,但是对于该构式的构式化过程,却存在争议。

冯春田(2001)是最早论及该构式的发展过程的。通过分析《醒世姻缘传》中由"放着"构成的三种句式:A."放着(见放着)+名(代)",B."放着+名(代)+不+动",C."那(哪)里+放着+谓词短语",该文推测:A 式大约形成于明代,"放着"首先与指物名(代)词组合形成有关句式后,再和指人名(代)词组合。C 类句式应该是在 A、B 两类或两者之一出现后才形成的。刘静敏(2013)以及宗守云、张素玲(2014)其后在该文的基础上,对"放着……不……"构式的产生过程进行了进一步探讨,都认为"放着……不……"的产生出现在明代,"放着"的语义虚化是构式产生的重要因素。但在演化过程上,刘静敏(2013)认为"放着+谓词性宾语"是在"放着+指人名词短语"之前产生的;宗守云、张素玲(2014)则认为,"放着 NP 不 VP"的构式化分为两个阶段,先构式化为"施动者+放着 NP 不 VP",再构式化为"施动者+放着 NP 不 VP+后续转折小句",社会固有模式在其中起着重要的推动作用。

可见,在"放着……不……"构式化的发展阶段上已有研究观点各不相同。其原因主要是语料不充分，很多环节是"理论上"的推测。我们认为，在梳理"放着……不……"构式化的过程中，一方面要用语料说话；另一方面，要强调新的形式-意义配对和整体成员的系列变化，以此为基础进行合理推测。

（一）"放"的语义演变

"放"的语义演变是"放着……不……"句式产生的一个重要条件。但对于"放"的语义演变，人们一般停留在"放"分别有哪些语义上，而这只是在其使用中所体现出来的结果，这些语义变化对于结构形式本身所起的作用，并没有加以阐释。例如刘静敏（2013）认为在构式中"放"从"置放、存放"虚化为"既有、已经拥有"；宗守云、张素玲（2014）认为"放"由"搁置"义发展成了"存在"义。不论是"既有"还是"存在"都是发展的结果，而不能解释这个意义或者这个发展过程对于构式"放着……不……"的形成到底起了什么作用。

我们认为，"放"对"放着……不……"构式化的贡献，并不仅仅表现在语义上，还在于其语义结构。

"放"从最初的词义来看，就关涉施事、受事、处所三个语义角色。《说文解字》：放，逐也。引申为"弃"（《小尔雅》：放，弃也）。"流放"义是其使用频率很高的一个义项，从北京大学 CCL 古代汉语语料库中"放"的语料来看，一直到清代文献，其"流放"义用法都存在。在这个意义上，"放"是一个起点动词，构成句式："施事+放+受事（+于+处所）"。如：

（93）放其大夫（《左传·襄公二十九年》，春秋）

（94）流共工于幽州，放欢兜于崇山（《今文尚书》，先秦）

"放"进一步引申为"释放""解除约束/使解脱"，语义发生改变的原因在于施事发起该行为并非因为"厌弃"的情绪，因此，"放"的内部语义结构并没有发生任何变化，其结构也没有任何变化，唯一改变的是受事由"人"扩展到有生命的人或动物，如：

（95）归马于华山之阳，放牛于桃林之野，示天下弗服（《今文尚书》，先秦）

（96）至则无可用，放之山下（柳宗元《黔之驴》，唐）

在这两种情况下,"放"都是一个强施为动词,因为其宾语是有生的。

需要注意的是,最后一例"放之山下"实际是有歧义的,既有"解除、弃"义,又有"安置"义,可以理解为"把驴子抛弃在山下",也可以理解为"把驴子放置在山下"。根据贾燕子、陈练军(2016),"放+受事+处所"在魏晋南北朝时期只有零星用例,因为当时该句式使用动词"置"才是主流。我们从北京大学CCL古代汉语语料库搜索"放",发现一直到北宋文献,"流放""解除约束/使解脱""使发出"等用法都是"放"的主流用法,例如"放光""放声""放箭""放牛""放人""放虎于山林""放火""放歌"等,这些用法都体现了"放"是一个起点动词。

但是,到南宋文献,已经出现很多用"放"表达施事者处置事物(多为物体)、突出其结果终点位置的句式"受事+放+在/于+处所",即"安置"义用法(刘静敏,2013)。"安置"义包含"使处于一定位置",所以,此时"施事+放+受事""(受事+)放+在+处所""施事+放+受事+在+处所"都是常见句式,这时,"放"的指涉对象是无生命的指物名词,如:

(97)唯须小船一只,棹一枚,鲍鱼一只,麦饭一瓯,美酒一壶,<u>放在城东水中</u>,臣自有其方法(《敦煌变文选》,五代)

(98)佛曰:"放下著。"梵志遂<u>放下左手一株花</u>(《五灯会元》,南宋)

(99)宇文绶不知身是梦里,随浑家人房去,看到王氏时,<u>放烛灯在桌子上</u>,取早间一封书(《话本选集》,南宋)

随后在元代常见的是"处所+放(着)+受事":

(100)东壁也有石床,前面放一个玉石玲珑酒卓儿(《朴通事》,元)

(101)尸首旁边放着一把刀子,这小厮看见,就害慌了也(《全元曲》,元)

也出现了单纯表示状态的"受事+处所+放着"句式,甚至只有"放着"的小句,如:

(102)满月过了时,吃的不妨事,满月日老娘来,着孩儿盆子水里放着,亲戚们那水里金银珠子之类,各自丢入去(《朴通事》,元)

(103)你既要卖。也不必你往市上去。就这店里放著。我与你寻个主

儿来。就都卖了（《老乞大新释》，元）

"放"用法上的这些变化，可以简单概括为：

施事＋放＋涉人名词＋处所	放共工于幽州
施事＋放＋涉动物名词＋处所	放之（驴子）山下
涉物名词＋放＋处所	（把东西）放在城东水中/放于水中
施事＋放＋涉物名词＋处所	放烛灯在桌子上
处所＋放＋涉物名词	前面放一个玉石玲珑酒卓儿
涉物名词＋处所＋放着	着孩儿盆子水里放着

可见，在"放"的用法上，出现了两个重要阶段：第一个阶段是"放"的对象从人到动物到非有生事物的变化，在这个过程中，"放"的语义从"流放""抛弃""使解脱""使发出"发展为"安置"，尽管意义理解上有不同，"放"都是起点动词。第二个阶段是处所的位置前移，形成存在句，在这个过程中，"放"的用法从凸显动作的起始阶段，发展到凸显动作的终点状态阶段。在这个阶段，不论是"放"指涉的对象是物还是人，只要是处所词语在前，就是一个存在句，像冯春田（2001）所讨论的AC两种句式，如"家里放着姐夫，你可锁门哩！""我只是替你妆门面，这那（哪）里放着坏了你的面皮哩？"都是存在句。在第二个阶段，"放"开始带"着"。

既然如此，"放"的语义结构从始至终都没有发生变化，都是涉及施事、受事、处所的处置动词。只不过在表达的时候，凸显起点和终点的选择不同而已：凸显起点时，施动性强；凸显终点时，状态性强。可简单用图 6-1 展现。

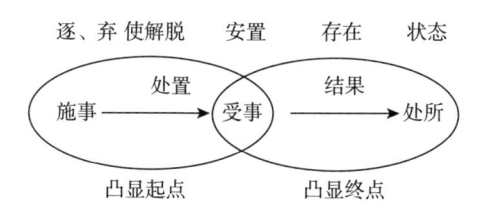

图 6-1 "放"的语义结构演化

（二）《全元曲》中"放着……不……"的萌芽

冯春田（2001）指出，"放着……不……"结构中的"放着"表示

"既有"或"已经存在"的意义，是从表物体的置放、存在状态的"放着"发展来的。所以"放着"表示"有""既有"义的用法在"放着……不……"的构式化中具有非常关键的作用。冯文认为这种用法的"（见）放着"句式"大约形成于明代"。宗守云、张素玲（2014）也赞同这种看法，认为元代，"放着"的对象仅限于事物，未见到涉及人的用例。到明代，"放着"的对象扩展到人，这时候，"放着"都表示"有"这样的存在意义。可以看到，该文也认为"放着"表示"有"的用法出现在明代，但这种用法是因为"放着"的搭配对象发生了变化，这点与冯春田（2001）不同，后者指出，在"（见）放着"和"放着……不……"句式中，"放着"具有"既有"的意义："当'放着'与指物名词组合形成有关句式后，它也就获得了特殊的意义，因而也就又可以和指人名（代）词组合了。"也就是说，在句式中"放着"可以表达"有"之后，涉人宾语可以出现在涉物宾语位置上。刘静敏（2013）也认为"放着"的意义是与搭配对象的扩大密切相关的，但该文认为，在"放着"涉物宾语和涉人宾语之间存在一个"支配复杂的谓词性宾语"的阶段。其所举例子均出自《水浒全传》，可见，该文也支持变化发生的时间是明代。

对于以上看法，首先，我们赞成冯春田（2001）的观点，认为是在出现了"放着"表达"既有"用法的情况下，发生了"放着"搭配对象的扩大化。其次，我们认为，"放着"搭配对象的扩大化并非出现在明代，元代戏剧中已经大量出现。最后，"放着……不……"在《全元曲》中已经开始萌芽。

1. 《全元曲》"放着"句的类型

《全元曲》由徐征等主编，河北教育出版社1998年出版，共12卷，收集了元代现存全部杂剧和散曲作品，堪称有元一代杂剧和散曲作品的总汇。尽管是现代人汇编而成，但是曲文内容保持了原文的面貌，毫无疑问属于元代语料。

我们以"放着"为关键词在北京大学CCL古代汉语语料库的《全元曲》中进行搜索，共出现94例不重复的例子，从"放着"的组配对象来看，这些例子可分为5种类型（参见表6-3）。

表 6-3　《全元曲》中"放着"的组配对象

类型		数量	例子
放着 + 涉物宾语	普通存在句	7	上面放着果罍杯盘；那壁供桌上放着物件
	强调存在句	28	现放着休书；你可便稳拍拍明放着金章和那紫绶
放着 + 涉人宾语		24	放着我哩；放着梅香哩
放着 + 谓词性宾语		6	明放着服侍君王不到头
放着延伸句	放着兼语句	20	放着翰林院大学士在此；你放着他投军去了
	放着连动句	2	放着官员人家财主的儿男不招
	放着复杂句	2	放着天堂有路人行少，地狱无门去的多
放着无宾句		5	把锦套头放着；如今在俺家堂阁板儿上放着哩

下面我们依次说明。

A "放着" + 涉物宾语，共 35 例，其中有 7 例是客观表达某处存在某物的存在句，其特征是"处所 + 放着 + 数量名短语/集合名词"，如：

（104）觑我这任官，如同怀中放着一件东西，舒下手去便取出来，则是个容易

（105）（云）呀，花丛里面一张矮桌儿，上面放着果罍杯盘，好齐整的酒食

在《全元曲》中有 28 例"放着 + 涉物宾语"是一种强调"有"的句子，这种句子的特点是，大部分宾语所指是有定的，如指量短语（如"这些钱钞""那钦赐的紫金锤"）、专名（如"天""登仕台"），或者抽象名词（如"傍州例""病"），而且句子中常常有"见（现）""明""稳""眼睁睁""稳拍拍"等表达语气的词语，如：

（106）老的也，如今放着这些钱钞，那穷弟子孩儿看见都要将起来，怎么得许多散与他？

（107）如若百姓们不服，可也不怕，放着有那钦赐的紫金锤哩

（108）上放着、上放着赐福天，你不知、你不知神明见

（109）现放着登仕台，空有这拜将坛，我则怕举贤才人去懒

（110）眼睁睁现放着傍州例，我则去那菜馒头处拖狗皮

（111）人身上，明放着，四百四病；我心头，暗藏着，三十三天

如果把前面所说的 7 个没有明显语气色彩的"放着"句叫作客观存在句，那么例（106）~例（111）这几个句子就明显带有情感色彩，是用于

强调"有"某事物存在,可称为强调存在句。值得注意的是,这些"放着"句多是无主句(16例),还有的是施事主语(5例),如下面例子中的"哥哥""他""你":

(112)哥哥放着许多的家私,咱斋他一斋,怕做甚么?

(113)他待放着暗刀儿,在、在、在我跟前怎的使?

(114)你可便稳拍拍明放着金章和那紫绶。

例(112)、例(113)"放着"后面紧跟着反问句,例(114)里有"稳拍拍""明"等修饰成分,都有明显语气色彩,是强调句。这种存在句显然与普通的"处所+放着+事物"句不同,而和表领有的"有"字句很相似。

在表示"存在"的句子中,没有处所,这一点很好解释:由于说话人只想凸显某事物或事件的存在性,所以只需要凸显存在物和存在的性质就可以了,至于存在的地方就可以忽略。而强调存在的"放着"句,主语可以出现施事,其原因一方面是在"有"的事件结构中,"人"也是一种处所;另一方面,"放"的语义结构中本来就有施事的位置,所以施事出现在主语的空位上也是自然的事情。与处所词语做主语的存在句不同,施事做"放着"存在句的主语,增加了"放"的处置意味。

B "放着"+指人名词/代词,共24例,也以无主句或"施事+放着+宾语"形式出现,句子中也会有"见(现)""明"等词语出现,显然也是强调句,如:

(115)(员外云)不妨事,放着我哩!

(116)(梅香云)姐姐,放着梅香哩,不妨事。

(117)吾兄见放着两个公子哩。

(118)见放着开封府执法的包龙图,必有个目前见血,剑下遭诛。

C "放着"+谓词性短语,共6例。这些句子中也都有修饰词"见(现)"、"稳"或"明",主语或者是人或者是无主句,显然也是强调句,如:

(119)您稳放着个先忧后喜,我空怀着个有苦无甘。(放着+并列结构)

(120)现放着断下一首〔南柯子〕词,便是个大证见。(放着+动宾结构)

（121）明放着伏事君王不到头，休、休，难措手，游鱼儿见食不见钩。（放着+主谓结构）

（122）每日价卧柳眠花，恋着那送旧迎新泼弟子，全不想生男育女旧娇娃。眼睁睁现放着家私上半点儿不牵挂，可不怕夫妻间阻，男女争差。（放着+偏正结构）

这种用法，显然是由"放着+名词性短语"表示"有"的用法进一步扩展到谓词性结构而来的，例（119）中的"个"就是证据。

综观以上A、B、C三种句式，显然可以看出，指人宾语、谓词性宾语都是在"放着+涉物宾语"的基础上宾语范围扩大而成的，这个扩大过程可以简单描写为：放着+不定指指物名词→放着+定指指物名词→放着+指人名（代）词→放着+谓词性短语。

而在宾语类型的扩大化过程中，"放"的意义并没有发生改变，所构成的句式仍然是存在句，只不过不再关心结果状态的来源，只突出、强调了"有"。

D"放着"延伸句，指的是"放着+宾语"之后继续往下说的句子，共有24例。这些句子也常常有"现""眼睁睁""明"等修饰语，显然也是强调句，其中包括"放着"兼语句20例，如：

（123）怕相公不信，现放着王婆是个证见。

（124）眼睁睁放着娘亲被他掳，痛煞煞把俺兄弟爹爹都杀取，刚只一个家僮不留与。

"放着"连动句2例，如：

（125）（梅香云）则他是新招的女婿吕蒙正。（刘员外云）孩儿也，放着官员人家财主的儿男不招，这吕蒙正在城南破瓦窑中居止，咱与他些钱钞，打发回去罢。

（126）（正旦唱）这其间，春意相关，放着满眼芳菲纵心儿拣。

另外还有两例非常复杂的句子：

（127）明放着天堂有路人行少，地狱无门去的多，落落魄魄。

（128）（旦云）我那定奴儿呵。（唱）你现放着父死无人葬，怎做得家富小儿娇？

这些"放着"延伸句，有些可以看作宾语的定语后置，如"现放着祸灭身"可以理解为"现放着灭身祸"，或者看作带谓词性短语宾语，如

"现放着父死无人葬"可以理解为"父死无人葬"是"放着"的谓词性宾语,但是整体上不影响"放着"延伸句在《全元曲》中的显著存在。

"放着"延伸句是兼语句还是连动句的区别在于:"放着"兼语句中"放着"的宾语是指人名(代)词,而"放着"连动句中"放着"的宾语还可以是涉物名词。因此可以说,"放着"连动句是在"放着"兼语句成熟的基础上,"放着"的宾语范围扩展造成的。

另外,连动句和兼语句还有一个区别是,"放着"延伸出来的第二个动词语义上的受事或者说宾语是"放着"的宾语,这也是"放着……不……"构式的特点,如例(125)"放着官员人家财主的儿男不招","招"的对象是"放着"的宾语"官员人家财主的儿男"。从这个意义上说,例(122)、例(128)也可以算是"放着……不……"句式,因为其第二个动词"牵挂""葬"语义上的受事都是"放着"后面的 NP。因此,从宽泛意义上看,例(122)、例(125)、例(128)都属于"放着……不……"结构。

E 不带宾语的"放着"句,共 5 例,其中有 2 例构成处置句,① 如:

(129)把锦套头放着,将磨杆儿撇却,教有力的姨夫闹

(130)(云)梅香,将香桌儿,近太湖石畔放着

例(129)"放着"与"撇却"并列,例(130)是祈使句,说明由"放着"构成的"把"字句强调的是有意识地使物体保持某结果状态,或者说有意识地将物体处置为"放着"的状态,因此"放着"具有明显的强施为性或者说处置性。在明小说中,这种用法进一步扩展,形成"施事 + 放着 + 受事",如:

(131)"……他使张刀撇我的箭,我也把张刀来撇他的箭,不见得我高。"故意的放着刀,袖着手。(《三宝太监西洋记》,明)

(132)贾公道:"养娘,我只教你伏侍小姐,谁要你汲水?且放着水桶,另叫人来担罢。"(《今古奇观》,明)

有意思的是,表处置的"施事 + 放着 + 受事"与强调"有"的"施

---

① 另 3 例分别是"处所 + 放着":如今在俺家堂阁板儿上放着哩;"有/无 + 处所 + 放着":到的家里没处放着;"放着 + 动词"连动结构:父亲有银子与我买一个风筝儿放着耍子。这三例,"放着"既强调状态,也强调施事者对事物的处置。

事＋（现/明/稳拍拍＋）放着＋受事"形式完全相同，两种用法合在一起用同一个形式来表达也就水到渠成，而这显然就是构式"放着……不……"中的"放着"部分。也就是说"放着……不……"中肯定部分的语义条件在此已经都具备了。

2.《全元曲》中的"放着……不……"

语料说明，《全元曲》中已经出现了1例真正的"放着……不……"（即例125），或者3例宽泛意义上的"放着……不……"（即例122、例125、例128）。也就是说，"放着……不……"在元代已经开始萌芽。

"放着……不……"能在元代开始萌芽，其动因是"放着"句的强调用法。

从上文分析可以看到，"放着"句用于强调是"放着"在这一时期最突出的用法。在94个例子中，除了7例客观表存在的句子和5例单独用"放着"做谓语的例子，共有82例（约占总数的87%）"放着"句是用于强调——强调某事物明明有或者明明存在（或"既有"或"已经存在"）。在句式上，这种用法的"放着"句，一个突出特征是在"放"的前面有"见（现）""明""稳"等副词和"眼睁睁""稳拍拍"之类的词，或者后面有表示提醒的语气词"哩"，这样的"放着"也常常参与共同构成反问句。

"放着"句的强调功能为"放着……不……"提供了句法上的可能。在强调句语境下，"放着"的组配功能发生了如下变化：a）宾语从涉物名词扩大到指人名（代）词、谓词性短语；b）处所成为可有可无，句子可没有主语，甚至施事主语；c）由于"放着"的宾语是已知信息（有指的），信息量下降，延伸句的出现成为必然。

这种组配上的变化，根本原因在于"放"的语义结构，在前文中已经提到，"放"的"流放""使解脱"等意义是凸显了"放"动作的起始阶段，"存在"等用法是凸显了"放"动作的终点阶段，那么，在强调用法的"施事＋放着＋受事"句中，"放"的施事和受事的终点状态得到凸显，而施事同时也是结果所存在的处所（见图6-2）。

"放着"延伸句是强调语境下产生的一个重要变化。"放着"后面的成分能够不断延伸，有两个原因：一是当时的"有"字复杂句已经很常见了，如"枉自有三封书札袖中携，我则索拨尽寒炉一夜灰"；二是"放

```
        有
  施事 ─处置→ 状态
     ↖        ↓
  处所 ←─结果
```

"放"的施事和终点状态得到凸显

图 6-2　"施事+放着+受事"强调句的语义

着+指人短语"为句子的延伸提供了基础。由于指人短语所指是已知信息，整个句子的信息不够充足，需要补充信息，而汉语流水句的结构特点也使句子的向右发展成为可能。

在《全元曲》中的"放着"延伸句中，占多数的是"放着"兼语句，94 个"放着"句中有 20 个是兼语句，而"放着"连动句仅有 2 例。但是明以后"放着"兼语句的数量迅速下降，我们以"放着"为关键词在北京大学 CCL 古代汉语语料库搜索"放着"兼语句，在明代语料库中搜到 198 条"放着"句，其中有兼语句 21 例，V2 位置上可以有"在""有""是""为""收""照管""告状""跟着""等""不死""极好"等，如：

（133）那里放着我收这银子？

（134）放着这戌时极好，可不生下来，索性等十六日子时罢。

在清代语料中搜索到的 568 条"放着"用例，兼语句有 18 例，其第二个动词有"在"（10）、"不死"（3）、"不是"（1）、"成"（1）、"报仇"（1）、"挣不脱"（1）等，在数量上和种类上进一步减少，例如：

（135）一枝兰虽然勇猛，现放着李五、关小西已成劲敌，再加上天霸，看看抵敌不住（《施公案》）

（136）放着儿子不能代父报仇，还要儿子做什么的？（《乾隆南巡记》）

而在现代汉语语料库中搜到的 5307 条结果中只找到 2 个"放着"兼语句的例子，V2 都是"在"：

（137）老田头说："这回功劳可不小，要不是她，放着韩老五在外，抓不回来，都不省心。"

（138）可是对于"立身处世"的大计明明放着一条路在面前而始终拿不定主意以至蹉跎不决的却多得很呢。这结果也是烦闷。

可见，"放着"兼语句不断萎缩，而连动句"放着……不……"却迅速增长。其原因有多方面，主要是兼语句限制了"放着"句表达强调的意图：兼语句中"放着"的宾语也很受限制，由于其兼语身份，以指人名（代）词为多，不容易扩展，而连动句中"放着"的宾语却可以自由扩展，并能增加修饰成分，与强调的意图更贴合。

"放着"句的强调功能为"放着……不……"的产生埋下了伏笔。《全元曲》中的"放着"句，主要强调"有"某种事物或事实。因此，可以看到《全元曲》里的"放着"句，基本上都是肯定形式；在两个连动句中，也有一句是肯定的"放着NPVP"形式。即使例（125）是否定形式"放着NP不VP"，但句子的意图仍然是强调"有"，而不是强调"不招"是故意而为。

但是，肯定和否定从来都是相伴而生的，当强调、肯定一种事物或情形存在的时候，必然是因为这种事物或情形没有得到应有的重视或利用。所以在强调、肯定"有"的同时，自然蕴含着"无"，蕴含着转折和否定。类似的现象很多，例如"明明"，《现代汉语词典》的解释是，"表示显然如此或确实（下文意思往往转折）"，转折、否定的语义就蕴含在其肯定用法中；根据赵雅青、储泽祥（2011）的统计，"明明"2036个用例中就有1757例是转折复句，比例高达86.3%。再如"A 是 A"这类确认句式也预示着后面的转折表达。《全元曲》中虽然"放着"句主要是肯定句式"放着NPVP"，但同时也出现了3例否定形式"放着NP不VP"（如"眼睁睁现放着家私上半点儿不牵挂"），以及含转折意味的对比句式，如"明放着天堂有路人行少，地狱无门去的多"。

综上，"放着……不……"在元剧中已经萌芽，其产生于用于强调的"放着"句，同时，"放"的语义结构以及"放着"可以出现在"施事+放着（+受事）"表达有意出现某状态的用法也起到助推作用。《全元曲》中强调"放着"句发展情况可总结为图6-3。

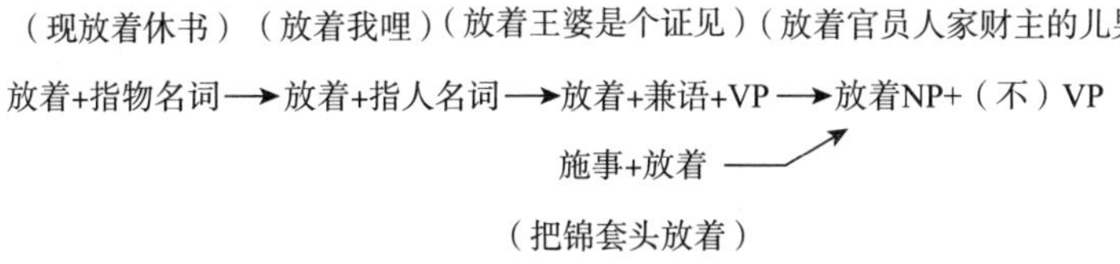

（现放着休书）（放着我哩）（放着王婆是个证见）（放着官员人家财主的儿男不招）
放着+指物名词 → 放着+指人名词 → 放着+兼语+VP → 放着NP+（不）VP
　　　　　　　　　　　　　　　　　　施事+放着 ↗
　　　　　　　　　　　　　（把锦套头放着）

图6-3 《全元曲》中强调"放着"句的发展

(三)"放着……不……"的定型与成熟

1. "放着……不……"在明小说中成熟

虽然"放着……不……"在《全元曲》中只有 1 例,在明小说中却比较多见。北京大学 CCL 古代汉语语料库明小说中共有 198 个不重复的"放着"句,其中有 27 个是"放着……不……"(见表 6-4)。

表 6-4 明小说中的"放着"句

类型			数量	例子
放着+体宾	客观存在句		38	身边放着一个麻布袋儿
	强调"既有"(58)	条件	40	放着众兄弟一班好汉,不要疑心
		对比	18	见放着许多荤菜,却教他吃白饭
放着+谓宾			15	那里放着违背圣旨十灭九族?
"放着"兼语句(21)	条件		16	放着石叔叔在家照管,却怕怎的?
	对比		5	放着好肉在面前,却不会吃!
"放着……不……"连动句			27	放着几倍利钱不取/放着不使
施事+放着			29	把这个放着/且放着水桶/放着等一总里交
受事+处所+放着			10	书在宅里放着哩

该时期没有出现肯定形式的"放着"连动句,全部是否定形式的"放着 NP 不 VP"。从类型上看,除了"放着 NP 不 VP",还出现了带转折性后续小句(如例 139 中有转折性词语"倒")、"放着"受事提前(如例 140)等形式,与现代汉语中的"放着……不……"类型完全一致,可见,在明小说中,"放着……不……"已经发展成熟了。

(139) 放着恁般目知眼见的不嫁,难道<u>倒</u>在那些酒包饭袋里去搜觅?

(140) 既是有<u>赵杏川这好相处的人</u>,咱放着不合他相处,可合这歪人皮缠为甚么?

跟《全元曲》中的"放着……不……"不同,明小说中"放着……不……"所强调的不再是单纯的"有",而是当事人对 NP 的处置行为。试将例(139)、例(140)与前文的例(125)做比较:

(125)(刘员外云)孩儿也,放着官员人家财主的儿男不招,这吕蒙正在城南破瓦窑中居止,咱与他些钱钞,打发回去罢。

显然例(139)、例(140)都在后续句中强烈地表达了对行为"不嫁""不合他相处"的不赞成态度，而《全元曲》中的例（125）仅仅是强调更有利的条件"官员人家财主的儿男"的存在，以此为理由劝说对方改变主意，但其意图不在批评"不招"行为。

除了"放着……不……"在用法上的新变化，该时期其他"放着"强调句也在除了强调"既有"以外，出现了新用法——强调当事人行为的不恰当性，看下面的例子：

（141）妇人"有夫从夫，无夫从子"。放着我如此顶天立地的长男，那里用你嫁出的女儿养活！

（142）你家里放着一个又标致，又齐整，又明眉大眼，又高梁鼻相的个正头妻，这里又有一个描不成画不就的小娘子，狗揽三堆屎，你又寻将我来是待什么？

以上两例整个句子都使用了反问句式，语气非常强烈，能够很清楚地看到说话人的不赞成态度。"放着"句既强调优势条件的存在"有"，又强调了当事人行为"用你嫁出去的女儿养活""又寻将我来"的出乎意料和不合理，而这两个行为与"放着"在语用上是等同的，所以说话人也是在表达对"放着"行为的不满。我们看到，为了强调当事人行为的不恰当，说话人可以将"放着"的宾语特别加上非常复杂的修饰成分，以使其成为焦点。

在明小说"放着"句出现了强调当事人行为不恰当的新用法的大环境下，我们看到，明小说中出现了"放着"多种句式：

放着 NP，却不 VP，如：好痴汉！放着好肉在面前，却不会吃！

放着 NP，（却）不 VP，（却）VP，如：这两个人好生悭吝，现放着有许多金银，却不送与俺，直等要去打劫得别人的送与洒家。

对比句式"放着 NP，（却）VP"，如：放着活人呢，可去求那泥塑的神哩！/啊呀！家里见放着酒，又去买！

第一种句式"放着 NP，却不 VP"可以看作"放着……不……"的松散句式，而第二种句式就是这种松散句式后面带转折性后续小句的形式，第三种句式是由"放着 NP"与转折性后续小句形成的对比句式，显然，在这两个对立的小句中间，隐含着"不 VP"。所以这三类句式都可以看作"放着……不……"的扩展式，在明小说中共有 23 例，是非常显著的存在。

可见，明小说中"放着……不……"、松散的"放着 NP，不 VP"、"放着……"都能与后续转折小句相接，强调行为的出乎意料、不恰当性。"放着……"与"不 VP"与后续转折小句在语用上都是同义的关系，但是"不 VP"是为了将"放着 NP"所隐含的"没有对 NP 进行 VP"清晰化。上文提到，在《全元曲》里的"放着"强调句在强调存在的同时，也隐含着一种否定意义，但这种否定是语用义，对语境的依赖性特别强。例如：

（143）（屠世雄云）我屠世雄并不曾抢他母亲。（正旦唱）眼睁睁现放着俺亲身证，（金御史云）屠世雄，你不实说呵，等甚么那？

在这个例句中，正旦所唱的"眼睁睁现放着俺亲身证"，是对屠世雄所言"并不曾抢他母亲"的反驳，但其否定义都是隐含在语境中，却没有明说。其实句首的修饰语成分"见（现）""明""稳""眼睁睁"就是这种隐含义的标志。

明小说中，这种否定意义显然被明晰化了，通过出现"不 VP"或者通过后续对比转折小句来显化"不 VP"，这样，对句首"见（现）""明""稳""眼睁睁"等词语的依赖性也大大降低，所以这些词的使用率也大幅下降。

综上，明小说中"放着"强调句在继承了《全元曲》强调"有"的用法下，又出现了强调该处置行为的反常规、不恰当性的新用法。因此，"放着……不……"中"不 VP"的显化顺势而生，句式也迅速发展成熟。

2. 清小说中"放着……不……"定型

虽然明小说中"放着……不……"已经很多见也很成熟了，但是我们认为其构式化定型的时代仍然是清。一方面是清小说语料中，不仅"放着 NP 不 VP"更为多见，而且 NP 与 VP 的搭配大多已经凝固化。

北京大学 CCL 古代汉语语料库中清小说中共出现了 561 例不重复的"放着"，其中"放着……不……"出现了 77 次，其扩展式数量大幅减少（共 19 例，其中 6 例松散句式"放着 NP，不 VP"，13 例对比句式"放着 NP，VP"）。这一方面说明，明小说中多种多样的扩展句式都没有竞争过"放着……不……"，"放着……不……"到清小说中地位已经稳固；当然另一方面也可以理解为，那些松散的扩展句式发生了结构紧缩。

清小说 77 例"放着……不……"的一个最大特点是凝固性更强了，例如下面例子中的"放着尸不挺"就是"不睡觉"的意思，"放着主子奶

奶不做"就是"不去当奶奶","放着门路不去"就是"明明有路子",都不可以拆开理解:

（144）真真的小短命鬼,放着尸不挺,三更半夜嚎你娘的丧!

（145）放着主子奶奶不作,倒愿意作丫头!

（146）你放着门路不去,却缠我来。

其他的例子还有"放着生意不做""放着身子不保养""放着快活不会享""放着这样的大财不发""放着正经话不说""放着脸未能露"等。可以说,这个时候该句式已经成为汉语中比较稳定的词语"套子"了,其意义无法从成员意义相加得来,因此,这时"放着……不……"已经成为一个构式了。

综上,"放着……不……"句式萌芽于元代强调"放着"句,伴随表义明晰化需要和结构紧缩的优越性而定型为一个构式。这个构式化过程可概括为图 6-4。

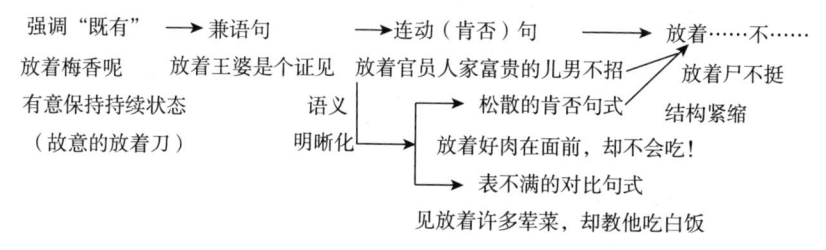

```
强调"既有"    →  兼语句          →连动（肯否）句              放着……不……
放着梅香呢       放着王婆是个证见   放着官员人家富贵的儿男不招   放着尸不挺
有意保持持续状态                    语义             松散的肯否句式          结构紧缩
（故意的放着刀）                    明晰化  →  放着好肉在面前,却不会吃!
                                           →  表不满的对比句式
                                              见放着许多荤菜,却教他吃白饭
```

图 6-4 "放着……不……"构式化过程

语义明晰化或者说语言表达的细化、显化、具体化,是语言发展过程中的一种常见现象。当一种表达模式越来越常见或者范围越来越广的时候,其表现力就会打折扣,不足以表达说话人的情感,这时候说话人就会通过增加一些语言成分来帮助表达。例如"凯旋"本来就是"胜利归来"的意思,但是现在常使用"凯旋归来""凯旋而归""胜利凯旋""胜利凯旋归来"之类的表达,这实际上就是说话人感觉已有的表述无法表达充分而进行语义明晰化的结果。语言表达就是在不断的"细化-简化-再细化-再简化"的过程中发展变化的。

（四）小结

通过以上对"放着……不……"构式化过程的梳理,我们认为:

第一,"放着……不……"是在表"既有"的强调句"放着+指人/

指物词语"的基础上，为满足语义表达复杂化的需要，向后延伸形成的。

第二，"放着……不……"经历了一个由简单到复杂再到简单的发展过程，其中由简单到复杂是为满足语义表达明晰化的需求而增加了一个语义相同的冗余成分（否定部分），由复杂到简单是经历了从松散结构到紧密结构的缩合过程。

因此我们认为，这种构式在《全元曲》中开始萌芽，在语义精细化的影响下在明小说中达到成熟，最终定型于清小说。

第六节　本章小结

连动式词汇化在连动语言中具有普遍性（Durie，1997）。由于连动式表达"单一事件"，且人们对事件的提取、描述常常是有规律的，当这种有代表性地表达某一事件的几个动作或活动，成为人们"默认"的、比较典型的动作"链"，反映在语言层面就是连动式与某种含义或用法的一一对应，就造成了连动式的词汇化现象。

连动式词汇化的结果有两种：一是复合词，二是连动式构成的熟语或词语套子，本章称连动型俗语。

从共时层面看，现代汉语的连动型复合词所表达的事件，频率较高的有发现事件、获得事件、运动事件、转移运输事件、人际交往事件，与Kalam、Dumo等语言相比较，运动事件、运输事件、操纵处置事件，是比较常见的复合词事件类型。从汉语连动型复合词的语义模式来看，序列关系、目的关系、因果关系、结果关系、方式关系是常见的语义结构模式，其中结果关系是几乎所有具有词汇化现象的连动语言中都存在的类型。

现代汉语连动型俗语，从结构类型上看，V1O1V2O2结构最多，其次是"V着V"结构、共宾结构（V1OV2）、V1O1V2结构，由两个光杆动词构成的V1V2结构极少。从连用动词之间的语义关系来看，比较多见的是强调紧接着发生的顺承关系、强调使用的工具、方法、方式与动作之间的关系、强调对事物的处理与目的的关系。从其所表达的事件类型看，出现频率较高的是处置-操作事件、消耗领属事件、人际交往事件，表现出与连动型复合词相当明显的不同倾向。

从历时角度看，在汉语的发展过程中，比较容易发生词汇化的连动式类型有："动作-结果"连动式、"原因/方式-动作"连动式、"动作-目的"连动式、序列动作连动式、肯否联结连动式，其词汇化的结果，表现为补充式复合词、偏正式复合词、连动式复合词、动宾式复合词，以及成语、熟语、结构框架（构式）等。就汉语连动结构词汇化的动因来看，有三个：一是形式上的紧邻性，二是所表达事件具有认知上的整体性，三是所表达的语义具有凝合性。从汉语连动式词汇化所经历的路径看，主要通过凝合、删合、缩合的方式，还有个别是通过补合的方式整合而成。

无论是从共时还是历时层面看，连动式的词汇化都与某些动词或语素有密切关系，形成以某些语素为代表的系列复合词或者以某动词为标志的固定框架。这是因为，这些语素或词在连动式中常常处于特定的位置，从而连动结构的词汇化表现出一定的类推性特征。

通过对"放着……不……"的构式义和构式化过程的分析，可以看出，在连动式"固定短语"凝合的过程中，伴随着动词的语义、功能的演化过程以及这种"默认"的典型事件与动词连用的"配对"过程。汉语中用"放"这个动词引申出有意不处置的用法，具有汉语特色，是汉语使用者文化认知心理的体现。而"放着……不……"成型过程中，并不是简单地将已有的复句形式压缩整合而成，其中焦点、强调等语用机制具有重要作用，"放"的语义消退和组合的泛化与结构从简单到复杂再到简单的语言处理几乎是同时出现的，其中不仅有缩合、凝合，还有补合过程。

通过将汉语与其他语言进行比较，可以看出，在某些语义模式上、词汇化发展倾向上，不同的语言是有共通性的，尽管不同语言的俗语所选择的典型形象不同，但是其组合方式却经常相同。

因此，连动式的词汇化是体现连动式语义特征"单一事件"最直接的证据。各连动语言在连动式词汇化上所体现的共性，也说明了连动式作为一种独立的结构类型的重要性。

结　语

　　本书试图回答为什么汉语拥有连动式？换句话说，为什么连动式会在汉语中出现？

　　这个问题的提出，是基于类型学角度的思考。对于汉语连动式的研究而言，我们认为，类型学的视野有两个方面的作用：一是为汉语连动式的研究提供了新的方向和研究领域。传统的汉语连动式研究强调个性，从未考虑连动式的共性特征、与语言类型的关系等问题；二是促使汉语连动式的研究"与国际接轨"，在类型学研究中发挥作用。换句话说，汉语连动式的类型学视野一方面是把汉语连动式置于世界连动语言变异的范围内来考察，另一方面是通过汉语连动式来观照连动结构的普遍模式、认识连动语言的参项和特征。

　　我们主要从三个方面进行思考：第一，汉语的连动式表现了哪些普遍特征？第二，汉语连动式及其他"多动结构"的研究有哪些类型学上的意义？第三，汉语连动式能在汉语中"生存"下来的"土壤"有哪些？或者说，汉语的哪些语言规则决定了汉语中必须使用连动的结构手段？

　　我们将这些问题具体分成这样几个小问题：

　　第一，现代汉语中，连动式是否具有独立的句法属性？

　　第二，现代汉语中，如何证明连动式表达的是"单一事件"？哪些事件能够被连动化？

　　第三，现代汉语连动式的语序是否具有类型学的意义？时序原则是否决定着连动式的语序？

　　第四，从上古汉语到现代汉语，是什么因素影响着连动式的面貌？

　　第五，连动式的属性特征使其发展有何特异性？

为了回答这些问题，我们主要做了这样一些工作。

第一，运用比较的方法，在共时层面将现代汉语里的 V + V 动词串与 VP + VP 组合所能表达的各种结构类型在准入条件、影响因素、遵循的规则等方面进行分析比较。

第二，运用描写的方法，在历时层面将古代汉语中三个历史分期中连动式的类型、结构进行梳理。

第三，运用描写和比较的方法，对包括汉语在内的 80 余种连动语言四种类型连动式的语序进行整理和分析。

第四，运用描写的方法，对现代汉语连动式词汇化构式化现象、"美食制作"语域的事件连动化现象及语用动因、由"伸手"构成的连动式、"坐车去""闹着玩""养漂亮"等具体现象进行描写和分析。

我们的结论如下。

第一，在现代汉语句法系统中，连动式确实具有独立的句法属性，表现为连用动词在句法结构上的相对独立性（或有限的有界性）和语义上的相关性。前者使连动式与主谓、述宾、述补、偏正等结构类型相区分，后者使连动式与并列结构相区分。以两项连动式为例，连动式要求：没有重复字形、V1 和 V2 具有句法上的平行性和语义上的相关性、V2 的共享宾语必须承前省等。

第二，现代汉语连动式是处于从并列到主从链条上的中间环节。由于动词独立性强弱不同，各结构类型在整合程度上形成一个连续统。因此，连动式是句法系统中的一个有机组成部分，在分工（可参见表 5 - 5）、整合度（可参见图 5 - 2）中处于较高环节的位置。

第三，现代汉语连动式表达了"单一事件"，其单一性表现在：连用动词在语义结构上互相交叉融合，一个动词为另一个动词提供语义角色或情景。对于汉语连动式而言，"单一事件"并不仅仅是结构所反映的语义内容，而且已经成为影响连动式构建的语法规则，表现为：如果连用的动词不能满足事件图式，那么不能构成合法的结构形式。

第四，汉语连动式表达的"单一事件"，可分为复杂的单一事件和联系紧密的多事件。前者表现出核心动词与施事、受事、工具、与事等的关系，后者表现的是事件之间的同时、致使、目的、说明等关系。事件的连动化具有民族性，对于汉语来说，是处于对核心动词的限制以及后续补充等语用因素形成的。

　　第五，汉语连动式总体上看使用的是 VO 语言的优势语序。根据致使性"动作－结果"序列的语序和连用动词间是否使用连接手段，可以把连动语言分为并列型、经典型、主从型。从上古汉语到现代汉语的发展过程，完美诠释了从并列型连动语言向主从型连动语言发展的轨迹。

　　第六，汉语连动式在历时发展过程中发生了隔开式与连续式两种编码方式的重新分工、连用动词之间从极少使用连词到大量使用连词到不再使用连词到使用副词、助词关联手段的变化，不同发展阶段中的现象在其他连动语言中都有表现，具有类型学价值。

　　第七，汉语连动式的发展过程，可以证明连动语言的分析型语言的类型特征，但是对于分析型语言的类型特征，不能狭隘地只观察时体屈折特征，而是要和语言系统中的其他特征例如动词的有界性、名词的有定性、组合手段等联合起来。

　　第八，汉语连动式的发展过程对连动语言类型学研究的启示是，应该结合使用历时系统的视角和语言接触的视角来认识连动式。

　　第十，汉语连动式具有很强的词汇化倾向，一方面是某些语义类型的词汇化倾向，另一方面是由于某个词项位置语义的固定而形成的词汇化。如果把某些词语套子也看作词汇成员，那么构式化其实也属于词汇化的内容。连动式的词汇化和构式化凸显了连动式组成部分的相对独立性以及语义相关性的句法语义特点，同时也证实了连动式在语义上表达一个"单一事件"的特征。

　　第十一，最终我们认为，汉语拥有连动式，是汉语语法的分析性、组合手段占优势、语义－语用优先、句子中动词有界性和名词有定性要求高、词法手段单纯等多种因素合力的结果。

　　本研究在以下方面有所创新。

　　第一，为连动式做出肯定性的界定。明确了现代汉语连动式的句法规则。

　　第二，整理了汉语多动结构的分工系统和整合连续统，认为历时发展过程就是多动结构各成员的分工过程。

　　第三，确定了汉语连动式的"单一事件"的性质和类型，提出汉语的事件连动化并初步进行了分析。

第四，梳理了连动式的历史发展脉络，并使古今连动式研究贯通起来。

第五，运用汉语连动式的语序为连动语言进行分类。

连动式是一个非常迷人的研究领域，对于汉语来说，连动式是一个显赫范畴（刘丹青，2015），它介于联合结构和主从结构之间，是语法化的温床（高增霞，2003）。在汉语界，无论是历时层面还是共时层面，对连动式都有丰富的研究成果。研究者们运用结构主义语法、生成语法、认知功能语法、语言类型学等多种方法，或者在宏观上，或者在微观上，进行了非常细致的描写和分析。相比之下，其他连动语言连动式的研究，相当一部分还处于发现、揭示该现象存在的阶段，与汉语连动式的研究无论从广度上还是深度上，差距都很远。因此，汉语连动式的研究完全有可能对其他连动语言中连动现象的研究有一些启发、指导、借鉴意义。但实际上，我们汉语本土的连动式研究成果在国际连动现象的研究中，影响并不大，甚至应该说很小。很多外文文献在提到汉语连动现象的时候，大多还停留在赵元任、Li 及 Thompson 时代，例如在 Stewart（2001）、Aikhenvald（2006）等的文章中，仍然把"逛街吃饭"之类的作为汉语标准的连动式。不过这种局面正在迅速改变。现在的我们，已经有充分的条件将汉语连动式的共时研究与历时研究结合、贯通起来，发现更多的深层规律，使这种研究更具有普适价值，能够在整个连动语言的连动式研究中发挥应有的作用。

当然，本研究仍存在很多遗憾。

首先，材料的限制影响了研究结论的深度和广度。我们希望对连动式在漫长的语言发展过程中的成长有一个比较客观全面准确的认识，但是只能依靠传世文献，而这些文献以前并没有标点，几乎全部是经过现代人加工的，即进行了点断。而当初是断开的，还是连续的，对于连动式的研究非常重要，但受制于各种现实因素，我们几乎无法见到最真实的语言面貌。我们希望对方言中的连动式进行类型学意义上的描写，但是连动式是如此普遍的存在，以至于很少有方言研究者对其进行细致全面的描写。同样的情况也出现在境内少数民族语言及国外各连动语言的连动式研究上：我国境内民族语言的研究以往多使用传统记录方法，只有近年来的各种参考语法的研究成果可用，但是落实到连动式上，还非常不丰富。而外语

（包括少数民族语言）中涉及连动式的研究也多只限于现象、类型方面的初步描写，没有动词系统、各种语法手段等语言整体的关照，在进行共性的提取和规则的深究方面，举步维艰。我们深刻感受到，关于语言问题的认识，确实是学界共同努力的结果，只有在多个领域的研究都已经进行到相当程度的时候，才能对一种语言现象有更加深刻的认识。

其次，某些环节还没有进行深入的探究。在连动式中，动词的作用不言自明。我们有计划对动词的句法特征、语义类型、语义框架等进行穷尽性的细致考察，看到底是哪些动词能构成连动式、某个动词到底能够和哪些动词组合使用、动词的哪些特征影响了其语序位置，但是这个研究过程工作量太大，尚未做出最终的研究结果，因而没法在本书中体现。另外我们还打算对连动式的使用情况进行全面的梳理：在日常会话或其他特定场合中连动式的使用情况，连动式在各种语体中的限制及呈现情况；并对连动式的语音模式进行分析：在语音层面，连动式是否有特定的语音模式，通过语音表现是否可以为连动式提供范围界定方面的帮助等，这些设想也没有变成现实，有待未来进一步研究。

参考文献

〔土〕Aylin Yilmaz，2017，《汉语与土耳其语中成语和俗语的对比研究》，硕士学位论文，浙江大学传媒与国际文化学院。

白兆麟，1997，《文法训诂论集》，语文出版社。

蔡基刚，2008，《英汉词汇对比研究》，复旦大学出版社。

曹聪孙编，1991，《中国俗语典》，四川教育出版社。

曹道根，2018，《再论汉语是否有限定和非限定区分》，《当代语言学》第1期。

曹广顺、梁银锋、龙国富，2011，《〈祖堂集〉语法研究》，河南大学出版社。

曹广顺、遇笑容，2006，《中古汉语语法史研究》，巴蜀书社。

曹瑞炯，2014，《〈原本老乞大〉语法研究》，博士学位论文，中国社会科学院研究生院。

曹朝阳，2019，《几种常用汉语主谓句的句法语义分析》，硕士学位论文，首都师范大学。

常敬宇，1992，《汉民族文化心态对汉语语法特点的影响》，《世界汉语教学》第4期。

储泽祥、王寅，2009，《动词的"重新理解"及其造成的影响》，《古汉语研究》第3期。

储泽祥、智红霞，2012，《动词双音化及其造成的语法后果———以"战胜"的词汇化过程为例》，《汉语学习》第2期。

戴浩一，1988，《时间顺序和汉语的语序》，《国外语言学》第1期。

戴庆厦、邱月，2008a，《OV型藏缅语连动结构的类型学特征》，《汉语学报》第 2 期。
戴庆厦、邱月，2008b，《藏缅语与汉语连动结构比较研究》，《世界汉语教学》第 2 期。
德力格尔玛，2007，《蒙汉语连动句对比研究》，《内蒙古民族大学学报》（社会科学版）第 3 期。
邓思颖，2006，《汉语方言受事话题句类型的参数分析》，《语言科学》第 6 期。
邓云华，2004，《汉语联合短语的类型和共性研究》，博士学位论文，湖南师范大学。
丁健，2012，《汉语目的范畴及其表达手段》，硕士学位论文，上海师范大学。
丁健，2013，《〈目的小句的类型学研究〉介绍》，《当代语言学》第 1 期。
丁声树、吕叔湘、李荣等，1961，《现代汉语语法讲话》，商务印书馆。
刁晏斌，1991，《试论近代汉语语法的特点》，《辽宁师范大学学报》第 1 期。
董祥冬，2009，《"V＋有"的词汇化进程》，《湖北社会科学》第 1 期。
方梅，2000，《从"着"看汉语不完全体的功能特征》，《语法研究和探索（九）》，商务印书馆。
方梅，2005，《篇章语法与汉语篇章语法研究》，《中国社会科学》第 6 期。
方环海、甘露，2006，《现代汉语连动式研究概观》，《徐州师范大学学报》第 5 期。
冯春田，2001，《〈醒世姻缘传〉含"放着"句式的分析》，《语言教学与研究》第 6 期。
冯杏实、杨兴发，1986，《论共宾结构》，《西南民族学院学报》（社会科学版）第 1 期。
傅雷，1957，《翻译经验点滴》，《文艺报》第 10 期。
付妮，2016，《状语连动结构研究》，硕士学位论文，广西民族大学。
付姝，2012，《现代汉语"转身"类词语研究》，硕士学位论文，上海师范大学。
高兵、李华、李甦，2011，《运动事件编码的语言类型学研究》，《山东师范大学学报》（人文社会科学版）第 3 期。

高瑞林, 2008,《连动式的句法语义及其认知解读》, 硕士学位论文, 四川师范大学。

高军青, 2012,《敦煌变文中三种句式研究》, 凤凰出版社。

高元石, 1981,《试谈"并动共宾"结构》,《四平师院学报》（哲学社会科学版）第 3 期。

高增霞, 2003,《现代汉语连动式的语法化视角》, 博士学位论文, 中国社会科学院研究生院。

高增霞, 2004,《从语法化角度看动词直接做状语》,《汉语学习》第 4 期。

高增霞, 2005,《现代汉语肯否连动句式考察》,《学术探索》第 5 期。

高增霞, 2007,《论连动结构的有界性》,《河南师范大学学报》（哲学社会科学版）第 2 期。

葛全德, 1990,《文言共宾结构及其演变》,《上海师范大学学报》（哲学社会科学版）第 3 期。

郭锐, 1993,《汉语动词的过程结构》,《中国语文》第 6 期。

郭在贻、张涌泉、黄征编, 1990,《敦煌变文集校议》, 岳麓书社。

管燮初, 1953,《殷虚甲骨刻辞的語法研究》, 中国科学院出版社。

〔泰〕桂朴成（Supachai Jeangjai）, 2009,《汉泰熟语对比研究》, 博士学位论文, 上海外国语大学。

华毅, 1996,《谓宾动词研究综述》, 载胡裕树、范晓主编《动词研究综述》, 陕西高校联合出版社。

何乐士, 1992,《〈史记〉语法特点研究——从〈左传〉与〈史记〉的比较看〈史记〉语法的若干特点》, 程湘清主编《两汉汉语研究》, 济南山东教育出版社。

何彦诚, 2011a,《〈连动结构——跨语言的类型学视角〉介绍》,《当代语言学》第 1 期。

何彦诚, 2011b,《红丰讫佬语连动结构的词汇化》,《民族语文》第 4 期。

洪淼, 2004,《现代汉语连动结构研究》, 博士学位论文, 南京师范大学。

胡勃, 2012,《孟子》连动式研究》, 硕士学位论文, 重庆师范大学。

胡建刚, 2007,《复谓结构和汉语动态语义格的句法实现》, 博士学位论文, 暨南大学。

胡素华, 2010,《彝语诺苏话的连动结构》,《民族语文》第 2 期。

胡裕树，1981，《现代汉语》，上海教育出版社。

黄伯荣、廖序东主编，2002，《现代汉语》（增订三版）（下），高等教育出版社。

黄成龙，2014，《类型学视野中的致使结构》，《民族语文》第5期。

黄冬丽、马贝加，2008，《"S+V起来+AP/VP"构式及其来源》，《语文研究》第4期。

贾丽，2011，《现代汉语"有"字连谓式研究》，硕士学位论文，山东师范大学。

贾燕子、陈练军，2016，《"放置"类构式及相关动词的历史演变》，《古汉语研究》第2期。

蒋绍愚，1999，《汉语动结式产生的时代》，《国学研究》第6期。

蒋绍愚，2006，《汉语词义和词汇系统的历史演变初探》，《北京大学学报》（哲学社会科学版）第4期。

蒋绍愚，2007，《打击义动词的词义分析》，《中国语文》第5期。

蒋绍愚，2013，《词义变化与句法变化》，《苏州大学学报》（哲学社会科学版）第1期。

蒋雪，2011，《现代汉语连动式复合词研究》，硕士学位论文，鲁东大学。

江蓝生，2007，《同谓双小句的省缩与句法创新》，《中国语文》第6期。

江蓝生、杨永龙，2006，《句式省缩与相关的逆语法化倾向——以"S+把+你这NP"和"S+V+补语标记"为例》，载何大安等编《山高水长——丁邦新先生七秩寿庆论文集》，台北中研院语言学研究所。

金菁，2017，《〈搜神记〉多动构式研究》，硕士学位论文，湖南大学。

鞠彩萍，2006，《〈祖堂集〉谓语动词研究》，博士学位论文，上海师范大学。

蓝纯，1999，《现代汉语预设引发项初探》，《外语研究》第3期。

李崇兴、祖生利，2011，《〈元典章·刑部〉语法研究》，河南大学出版社。

李崇兴、祖生利、丁勇，2009，《元代汉语语法研究》，上海教育出版社。

李春风，2012，《邦朵拉祜语参考语法》，博士学位论文，中央民族大学。

李富华，2006，《现代汉语连动短语语义结构研究》，硕士学位论文，福建师范大学。

李恩光，2014，《共宾连动式的象征关系研究》，《绥化学院学报》第5期。

李红容，2016，《现代汉语连谓式专题研究》，博士学位论文，上海师范大学。

李教昌，2018，《怒江傈僳语参考语法》，博士学位论文，上海师范大学。

李金芸，2016，《粤语动物熟语研究——兼与壮语动物熟语对比》，硕士学位论文，中央民族大学。

李临定，2011，《现代汉语句型（增订本）》，商务印书馆。

李可胜，2015，《连动式的时间模式和有界性的时体语义贡献》，《语言教学与研究》第 2 期。

李可胜，2016，《连动式的结构机制：PTS、情状特征和 VP 的外延》，《外国语》第 1 期。

李可胜、满海霞，2013，《VP 的有界性与连动结构的事件结构》，《现代外语》第 2 期。

李丽，2014，《〈西游记〉连动式研究》，硕士学位论文，西南交通大学。

李明，2003，《说"有 + NP + VP"》，硕士学位论文，华中师范大学。

李沛，2011，《现代汉语连动结构间"来""去"使用情况之考察》，硕士学位论文，华中师范大学。

李秀华，2015，《靖西和温壮语连动结构研究》，硕士学位论文，中央民族大学。

李亚非，2007，《论连动式中的语序－时序对应》，《语言科学》第 6 期。

李亚非，2014，《形式句法、象似性理论与汉语研究》，《中国语文》第 6 期。

李一如，2013，《黔东苗语的连动结构》，《贵州大学学报》（社会科学版）第 5 期。

李泽然，2013，《哈尼语的连动结构》，《民族语文》第 3 期。

李宗江，2011，《试析表示身体状态改变的词语的特殊功能》，《当代修辞学》第 5 期。

梁滨，2013，《〈祖堂集〉连动结构研究》，硕士学位论文，宁夏大学。

梁银峰，2007，《汉语趋向动词的语法化》，学林出版社。

梁银锋，2016，《汉语史主从句和从属句的产生极其演变》，上海人民出版社。

林杏光、鲁川，2014，《动词大词典》，中国物资出版社。

刘承慧，1999，《试论使成式的来源及其动因》，《国学研究》第 6 卷，北京大学出版社。

刘宓庆，1991，《汉英对比研究的理论问题》（上），《外国语》第 4 期。

刘辉，2009，《汉语"同宾结构"的句法地位》，《中国语文》第 3 期。

刘街生，2011，《兼语式是一种句法连动式》，《汉语学习》第 1 期。

刘静敏，2013，《"放着+NP+不+VP"构式研究》，《山东师范大学学报》（人文社会科学版）第 5 期。

刘宁生，1995，《汉语偏正结构的认知基础及其在语序类型学上的意义》，《中国语文》第 2 期。

刘丹青，2002，《汉语中的框式介词》，《当代语言学》第 4 期。

刘丹青，2004，《先秦汉语语序特点的类型学观照》，《语言研究》第 1 期。

刘丹青，2011，《语言库藏类型学构想》，《当代语言学》第 4 期。

刘丹青，2013，《古今汉语的句法类型演变：跨方言的库藏类型学视角》，载郑秋豫主编《第四届国际汉学会议·语言资讯和语言类型》，台北中研院。

刘丹青，2015，《汉语及亲邻语言连动式的句法地位和显赫度》，《民族语文》第 3 期。

刘丹青，2017，《汉语动补式和连动式的库藏裂变》，《语言教学与研究》第 2 期。

刘街生，2011，《兼语式是一种句法连动式》，《汉语学习》第 1 期。

刘清亭、杨尚贵，1998，《浅析古汉语特殊的共宾关系》，《雁北师院学报》第 4 期。

刘一之，2001，《北京话的"着（·zhe）"字新探》，北京大学出版社。

陆俭明、郭锐，1998，《汉语语法研究面临的挑战》，《世界汉语教学》第 4 期。

陆镜光，2004，《延伸句的跨语言对比》，《语言教学与研究》第 6 期。

吕冀平，1958，《复杂谓语》，新知识出版社。

吕叔湘，1953，《语法学习》，中国青年出版社。

吕叔湘，1979，《汉语语法分析问题》，商务印书馆。

吕叔湘主编，1999，《现代汉语八百词》（增订本），商务印书馆。

马立春，2006，《〈三国志〉连动句研究》，硕士学位论文，贵州大学。

马立春、徐雯雯，2011，《〈三国志〉与〈左传〉连动式历时比较》，《贵州师范学院学报》第 2 期。

马庆株，1985，《述宾结构歧义初探》，《语言研究》第 1 期。

梅广，2003，《迎接一个考证学和语言学结合的汉语语法史研究新局面》，《古今通塞：汉语的历史与发展——第三届国际汉学会议论文集》，台北中研院语言学研究所。

梅广，2015，《上古汉语语法纲要》，三民书局。

宁文忠，2002，《对连动句式的认知和解读——现代汉语特殊句式辨析之一》，《甘肃高师学报》第 3 期。

牛顺心，2014，《汉语中致使范畴的结构类型研究》，南开大学出版社。

欧倩，2007，《语气副词"明明"的多角度分析》，《四川文理学院学报》（社会科学版）第 1 期。

潘海华、陆烁，2011，《从"他的老师当得好"看句法中重新分析的必要性》，《语言研究》第 2 期。

潘磊磊，2009，《现代汉语"V1 + N + V2"共宾连动句研究》，硕士学位论文，上海师范大学。

潘允中，1982，《汉语语法史概要》，中州书画社。

彭国珍，2010，《宾语共享类连动式的句法研究》，《语言学论丛》（第 42 辑），商务印书馆。

彭国珍、杨晓东、赵逸亚，2013，《国内外连动结构研究综述》，《当代语言学》第 3 期。

彭育波，2004，《"V1 着 V2"多角度研究》，博士学位论文，华东师范大学。

蒲春春，2008，《壮、岱侬语熟语比较研究》，硕士学位论文，广西民族大学。

普中良，2017，《纳苏彝语语法研究》，云南民族出版社。

〔日〕桥本万太郎，1985，《语言地理类型学》，余志鸿译，北京大学出版社。

瞿霭堂、劲松，2018，《藏语多动词谓语句的认知基础和模块化》，《民族语文》第 5 期，

尚新，2009，《时体、事件与汉语连动结构》，《外语教学》第 6 期。

沈家煊，1995，《"有界"与"无界"》，《中国语文》第5期。
沈家煊，2006，《"糅合"和"截搭"》，《世界汉语教学》第4期。
沈家煊，2009，《语言类型学的眼光》，《语言文字应用》第3期。
沈家煊，2010，《如何解决"补语"问题》，《世界汉语教学》第3期。
沈家煊，2018，《比附"主谓结构"引起的问题》，《外语教学与研究》第6期。
沈家煊，2019，《谈谈功能语言学各流派的融合》，《外语教学与研究》第4期。
沈双胜，2003，《汉语中的连动谓语及其汉英对应表达》，《太原师范学院学报》（社会科学版）第4期。
盛蕾、张艳华，2018，《现代汉语拷贝结构的研究现状及展望（1984～2018）》，《云南师范大学学报》（对外汉语教学与研究版）第6期。
施春宏，2004，《动结式形成过程中配位方式的演变》，《中国语文》第4期。
施春宏，2017，《汉语词法和句法的结构异同及相关词法化、词汇化问题》，《世界汉语教学》第2期。
石毓智，2001，《汉语的限定动词和非限定动词之别》，《世界汉语教学》第2期。
石毓智，2004，《汉语研究的类型学视野》，江西教育出版社。
石毓智、李讷，2001，《汉语语法化的历程——形态句法发展的动因和机制》，北京大学出版社。
史文磊，2012，《汉语运动事件词化类型研究综观》，《当代语言学》第1期。
税昌锡，2012，《基于事件过程结构的"了"语法意义新探》，《汉语学报》第4期。
宋婧，2018，《语言类型学视角下〈国语〉连动式研究》，硕士学位论文，大连理工大学。
宋玉柱，1991，《现代汉语特殊句式》，山西教育出版社。
苏铃叉、全克林，2012，《从语序看中西文化中思维的模式差异》，《连云港职业技术学院学报》第4期。
孙德金，2000，《现代汉语动词做状语考察》，《语法研究与探索（九）》，商务印书馆。

孙文统，2013，《现代汉语连动结构的动态生成：侧向移位与左向附加》，《山东理工大学学报》（社会科学版）第 1 期。

孙文统，2017，《基于动宾提升移位假设的汉语同宾结构生成研究》，《宁波工程学院学报》第 2 期。

陶群，2017，《魏晋南北朝时期的"V1 + N + V2"——以〈幽明录〉、〈贤愚经〉为例》，硕士学位论文，贵州大学。

谭景春，2008，《语义综合与词义演变及动词的宾语》，《中国语文》第 3 期。

童晓峰，2015，《"NP + 找 + XP + VP"格式的句法语义分析》，硕士学位论文，安徽师范大学。

汪荣培、卢晓娟，2005，《英语词汇学教程》，上海外语教育出版社。

汪维辉，2003，《汉语"说类词"的历时演变与共时分布》，《中国语文》第 4 期。

王栋，2017，《甲骨卜辞连动结构研究》，硕士学位论文，西南大学。

王薇阳，2018，《养蒿苗语连动结构研究》，硕士学位论文，中央民族大学。

王伟业，2011，《〈战国策〉连动结构研究》，硕士学位论文，山东师范大学。

王福庭，1960，《"连动式"还是"连谓式"》，《中国语文》第 6 期。

〔日〕太田辰夫，1987，《中国语历史文法》，蒋绍愚、徐昌华译，北京大学出版社。

王丹凤，2015，《现代汉语身体动作动词的连动结构研究》，硕士学位论文，浙江工业大学。

王力，1988，《汉语史稿》，《王力文集》（第九卷），山东教育出版社。

王艳，2016，《拉祜语次级谓语探析》，《民族翻译》第 2 期。

王艳，2017，《东亚语言结果式的类型学研究》，博士学位论文，上海外国语大学。

王依娜，2018，《西周金文连动式研究》，《殷都学刊》第 5 期。

魏培泉，2004，《汉魏六朝称代词研究》，中央研究院语言学研究所。

魏兆惠，2006，《秦汉时期汉语连动式及类型学考察》，《学术论坛》第 5 期。

魏兆惠，2008，《上古汉语连动式研究》，上海三联书店。

吴春相，2003，《现代汉语时体与连续动作连动式》，硕士学位论文，延边大学。

吴芳、刘鸿勇，2014，《湘西勾良苗语宾语共享类的连动结构》，全国汉藏语连动结构学术研讨会论文，浙江杭州。

吴福祥，1995，《尝试态助词"看"的历史考察》，《语言研究》第2期。

吴福祥，2004，《敦煌变文12种语法研究》，河南大学出版社。

吴福祥，2009，《南方民族语言动宾补语序的演变和变异》，《南开语言学刊》第2期。

吴福祥，2012，《语序选择与语序创新——汉语语序演变的观察和断想》，《中国语文》第4期。

吴福祥编，2013，《境外汉语历史语法研究文选》，上海教育出版社。

吴纪梅，2013，《汉语多动共宾结构的历时演变考察》，《语文学刊》第5期。

吴剑锋，2016，《现代汉语言语行为动词研究》，北京大学出版社。

吴竞存、梁伯枢，1992，《现代汉语句法结构与分析》，语文出版社。

吴云芳，2004a，《V+V形成的并列结构》，《语言研究》第3期。

吴云芳，2004b，《动词性并列结构的结构平行》，《语言科学》第6期。

吴启主，1990，《连动句·兼语句》，人民教育出版社。

向熹，2010，《简明汉语史》（修订本）（上下），商务印书馆。

萧红，2006，《汉语多动同宾句式的发展》，《语言研究》第6期。

萧璋，1956，《论连动式和兼语式》，《北京师范大学学报》（社会科学版）第1期。

信旭东，2017，《南北朝汉语连动式研究》，硕士学位论文，新疆师范大学。

徐丹，2000，《动补结构的上字与下字》，《语法研究与探索》（十），商务印书馆。

徐丹，2001，《从动补结构的形成看语义对句法结构的影响》，《语文研究》第2期。

徐情，2012，《基于语料库的汉语连动结构语义研究》，硕士学位论文，华中科技大学。

徐通锵，1997，《核心字和汉语的语义构辞法》，《语文研究》第3期。

徐阳春，2015，《"有+NP+VP"结构考察》，《语言教学与研究》第2期。

许利，2006，《现代汉语连动结构中的论元共享》，硕士学位论文，湖南大学。

许利，2010，《时序原则对汉语连动结构的制约》，《湖南医科大学学报》（社会科学版）第 1 期。

薛高领，2018，《汉语共宾连动结构的句法分析》，《淮南师范学院学报》第 5 期。

颜丽、周洁，2008，《汉语"连动式"百年研究综述》，《齐鲁学刊》第 3 期。

严戎庚，1987，《论兼语句在句型系统中的地位》，《新疆大学学报》第 2 期。

杨伯峻、何乐士，2001，《古汉语语法及其发展（修订本）》，语文出版社。

杨荣祥，2005，《论上古汉语的连动共宾结构》，《中文学刊》（香港）第 4 期（又载《汉语新探》，崇文书局，2007）。

杨荣祥，2011，《上古汉语连动共宾结构的衰落》，《中国语言学》（第五辑），北京大学出版社。

杨荣祥，2010，《"而"在上古汉语语法体系中的重要地位》，《汉语史学报》（第十辑），上海教育出版社。

杨荣祥，2008，《论"名而动"结构的来源及其语法性质》，《中国语文》第 3 期。

杨尚贵，2001，《古汉语共宾关系的语义表达特点》，《雁北师范学院学报》第 4 期。

杨永龙，2012，《目的构式"VP 去"与 SOV 语序的关联》，《中国语文》第 6 期。

杨永忠，2009，《再论连动式中的语序–时序对应》，《天津外国语学院学报》第 5 期。

杨永忠，2016，《连动结构的论元结构及句法推导》，《浙江外国语学院学报》第 3 期。

姚振武，2015，《上古汉语语法史》，上海古籍出版社。

姚振武，2017，《汉语语法从殷商到西周的发展》，《陕西师范大学学报》（哲学社会科学版）第 1 期。

易朝晖，2003，《泰汉连动结构比较研究》，《解放军外国语学院学报》第 3 期。

殷志平，1996，《"连动式"研究综述》，载胡裕树、范晓主编《动词研究综述》，山西高校联合出版社。

于江生、俞士汶，2001，《中文概念词典的结构》，《中文信息学报》第4期。

于峻嵘，2002，《〈荀子〉连谓式考察》，《皖西学院学报》第2期。

余金枝，2010，《矮寨苗语参考语法》，博士学位论文，中央民族大学。

余金枝，2017，《湘西苗语的连动结构》，《云南师范大学学报》（哲学社会科学版）第5期。

俞士汶，1998，《现代汉语语法信息词典详解》，清华大学出版社。

余志鸿，1989，《〈语言地理类型学〉导读——纪念桥本万太郎教授》，《汉语学习》第3期。

袁芳、陈宗利、魏行，2018，《汉语连动结构的拷贝分析》，《外国语》第3期。

袁闾琨、薛洪勣，2001，《唐宋传奇总集》（唐五代卷），河南人民出版社。

袁毓林，1999，《并列结构的否定表达》，《语言文字应用》第4期。

翟彤，2009，《现代汉语连动句的谓语动词研究》，硕士学位论文，西南大学。

詹卫东，2000，《面向中文信息处理的现代汉语短语结构规则研究》，清华大学出版社。

张博，2000，《古代汉语两动词共用同一宾语的限制条件》，《中文自学指导》第2期。

张伯江，2000，《汉语连动式的及物性解释》，《语法研究与探索》（九），商务印书馆。

张伯江、方梅，1996，《汉语功能语法研究》，江西教育出版社。

张赪，2010，《汉语语序的历史发展》，北京语言大学出版社。

张赪，2012，《类型学视野的汉语名量词演变史》，北京大学出版社。

张耿光，1996，《〈庄子〉中的连动结构》，《贵州大学学报》第2期。

张国宪，1989，《单双音节动作动词充当句法成分功能差异考察》，《淮北煤师院学报》（社会科学版）第3期。

张国宪、齐沪扬，1986，《试说连词"来"》，《淮北煤师院学报》（社会科学版）第3期。

张会娟，2001，《连谓结构中动词的数量及其排列顺序研究》，硕士学位论文，山东师范大学。

张静，1977，《连动式、兼语式应该取消》，《郑州大学学报》第 4 期。

张景霓，1999，《西周金文的连动式和兼语式》，《广西民族学院学报》（哲学社会科学版）第 3 期。

张娟，2010，《中古汉语连动式研究》，硕士学位论文，西南交通大学。

张军，2014，《现代汉语动词作状语的主要形式及动因分析》，《华中师范大学学报》（人文社会科学版）第 5 期。

张敏、李予湘，2009，《先秦两汉汉语趋向动词结构的类型学地位及其变迁》，汉语"趋向词"之历史与方言类型研讨会暨第六届海峡两岸汉语史研讨会论文，台北中研院。

张娜，2018，《晚清四大谴责小说连动式初探》，硕士学位论文，吉林大学。

张小平，2008，《当代汉语词汇发展变化研究》，齐鲁书社。

张新建，2008，《汉语口语常用格式例释》，北京语言大学出版社。

章新传、吴立、牟玉华，2016，《从〈史记〉用例看连动式的由来及其发展状态》，《新余学院学报》第 6 期。

张英，2009，《"有 + NP + VP"结构探析》，硕士学位论文，暨南大学。

张瑜，2012，《〈世说新语〉连动式研究》，硕士学位论文，西南大学。

张玉金，1994，《甲骨文虚词词典》，中华书局。

张玉金，2001，《甲骨文语法学》，学林出版社。

张玉金，2004，《西周汉语语法研究》，商务印书馆。

张振，2013，《〈搜神记〉连动句研究》，硕士学位论文，延边大学。

张志公，1953，《汉语语法常识》，中国青年出版社。

赵长才，2000，《汉语述补结构的历时研究》，博士学位论文，中国社会科学院研究生院。

赵长才，2001，《"打破烦恼碎"句式的结构特点及形成机制》，《汉语史研究集刊》第 4 期。

赵金灿，2010，《云南鹤庆白语研究》，博士学位论文，中央民族大学。

赵丽华，2000，《动词带"着"多动句的考察》，硕士学位论文，北京语言大学。

赵林晓、杨荣祥，2016，《近代汉语重动句的来源及其分类》，《民族语文》

第 4 期。

赵淑华，1988，《连动式中状语的位置及语义关系》，《世界汉语教学》第 1 期。

赵淑华，1990，《连动结构中动态助词"了"的位置》，《语言教学与研究》第 1 期。

赵旭，2018，《共宾式连动结构的语义分析和认知阐释》，《铜仁学院学报》第 10 期。

赵雅青、储泽祥，2011，《"明明"的虚化过程及其对拂意转折的标示作用》，《云南师范大学学报》（对外汉语教学与研究版）第 2 期。

郑红燕，2012，《汉英"获取"类动词的语义、句法对比考察》，硕士学位论文，宁波大学。

郑继娥，1996，《甲骨文中的连动式和兼语式》，《古汉语研究》第 2 期。

〔日〕志村良治，1995，《中国中世语法史研究》，江蓝生、白维国译，中华书局。

钟发远，2005，《〈论语〉连动结构研究》，《承德民族师专学报》第 3 期。

周长银，2010，《事件结构的语义和句法研究》，《当代语言学》第 1 期。

朱冠明，2015，《"之"的衰落及其对句法的影响》，《语言科学》第 3 期。

朱德熙，1982，《语法讲义》，商务印书馆。

朱德熙，1985，《现代汉语语法研究》，商务印书馆。

朱斌，2000，《"是"字句的然否连用和否然连用之考察》，《华中师范大学学报》（人文社会科学版）第 5 期。

朱霞，2010，《"（NP1）＋有＋NP2＋VP"句式考察和探源》，硕士学位论文，上海师范大学。

周国光，1998，《儿童语言中的连谓结构和相关的句法问题》，《中国语文》第 3 期。

周国光，2016，《汉族儿童句法习得研究》，广东高等教育出版社。

宗守云、张素玲，2014，《社会固有模式对构式的影响——以"放着 NP 不 VP"为例》，《汉语学报》第 3 期。

邹韶华，1996，《连动式应归入偏正式》，《世界汉语教学》第 2 期。

邹韶华、张俊萍，2000，《试论动词连用的中心》，《语法研究和探索》（九），商务印书馆。

左林霞，2004，《古汉语中的共宾结构》，《孝感学院学报》第 4 期。

Levinson S. C. ，1986，《语用学论题之一：预设》，沈家煊译，《国外语言学》第 1 期。

Amha, A. . 2010. Compound verbs and ideophones in Wolaitta revisited. In M. Amberber, B. Baker, & M. Harvey, eds. *Complex Predicates*：*Cross-linguistic Perspectives on Event Structure*. Combridge：Cambridge University Press, pp. 259 – 290.

Adams B. Bodomo & van Ostendorp. 1994. Complex predicates and event structure：an integrated analysis of serial verb constructions in the Mabia Languages of West Africa. A thesis submitted to the Department of Linguistics, University of Trondheim, Norway for the Award of the degree of Candidatus Philologiae (Cans. Philol.)

Agheyisi, Rebecca N. . 1986. Verb serialization and lexical reanalysis：the case of compound verbs in Edo. *Studies in African Linguistics* 17 (3)：269 – 282.

Aikhenvald, Alexandra. 1999. Serial constructions and verb compounding：Evidence from Tariana (North Arawak) . *Studies in Language* 23 (3)：469 – 498.

——. 2006. Serial verb constructions in typological perspective. In Alexandra Y. Aikhenvald & R. M. W. Dixon, eds. *Serial Verb Constructions*：*A Cross-linguistic Typology*. Oxford：Oxford University Press, pp. 1 – 68.

——. 2011. Multi-verb constructions：setting the scene. In Alexandra Y. Aikhenvald & P. Muysken, eds. *Multi-verb Constructions*：*A View From the Americas*. Leiden：BRILL, pp. 1 – 26.

——. 2012. "We can't say it with one word"：multiverb constructions. In Alexandra Y. Aikhenvald, eds. *The Languages of the Amazon*. Oxford：Oxford University Press. DOI：10. 1093/acprof：oso/9780199593569. 003. 0011.

Aikhenvald, Alexandra Y. & R. M. W. Dixon, eds. 2006. *Serial Verb Constructions*：*A Cross-linguistic Typology*. Oxford：Oxford University Press.

Aikhenvald, Alexandra Y. & P. C Muysken, eds. 2011. *Multi-verb Constructions*：*A View From the Americas*. Leiden：BRILL.

Alsina, Alex, Bresnan, Joan and Sells, Peter, eds. 1997. *Complex Predicates*.

Stanford: CSLI Publications.

Amberber, M. & Brett Baker & Mark Harvey, eds. 2010. *Complex Predicates: Cross-linguistic Perspectives on Event Structure*. Combridge: Cambridge University Press.

Ameka, F. K. . 2005. Multiverb constructions on the West African littoral, microvariation and a real typology. In M. Vulchanova & T. Afarli, eds. *Grammar and beyond*. Oslo: Novus Press, pp. 15 – 42.

Andrews, Avery. 1997. Complex Predicates and Nuclear Serial Verbs. In Miriam-Butt and Tracy Holloway King, eds. *On-line Proceedings of the LFG97 Conference*, Stanford: CSLI Publications.

Andrews, Avery and Manning, Christopher. 1999. *Complex Predicates and Information Spreading in LFG*. Stanford: CSLI Publications.

Awoyale, Y. . 1988. Complex Predicates and Verb constructions. *Linguistic Inquiry* 20 (4): 513 – 553.

Banczerowski, J. . 1980. Some contrastive considerations about semantics in the communication process. In Fisiak, ed. *Theoretical Issue in Contrastive Linguistics*. Amsterdam: John Benjamins.

Baird, Louise. 2008. Motion serialisation in Kéo. In Gunter Senft, ed. *Serial verb constructions in Austronesian and Papuan languages*. Australia: The Australian National University, pp. 55 – 74.

Baker, Mark. 1989. Object Sharing and Projection in Serial Verb Constructions. *Linguistic Inquiry* 20 (4): 513 – 553.

Baker, Mark & Osamyimen Stewart. 2002. *A Serial Verb Construction Without Construction*. New Brunswick, New Jersey: Rutgers University.

Baker, B. . 2010. Complex predicate formation. In M. Amberber, B. Baker, & M. Harvey, eds. *Complex Predicates: Cross-linguistic Perspectives on Event Structure*. Combridge: Cambridge University Press, pp. 13 – 47.

Beck, David. 2011. Lexical, quasi-inflectional, and inflectional compounding in Upper Necaxa Totonac. In Alexandra Y. A. & P. C. Muysken, eds. *Multi-verb Constructions: A View From the Americas*. Leiden: BRILL, pp. 63 – 106.

Bisang, W. . 2009. Serial verb constructions. *Language and Linguistics Compass* 3

(3): 792 – 814.

Bowden, J. 2001. *Taba: Description of a South Halmahera Language.* Canberra: Pacific Linguisitcs.

Bril, Isabelle. 2004. Nexus and Juncture Types of Complex Predicates in Oceanic Languages: Functions and Semantics. http://citeseer.ist.psu.edu/viewdoc/summary; jsessionid = AFEEAE7FDFB3FC4AD30AF5C69CAD4F52? doi = 10.1.1.566.2083.

Bruce, L.. 1988. Serialization: from syntax to Lexicon. *Studies in Language* 12 (1): 19 – 49.

Carstens, Vicki. 2002. Antisymmetry and word order in serial constructions. *Language* 78 (1): 3 – 50.

Collins, C.. 1997. Argument sharing in serial verb constructions. *Linguistic Inquiry* 28 (3): 461 – 497.

Croft, W.. 1991. *Syntactic Categories and Grammatical Relations: The Cognitive Organisation of Information.* Chicago: University of Chicago Press.

Crowley, T.. 2002. *Serial verbs in Oceanic: A Descriptive Typology.* Oxford: Oxford University Press.

Dixon, R. M. W.. 2006. Serial verb constructions: conspectus and coda. In Alexandra Y. Aikhenvald & R. M. W. Dixon, eds. *Serial Verb Constructions: A Cross-linguistic Typology.* Oxford: Oxford University Press, pp. 338 – 350.

Durie, Mark. 1988. Verb serialisation and verbal prepositions in Oceanic languages. *Oceanic Linguistics* 27 (1): 1 – 23.

——. 1997. Grammatical structures in verb serialization. In Alsina, J. Bresnan & P. Sells, eds. *Complex Predicates.* Stanford: CSLI, pp. 289 – 354.

Durie, Mark & M. Ross, eds. 1996. *The Comparative Method Reviwed.* Oxford: Oxford University Press.

Foley, Williams. 1991. *The Yimas Language of New Guinea.* Stanford, CA: Stanford University Press.

——. 2010. Events and Serial Verb Constructions. In Mengistu Amberber, Brett Baker and Mark Harvey, eds. *Complex Predicates: A Crosslinguistic Perspective*, Cambridge: Cambridge University Press.

——. 2012. The notion of "event" and serial verb constructions: arguments from New Guinea. Proceedings of the 14th Annual Meeting of the Southeast Asian Linguistics Society.

Foley, William & Mike Olson. 1985. Clausehood and verb serialization. In Johanna Nichols and Anthony Woodbury, eds. *Grammar Inside and Outside the Clause*. Cambridge: Cambridge University Press, pp. 17 – 60.

Foley, William A. & Robert D. Van Valin, Jr. 1984. *Functional Syntax and Universal Grammar*. Cambridge: Cambridge University Press.

Givón, Talmy. 1991. Serial verbs and the mental reality of "event". In Elisabeth Closs Traugott and Bernd Heine, eds. *Approches to Grammarticalization*, vol. I, Amsterdam: John Benjamins, pp. 81 – 127.

Goldberg, A. E.. 2006. *Constructions at Work: The Nature of Generalization in Language*. Oxford: Oxford University Press.

Hale, Ken. 1991. Misumalpan verb sequencing constructions. In Lefebvre, Claire, eds. *Serial Verbs: Grammatical, Comparative, and Cognitive Approaches*. Amsterdam: John Benjamins, pp. 1 – 36.

Haspelmath. M.. 2016. The Serial Verb Construction: Comparative Concept and Crosslinguistic Generalizations. *Language and Linguistics*. 17 (3): 291 – 319.

Heeschen, Volker. 2008. Verb serialization in Eipo and Yale. In Gunter Senft, ed. *Serial Verb Constructions in Austronesian and Papuan Languages*. Canberra: Pacific Linguistics Publishers, pp. 141 – 170.

Heine and Nurse, D., ed. 2000. *African Languages. An introduction*. Combridge: Cambridge University Press.

Hopper, Paul J. and Elizabeth Closs Traugott. 1993. *Grammaticalization*. Cambridge: Cambridge University Press.

Hiraiwa & Bodomo. 1991. Some issues in verb serialization. In C. Lefebvre, ed. *Serial Verbs: Grammatical, Comparative, and Cognitive Approaches*. Amsterdam: John Benjamins, pp. 185 – 210.

Kayne, R. 1994. *The Antisymmetry of Syntax*. Cambridge, MA.: The MIT Press.

König, Christa. 2011. Serial verbs: Africa and beyond. Peaking paper in Beijing Language and Culture University. November 23.

Lehmann, Christian. 1988. Towards a typology of clause linkage. In Haiman & Thompson, eds. *Clause Combining in Grammar and Discourse*. Amsterdam: Benjamins, pp. 181 – 225.

Lefebvre, Claire. ed. 1991. *Serial Verbs: Grammatical, Comparative, and Cognitive Approaches*. Amsterdam: John Benjamins.

Levinson, S. C. . 1983. *Pragmatics*. Cambridge: Cambridge University Press.

Li, C. N. & Thompson, S. A. . 1981. *Mandarin Chinese: Functional Reference Grammar*. London and New York: University of California Press.

Lord, Carol. 1975. Igbo verb compounds and the lexicon. *Studies in African Linguistics* 6 (1): 23 – 48.

Lord, Carol. 1993. *Historical Change in Serial Verb Constructions*. Amsterdam: John Benjamins.

Matisoff, J. A. . 1991. A real and universal dimensions of grammatization in Lahu. In Elizabeth Closs Traugott and Bernd Heine, eds. *Approaches to Grammaticalization*, Vol. 2, Amsterdam: John Benjamins.

Matthews, Stephen. 2006. On Serial Verb Constructions in Cantonese. In Aikhenvald & Dixon, eds. *Serial Verb Constructions: A Cross-linguistic Typology*. Oxford: Oxford University Press, pp. 69 – 87.

Miiysken, Pieter & Tonjes Veenstra. 1994. Serial verbs. In J. Arends, P. Muysken, N. Smith, eds. *Pidgins and Creoles: An Introduction*, Amsterdam: Benjamins, pp. 289 – 302.

Ogie, Ota. 2003. About multi-verb constructions in Edo. *Proceedings of the workshop on Multi-Verb constructions*. Trondheim Summer School, pp. 28 – 52.

Osam, E. K. . 1997. Serial verbs and grammatical relations in Akan. In Givón ed. *Grammatical Relations: A Functionalist Perspective*. Amsterdam: Philadelphia: J. Benjamins, pp. 253 – 279.

Oyelaran, Olasope O. . 1982. On the scope of the serial verb construction in Yoruba. *Studies in African Linguistics* 13 (2): 109 – 146.

Pawley, Andrew. 2008. Compact versus narrative serial verb constructions in Kalam. In Gunter Senft, ed. *Serial Verb Constructions in Austronesian and Papuan Languages*. Canberra: Pacific Linguistics Publishers, pp. 171 – 202.

Pi, Chia Yi Tony & Osamuyimen T. Stewart. 1998. Micro-events in two serial verb constrctions. In Devon Strolovitch and Aaron Lawsoneds, *Proceedings of Salt*, *SALT VIII*. Ithaca, NY: Cornell University, pp. 202 – 214.

Quesada, J. D.. 2011. The grammar of Teribe verb serialization. In Aikhenvald & Muysken, eds. *Multi-verb Constructions*: *A View From the Americas*. Leiden: BRILL, pp. 107 – 132.

Sebba, M. 1987. *The Syntax of Serial Verbs*. Amsterdam: J. Benjamins.

Senft, Gunter, ed. 2008. *Serial verb constructions in Austronesian and Papuan languages*. Canberra: The Australian National University.

Shibatani, M. 2009. On the form of complex predicates: Toward demystifying serial verbs. In J. Helmbrecht, Y. Nishina, Y. M. Shin, S. Skopeteas, & E. Verhoeven, eds. *Form and Function in Language Research*: *Papers in Honour of Christian Lehmann*. Berlin: Mouton de Gruyter, pp. 255 – 282.

Stewart, John. 1963. Some Restrictions on Objects in Twi. *Journal of African Languages* 2 (2): 145 – 149.

Stewart, Osamuyimen Thompson. 2001. *The Serial Verb Construction Parameter*. New York: Garland Pub..

Snyder, William. 2001. On the nature of syntactic variation: Evidence from complex predicates and complex word formation. *Language* 77 (2): 324 – 342.

Sudmuk, Cholthicha. 2005. The Syntax and Semantics of Serial Verb Constructions in Thai. In William Croft, ed. *Verbs-Aspect and Argument Structure*. Chicago: University of Chicago Press.

Talmy, Leonard. 1985. Lexicalization patterns: Semantic structure in lexical forms. In Timothy Shopen, ed. *Language Typology and Syntactic Description*, Vol. 3. Cambridge: Cambridge University Press, pp. 36 – 149.

Tao, Liang. 2009. Serial Verb Construction in Mandarin Chinese: The interface of syntax and semantics. In Yun Xiao, ed. *Proceedings of the 21st North American Conference on Chinese Linguistics* (*NACCL – 21*), Volume 2. Smithfield, Rhode Island: Bryant University, pp. 209 – 228.

Thornes, Tim. 2011. Dimensions of Northern Paiute Multi-verb Constructions. In Alexandra Y. Aikhenvald & P. Muysken, eds. *Multi-verb Constructions*: *A*

View From the Americas. Leiden: BRILL, pp. 27 – 62.

Traugott, E. C. & G. Trousdale. 2013. *Constructionalization and Constructional Changes.* Amsterdam: J. Benjamins.

van Staden, Miriam & Ger Reesink. 2008. Serial verb constructions in a linguistic area. In Gunter Senft, ed. *Serial Verb Constructions in Austronesian and Papuan Languages.* Canberra: The Australian National University, pp. 17 – 54.

Wächi, Bernhard. 2005. *Co-Corn pounds and Natural Coordination.* Oxford: Oxford University Press.

Westermann, Diedrich. 1930. *A Study of the Ewe Language.* London: Oxford University Press.

Williams, Alexander. 2008. Word order in resultatives. In Charles B. Chang and Hannah J. Haynie, eds. Proceedings of the 26th West Coast Conference on Formal Linguistics, Somerville, MA: Cascadilla Proceedings Project, pp. 507 – 515.

Wilkins, D. P. 1991. The semantics, pragmatics and diachronic development of "associated motion" in Mparntwe Arrernte. *Buffalo Papers in Linguistics* (1): 207 – 257.

图书在版编目(CIP)数据

类型学视野下的汉语连动式研究/高增霞著. -- 北京：社会科学文献出版社，2020.4
ISBN 978-7-5201-5933-3

Ⅰ.①类… Ⅱ.①高… Ⅲ.①汉语-复杂谓语-研究 Ⅳ.①H146.3

中国版本图书馆CIP数据核字(2020)第012328号

类型学视野下的汉语连动式研究

著　　者 / 高增霞

出 版 人 / 谢寿光
组稿编辑 / 许玉燕
责任编辑 / 许玉燕

出　　版 / 社会科学文献出版社(010)59367078
　　　　　　地址：北京市北三环中路甲29号院华龙大厦　邮编：100029
　　　　　　网址：www.ssap.com.cn
发　　行 / 市场营销中心(010)59367081　59367083
印　　装 / 三河市尚艺印装有限公司

规　　格 / 开本：787mm × 1092mm　1/16
　　　　　　印　张：18.5　字　数：305千字
版　　次 / 2020年4月第1版　2020年4月第1次印刷
书　　号 / ISBN 978-7-5201-5933-3
定　　价 / 98.00元

如有印装质量问题，请与读者服务中心(010-59367028)联系

版权所有　翻印必究